"十三五"国家重点图书出版规划项目

新版《列国志》与《国际组织志》联合编辑委员会

主　　任　谢伏瞻
副 主 任　李培林　蔡　昉
秘 书 长　马　援　谢寿光
委　　员（按姓氏音序排列）

陈东晓	陈　甦	陈志敏	陈众议	冯仲平	郝　平	黄　平
贾烈英	姜　锋	李安山	李晨阳	李东燕	李国强	李剑鸣
李绍先	李向阳	李永全	刘北成	刘德斌	刘新成	罗　林
彭　龙	钱乘旦	秦亚青	饶戈平	孙壮志	汪朝光	王　镭
王灵桂	王延中	王　正	吴白乙	邢广程	杨伯江	杨　光
于洪君	袁东振	张倩红	张宇燕	张蕴岭	赵忠秀	郑秉文
郑春荣	周　弘	庄国土	卓新平	邹治波		

列国志 新版

GUIDE TO THE WORLD NATIONS

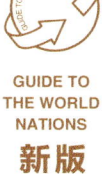

方芸 马树洪 编著

LAOS

老挝

社会科学文献出版社
SOCIAL SCIENCES ACADEMIC PRESS (CHINA)

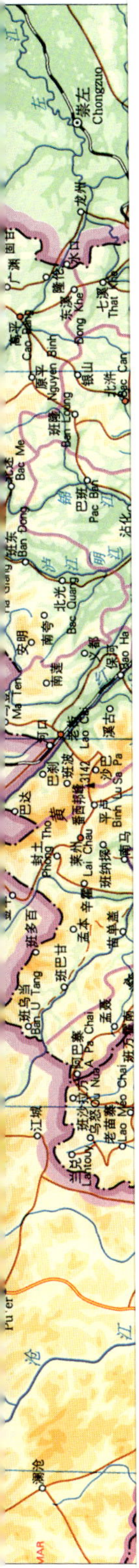

老挝国旗

老挝国徽

金宫（主席府）（方芸 摄）

凯山·丰威汉纪念馆（方芸 摄）

无名英雄纪念碑（方芸 摄）

阿努王公园的阿努王塑像（方芸 摄）

法昂广场（方芸 摄）

国家文化宫（方芸 摄）

王宫博物馆（方芸 摄）

老挝国立大学（方芸 摄）

翁德寺（方芸 摄）

玉佛寺（方芸 摄）

西刹吉寺（方芸 摄）

佛像公园

瓦普寺遗址

查尔平原石缸群

孔瀑布（Alan 摄）

万象中心（方芸 摄）

万象赛色塔经济开发区（方芸 摄）

华灯初上的湄公河畔（方芸 摄）

出版说明

《列国志》编撰出版工作自1999年正式启动，截至目前，已出版144卷，涵盖世界五大洲163个国家和国际组织，成为中国出版史上第一套百科全书式的大型国际知识参考书。该套丛书自出版以来，受到社会各界的广泛好评，被誉为"21世纪的《海国图志》"，中国人了解外部世界的全景式"窗口"。

这项凝聚着近千学人、出版人心血与期盼的工程，前后历时十多年，作为此项工作的组织实施者，我们为这皇皇144卷《列国志》的出版深感欣慰。与此同时，我们也深刻认识到当今国际形势风云变幻，国家发展日新月异，人们了解世界各国最新动态的需要也更为迫切。鉴于此，为使《列国志》丛书能够不断补充最新资料，更好地服务于社会各界，我们决定启动新版《列国志》编撰出版工作。

与已出版的144卷《列国志》相比，新版《列国志》无论是形式还是内容都有新的调整。国际组织卷次将单独作为一个系列编撰出版，原来合并出版的国家将独立成书，而之前尚未出版的国家都将增补齐全。新版《列国志》的封面设计、版面设计更加新颖，力求带给读者更好的阅读享受。内容上的调整主要体现在数据的更新、最新情况的增补以及章节设置的变化等方面，目的在于进一步加强该套丛书将基础研究和应用对策研究相结合，将基础研究成果应用于实践的特色。例如，增加

老 挝

了各国有关资源开发、环境治理的内容；特设"社会"一章，介绍各国的国民生活情况、社会管理经验以及存在的社会问题，等等；增设"大事纪年"，方便读者在短时间内熟悉各国的发展线索；增设"索引"，便于读者根据人名、地名、关键词查找所需相关信息。

顺应时代发展的要求，新版《列国志》将以纸质书为基础，全面整合国别国际问题研究资源，构建列国志数据库。这是《列国志》在新时期发展的一个重大突破，由此形成的国别国际问题研究与知识服务平台，必将更好地服务于中央和地方政府部门应对日益繁杂的国际事务的决策需要，促进国别国际问题研究领域的学术交流，拓宽中国民众的国际视野。

新版《列国志》的编撰出版工作得到了各方的支持：国家主管部门高度重视，将其列入"'十二五'国家重点图书出版规划项目"；中国社会科学院将其列为创新工程学术出版资助项目，王伟光院长亲自担任编辑委员会主任，指导相关工作的开展；国内各高校和研究机构鼎力相助，国别国际问题研究领域的知名学者相继加入编辑委员会，提供优质的学术指导。相信在各方的通力合作之下，新版《列国志》必将更上一层楼，以崭新的面貌呈现给读者，在中国改革开放的新征程中更好地发挥其作为"知识向导"、"资政参考"和"文化桥梁"的作用！

新版《列国志》编辑委员会
2013 年 9 月

前　　言

自1840年前后中国被迫开关、步入世界以来，对外国舆地政情的了解即应时而起。还在第一次鸦片战争期间，受林则徐之托，1842年魏源编辑刊刻了近代中国首部介绍当时世界主要国家舆地政情的大型志书《海国图志》。林、魏之目的是为长期生活在闭关锁国之中、对外部世界知之甚少的国人"睁眼看世界"，提供一部基本的参考资料，尤其是让当时中国的各级统治者知道"天朝上国"之外的天地，学习西方的科学技术，"师夷之长技以制夷"。这部著作，在当时乃至其后相当长一段时间内，产生过巨大影响，对国人了解外部世界起到了积极的作用。

自那时起中国认识世界、融入世界的步伐就再也没有停止过。中华人民共和国成立以后，尤其是1978年改革开放以来，中国更以主动的自信自强的积极姿态，加速融入世界的步伐。与之相适应，不同时期先后出版过相当数量的不同层次的有关国际问题、列国政情、异域风俗等方面的著作，数量之多，可谓汗牛充栋。它们对时人了解外部世界起到了积极的作用。

当今世界，资本与现代科技正以前所未有的速度与广度在国际流动和传播，"全球化"浪潮席卷世界各地，极大地影响着世界历史进程，对中国的发展也产生极其深刻的影响。面临不同以往的"大变局"，中国已经并将继续以更开放的姿态、更快的步伐全面步入世界，迎接时代的挑战。不同的是，我们所面临的已不是林则徐、魏源时代要不要"睁眼看世界"、要不要"开放"的问题,而是在新的历史条件下,在新的世界发展大势下,如何更好地步入世界,如何在融入世界的进程中更好地维护民族国家的主权与独立,积极参与国际事务,为维护世界和平,促进世界与人类共同发展做出贡献。这就要求我们对外部世界有比以往更深切、全面的了解,我们只有更全面、更深入地了解世界,才能在更高的层次上融入世界,也才能在融入世界的进程中不迷失方向,保持自我。

与此时代要求相比,已有的种种有关介绍、论述各国史地政情的著述,无论就规模还是内容来看,已远远不能适应我们了解外部世界的要求。人们期盼有更新、更系统、更权威的著作问世。

中国社会科学院作为国家哲学社会科学的最高研究机构和国际问题综合研究中心,有11个专门研究国际问题和外国问题的研究所,学科门类齐全,研究力量雄厚,有能力也有责任担当这一重任。早在20世纪90年代初,中国社会科学院的领导和中国社会科学出版社就提出编撰"简明国际百科全书"的设想。1993年3月11日,时任中国社会科学院院长的胡绳先生在科研局的一份报告上批示:"我想,国际片各所可考虑出一套列国志,体例类似几年前出的《简明中国百科全书》,以一国(美、日、英、法等)或几个国家(北欧各国、印支各国)为一册,请考虑可行否。"

中国社会科学院科研局根据胡绳院长的批示,在调查研究的基础上,于1994年2月28日发出《关于编纂〈简明国际百科全书〉和〈列国志〉立项的通报》。《列国志》和《简明国际百科全书》一起被列为中国社会科学院重点项目。按照当时的计划，首先编写《简明国际百科全书》，待这一项目完成后，再着手编写《列国志》。

1998年，率先完成《简明国际百科全书》有关卷编写任务的研究所开始了《列国志》的编写工作。随后，其他研究所也陆续启动这一项目。为了保证《列国志》这套大型丛书的高质量，科研局和社会科学文献出版社于1999年1月27日召开国际学科片各研究所及世界历史研究所负责人会议，讨论了这套大型丛书的编写大纲及基本要求。根据会议精神，科研局随后印发了《关于〈列国志〉编写工作有关事项的通知》，陆续为启动项目拨付研究经费。

为了加强对《列国志》项目编撰出版工作的组织协调，根据时任中国社会科学院院长的李铁映同志的提议，2002年8月，成立了由分管国际学科片的陈佳贵副院长为主任的《列国志》编辑委员会。编委会成员包括国际片各研究所、科研局、研究生院及社会科学文献出版社等部门的主要领导及有关同志。科研局和社会科学文献出版社组成《列国志》项目工作组，社会科学文献出版社成立了《列国志》工作室。同年，《列国志》项目被批准为中国社会科学院重大课题，新闻出版总署将《列国志》项目列入国家重点图书出版计划。

在《列国志》编辑委员会的领导下，《列国志》各承担单位尤其是各位学者加快了编撰进度。作为一项大型研究项目和大型丛书，编委会对《列国志》提出的基本要求是：资料翔实、准确、最新，文笔流畅，学术性和可读性兼备。《列国志》之所以强调学术性，是因为这套丛书不是一般的"手册""概览"，而是在尽可能吸收前人成果的基础上，体现专家学者们的研究所得和个人见解。正因为如此，《列国志》在强调基本要求的同时，本着文责自负的原则，没有对各卷的具体内容及学术观点强行统一。应当指出，参加这一浩繁工程的，除了中国社会科学院的专业科研人员以外，还有院外的一些在该领域颇有研究的专家学者。

现在凝聚着数百位专家学者心血，共计141卷，涵盖了当今世界151个国家和地区以及数十个主要国际组织的《列国志》丛书，将陆续出版与广大读者见面。我们希望这样一套大型丛书，能为各级干部了解、认识当代世界各国及主要国际组织的情况，了解世界发展趋势，把握时代发展脉络，提供有益的帮助；希望它能成为我国外交外事工作者、国际经贸企业及日渐增多的广大出国公民和旅游者走向世界的忠实"向导"，引领其步入更广阔的世界；希望它在帮助中国人民认识世界的同时，也能够架起世界各国人民认识中国的一座"桥梁"，一座中国走向世界、世界走向中国的"桥梁"。

《列国志》编辑委员会
2003年6月

CONTENTS

目 录

导　言 / 1

第一章　概　览 / 1

　　第一节　国土与人口 / 1

　　　　一　国土面积和地理位置 / 1

　　　　二　地形与气候 / 1

　　　　三　行政区划 / 14

　　　　四　人口、民族、语言 / 19

　　　　五　国旗、国徽、国歌 / 34

　　第二节　宗教与民俗 / 35

　　　　一　宗教 / 35

　　　　二　历法与节日 / 43

　　　　三　民俗 / 50

　　第三节　特色资源 / 59

　　　　一　世界文化遗产 / 60

　　　　二　著名人文景观 / 61

　　　　三　自然景区 / 65

　　　　四　著名城市 / 66

　　　　五　建筑艺术 / 71

第二章　历　史 / 73

　　第一节　上古简史 / 73

CONTENTS

目 录

第二节　中古简史（古国时期～1893年）/ 75
　　一　老挝古国（14世纪之前）/ 75
　　二　澜沧王国（1353～1707年）/ 76
　　三　三国分立（1707～1893年）/ 78
第三节　近代简史（1893～1954年）/ 80
　　一　法国的入侵及其殖民统治 / 80
　　二　老挝人民的反法斗争 / 85
　　三　日本侵占老挝和法国重返老挝 / 87
第四节　现代简史（1954～1975年）/ 89
　　一　第一次联合政府 / 89
　　二　美国对老挝的干涉和第二次日内瓦会议 / 91
　　三　第二次联合政府 / 94
　　四　老挝内战及老挝人民民主共和国的建立 / 97
第五节　当代简史（1975年至今）/ 99
　　一　建国初期的老挝（1975～1985年）/ 99
　　二　革新开放以来的老挝 / 101
第六节　著名历史人物 / 111

第三章　政　　治 / 117

第一节　国体与政体 / 117
　　一　国体 / 117
　　二　宪法 / 118
　　三　国家元首 / 119

CONTENTS 目 录

第二节　国家机构 / 120

　　一　全国人民代表大会 / 120

　　二　国务院 / 121

　　三　地方政府 / 123

第三节　立法与司法 / 123

　　一　国会 / 123

　　二　人民法院 / 124

　　三　人民检察院 / 125

第四节　政党与团体 / 125

　　一　老挝人民革命党 / 126

　　二　老挝建国阵线 / 137

　　三　老挝人民革命青年团 / 138

　　四　老挝妇女联合会 / 139

　　五　老挝佛教协会 / 139

　　六　其他政党和团体 / 140

第四章　经　济 / 145

第一节　概述 / 145

　　一　经济的发展 / 145

　　二　经济体制改革 / 152

　　三　经济政策调整和对外开放 / 155

　　四　新的经济发展规划 / 158

CONTENTS
目 录

第二节 农业 / 160
一 种植业 / 160
二 养殖业 / 170
三 林业 / 174

第三节 工业 / 176
一 电力工业 / 177
二 矿业 / 182
三 建材工业 / 187
四 日用品工业 / 189
五 食品和卷烟工业 / 191

第四节 商业与外贸 / 192
一 商业 / 192
二 外贸 / 194

第五节 交通与通信 / 195
一 公路 / 195
二 水运 / 198
三 空运 / 207
四 铁路 / 208
五 邮电通信 / 210

第六节 旅游业 / 212
一 旅游业开发政策 / 212
二 旅游业现状和发展趋势 / 214

CONTENTS

目 录

第七节 财政与金融 / 215
 一 运行机制和基本政策 / 216
 二 财政收支 / 217

第八节 对外经济关系 / 218
 一 外资、外援与外贷 / 218
 二 中老经济关系 / 222

第五章 军 事 / 225

第一节 概述 / 225
 一 建军简史 / 225
 二 军事政策 / 228
 三 国防体制 / 229
 四 军事制度 / 230

第二节 军种与兵种 / 231
 一 陆军部队 / 232
 二 空军部队 / 232
 三 地方部队 / 233
 四 防空部队 / 233
 五 准军事部队 / 233

第三节 军事训练和教育 / 234
 一 军事训练 / 234

CONTENTS

目 录

　　二　军事教育 / 235

第四节　对外军事关系 / 235

第六章　社会与文化 / 239

第一节　国民生活 / 239

　　一　物价 / 239

　　二　就业和工资 / 241

　　三　居住条件和社会福利 / 243

第二节　医药卫生 / 244

　　一　常见疾病 / 244

　　二　医疗卫生 / 246

第三节　教育 / 249

　　一　教育简史 / 249

　　二　教育类型 / 252

　　三　师资 / 257

第四节　科学技术 / 258

第五节　文学艺术 / 260

　　一　文学 / 260

　　二　戏剧与电影 / 263

　　三　音乐与舞蹈 / 264

　　四　文化设施 / 266

CONTENTS 目 录

第六节 新闻出版 / 268
　一 报刊与通讯社 / 268
　二 广播与电视 / 270
　三 图书与期刊 / 271

第七章 外 交 / 273

第一节 外交简史 / 273
第二节 外交政策及其调整 / 275
第三节 同中国的关系 / 278
　一 20世纪50~80年代中期的中老关系 / 278
　二 中老关系的恢复和全面发展 / 281
　三 中老全面合作的成就 / 284
第四节 同美国的关系 / 286
第五节 同周边国家的关系 / 290
　一 同越南的关系 / 291
　二 同泰国的关系 / 295
　三 同柬埔寨的关系 / 298
　四 同缅甸的关系 / 301
第六节 同东盟及其他东盟国家的关系 / 302
第七节 同苏联/俄罗斯的关系 / 304
第八节 同法国、日本及其他发达国家的关系 / 307

CONTENTS
目 录

一　同法国的关系 / 307

二　同日本的关系 / 309

三　同其他发达国家的关系 / 310

大事纪年 / 311

参考文献 / 317

索　引 / 321

导　言

老挝，全称"老挝人民民主共和国"，是老挝人民革命党领导建立的人民民主国家，是当代世界由共产党执政的五个国家之一。

老挝位于中南半岛腹地，具有重要的战略地位。其北接中国，东靠越南，南抵柬埔寨，西邻泰国，西北角与缅甸隔湄公河相望。老挝是东南亚唯一的内陆国家，国土面积23.68万平方公里，2015年人口649.2万人。老挝自然资源丰富，民族多元，文化多样，是一个蕴藏着无限生机的神秘国度。

老挝是一个历史悠久、饱经沧桑的文明古国。公元14世纪前，老挝地区就出现了不少早期国家。14世纪中期，老挝历史上第一个统一国家澜沧王国兴起，此后经历了强盛、内乱、外辱、衰落、分裂。1893年开始，老挝先后被法国、日本和美国入侵，沦为殖民地。为了国家的独立和民族的解放，老挝人民进行了长期的反殖反帝斗争，终于在世界革命人民的支持和声援下，抓住国际、国内的有利时机，于1975年取得夺权斗争的胜利，同年12月2日老挝人民民主共和国宣告成立。

老挝人民民主共和国成立后，推行社会主义制度（现行宪法改为人民民主制度）。1986年老党"四大"确立了全面革新开放的方针，老挝开始实施全方位的务实外交政策，与周边国家和世界上更多的国家建立外交关系和经济贸易关系，创造了友好、安定的国际环境，争取到更多的技术和资金，社会经济得到了较快的发展。

老挝与中国山水相连，两国关系源远流长，和睦相处。老挝地处北回归线以南亚洲大陆和南洋群岛之间的陆桥位置，是中国联系东南亚的重要通道和桥梁，是"一带一路"建设中的重要支点，特别是在互联互通建设中具有突出的支点和示范效应。老挝变"陆锁国"为"陆联国"战略与中国"一带一路"倡议高度契合,这一战略与倡议的对接可谓天时地利人和。因此,对老挝国情进行深入研究,增进对老挝的了解和认识,具有重要的现实价值和意义。

自2005年列国志《老挝》第一版出版以来,老挝人民革命党在保持政治稳定的同时,稳步推进制度建设,大力发展经济,公共产品日渐丰富,民生明显改善,国际声誉不断提高。编者每一次踏上老挝的土地,所见所闻,都能感受到老挝向世界展示出的勃勃生机,老挝已由一块亟待开发的处女地变为充满活力的热土。

为了更好地服务社会各界,为更深入、更全面地了解老挝,本书在第一版的基础上,对形式和内容都做了新的调整,包括章节结构调整、补充最新情况和资料,特别是增加了社会民生方面的内容。本书由方芸和马树洪共同编写。其中,方芸编写第二、三、六、七章,马树洪编写第四章,两人共同编写第一章和第五章,全书由方芸统稿。

由于编者学识有限,书中难免出现一些不够完善、不够准确之处,敬请读者批评指正。

方 芸 马树洪

2018年6月28日

第一章

概　览

第一节　国土与人口

一　国土面积和地理位置

老挝地处北回归线以南亚洲大陆和南洋群岛之间的陆桥位置，位于北纬 13°54′~22°05′、东经 100°05′~107°38′，是中南半岛地区唯一的内陆国。老挝国土面积 23.68 万平方公里。老挝东邻越南，两国边境线长 2067 公里；南接柬埔寨，两国边境线长 535 公里；西邻泰国，两国边境线长 1835 公里；老挝的西北角与缅甸以湄公河为界，两国边境线长 236 公里；北面与中国云南省接壤，中老边境线长 508 公里。全国最北端是位于丰沙里省的班拉里忒（Ban Lanetoui），最南端是位于占巴塞省的班克雅克（Ban Kynark），东南端是位于阿速坡省的南西卡曼（Nam Xe Kamane），东北端是位于华潘省的纳坡班陶（Napao Banetao），最西端是位于博胶省的班宽（Ban Khuan）。

二　地形与气候

（一）地形特点

老挝是一个多山的国家，境内山峦起伏、连绵成片，其地形以山地和高原居多，低山丘陵次之，平原低谷较少。除湄公河沿岸平原及山地中局部盆地外，大部分是山地，山地约占全国总面积的 80%，平原和盆地约占20%。由于老挝的整个地势在中南半岛上较高，故有"中南半岛屋脊"之称。

老挝主要山脉均为中国横断山脉无量山向南的延续，自东向西可分为三支。第一支，沿老越边境向南延伸至越南藩切入海，在老挝境内构成锡朴乌台山、会芬高原、镇宁（川圹）高原、长山山地等，是老挝山地的重要部分。第二支，沿中老边境南下，延伸至湄公河沿岸，构成老挝西北部山地。上述两支山脉大致呈南北走向，由东向西逐渐倾斜，海拔1200～2000米。第三支，沿湄公河西岸，成"丁"字形坐卧在老泰之间的琅勃拉邦山和碧差汶山，构成了老挝沙耶武里西部山地，该山脉的分水岭形成了老泰间陆地上的天然国界，山势由西向东逐渐平缓，海拔1000～2000米。

老挝整个国土大致可分为以下4个地貌区。

1. 北部山地

老挝北部山地包括沙耶武里市至波里坎市一线以北的琅南塔、乌多姆赛、博胶、丰沙里、华潘、川圹和琅勃拉邦等省。地质构造属老挝北部中生代褶皱带和缅甸-马来褶皱带的衔接处。东部山脉呈西北—东南走向，西部山脉呈南北走向，山地绝对高度在500～1500米。山顶一般高出谷底600～1200米，坡度为17°～24°。最北部的丰沙里省、琅南塔省东部和乌多姆赛省北部地区，山峰高度多在1000米以上。主要的山脉除锡朴乌台山外，还有普法山（1625米）、普霍乌山、大龙山、曼黑山、乌太山和普东滚山（1933米）等。

南乌河由北向南斜贯北部地区，形成了南乌河谷地和许多山间盆地，较大的有孟乌怒盆地（海拔795米、面积约20平方公里）、兰陶盆地（海拔903米、面积25平方公里）、孟乌太盆地（海拔708米、面积13.5平方公里）、本怒盆地（海拔960米、面积约7平方公里）、孟拉盆地（海拔400米、面积10平方公里）。

该地区中部的琅勃拉邦、华潘和博胶省以及琅南塔省南部、乌多姆赛省西南部地区，基本上呈一高原平台，海拔1000～1500米，相对高度300～1000米。主要山脉有琅勃拉邦山（海拔2059米）、普帕邦山（海拔1872米）、普莱比山（海拔2097米）、普里阿山（海拔2263米）、普潘山（海拔2097米）等。主要的高原有孟新高原和孟赛高原。这一区域内的山脉大多相对高度不高，多呈山丘状，溪流多呈枝状分布。河流上游河道弯曲，水流平缓，而下游接近湄公河和南乌河主流段，由于地形构造多陡坡和悬崖而产生了急流和险滩，沿岸有许多陡壁，构成狭窄的深谷。从孟柯至越南的孟岚是一条峭壁夹峙的河谷走廊，是老挝北部地区到越南的天然通道。这一带相对高差较大，桑怒城东北的马江江畔海拔仅为201米，而附近的山峰海拔达1396米。

北部山地的群山中间分布着许多盆地和平坝，主要有孟新盆地（海拔685米、面积136平方公里）、南塔盆地（海拔590米、面积38平方公里）、孟洪坝（海拔490米、面积180平方公里）、孟赛盆地（海拔660米、面积25平方公里）、孟洪沙盆地（海拔550米、面积100平方公里）和琅勃拉邦谷地（海拔190米、面积30平方公里）。

北部山地的南部包括川圹省、沙耶武里省和万象省北部，主要有川圹高原（镇宁高原）、普农碧山（海拔1872米）、普岷山（海拔2455米）、碧差汶山（海拔1630米）和普米扬山（海拔2300米）。其中，川圹高原是由褶皱断裂形成的，平均海拔1200～1400米，南北宽40余公里，东西长50余公里。周围有海拔2000米以上的山脊，南部有5座海拔超过2500米的山峰，最高峰为川圹高原上的普比亚山（Phu Bia），海拔2820米，也是老挝最高峰。

川圹高原还有几个高度不同的剥蚀面，面上形成了许多大小不同的山间谷地和平原。较大的有查尔平原，海拔1100米，南北长30公里，东西宽20公里，面积600平方公里，中间有4条小河和许多山丘低地，周围是较平缓的高原面，海拔1300～1400米，相对高度300～500米。还有班班平原，海拔600米，南北宽20公里，东西长30公里，面积600平方公里，中间为波状起伏地，四周是山地，相对高度500～900米，坡度20°左右，南部有部分石山和峭壁。康开谷地，位于查尔平原和班班平原之间，是两平原之间的狭长通道。川圹谷地，位于查尔平原南部，是从老挝北部进入中部地区的主要通道。万荣谷地，长30余公里，宽约1公里，东侧为土山，相对高度200~300米，西侧为石壁。

2. 东南部高地

老挝东南部为长山（富良山）山脉西坡，地质构造属老挝北部中生代褶皱带、顺化－他曲海西褶皱带和印度支那古陆的一部分。经过长期的风化和雨水侵蚀，绝大部分地区已呈高原状态，坡度均较缓和。

长山山脉构成了湄公河水系和向东注入南海的诸河流的分水岭，成为老、越两国的天然分界线。长山山脉可分为北长山和南长山两大部分，北长山与川圹高原相连，地势较高，海拔1200~1800米，部分山峰超过2000米。相对高度一般为500~800米，少数达1000米以上，最高峰为普赛莱岭峰，海拔2711米。

北长山山脉向东南延伸至沙湾拿吉省境内的辽保山和左乌高原，高度逐渐降低，在普赛莱岭至鸿岭间海拔1500米左右。北长山山体狭窄，最窄处仅0.5~1公里，较宽的地区也仅有2~3公里，包括几条平行而又参差不齐的山岭，大多是西北—东南走向。辽保山山口以南转为东西走向的横支，因此，北长山的走势呈弧形。北长山的山脊线是平坦而稍带起伏的波状高原面，统称甘蒙高原。甘蒙高原西部地区受河流切割和雨水冲刷的影响，形成许多深狭的谷地以及大片的石山。这些深峡谷地和石山构成一条连绵的山脉，长240余公里，宽20~30公里，统称甘蒙岩区，这一岩区的海拔均在500米左右。岩区西部有一条长130余公里、宽10~20公里的狭长谷地，岩区东侧全是悬崖峭壁，称为他曲走廊，是老挝南北交通要塞。甘蒙高原南部是一条弧形走向的陡岩带，东南岩顶最高处达1104米。岩坡一般高出地面600~700米，形状整齐，从南边岩脚仰望，好像一道天然长城。岩带南侧是一条从湄公河河畔通往南海之滨的山涧谷地，也是一条天然走廊。甘蒙高原的西南部是一片广阔的石灰岩丘陵山地，西起湄公河沿岸的他曲附近，东至越南的广平省，为老挝境内最大的石灰岩区。石灰岩几乎全部裸露，海拔500~700米。由于受到宾非河及其支流的切割，岩丘被分割成若干东西走向的谷地，宽0.5~6公里，海拔仅150米左右。

左乌高原以南的长山山脉称为南长山（又称南富良山），山脉主要是南北走向，地势为南北高、中间低，以波状高原和丘陵地居多，海拔500～1500米，相对高度150～600米，坡度17°～22°，最低的佬保谷地海拔仅200米。南长山山脉南部是波罗芬高原（又称富良山区），由玄武岩喷发形成，海拔1000～1500米，相对高度900米以上，最高点1700米。西北—东南长100余公里，东北—西南宽约60公里，面积约6000平方公里。高原的边缘地势陡峭，坡度达30°以上，局部地区还有石壁。顶部起伏不大，由西北向东南缓缓倾斜。巴生城附近较为平坦，周围有放射状水系，将高原边缘切割成若干险峻谷地，特别是高原东侧的公河（孔河）沿岸，下切很深，比降较大。

3. 西部低山丘陵地

老挝中、上寮（即老挝中部及北部）的沙耶武里省西南部、万象省西南部和波里坎塞省的西部地区，是不连续的低山丘陵地区，海拔300～1000米。低山地区相对高度500～800米，丘陵地区相对高度150～600米。山丘大多呈浑圆状态，岩石很少，悬崖峭壁更为少见。该地区的湄公河河面较宽，水流平缓，其支流上急流险滩也很少。

4. 西南部平原低地

万象地区及其以南的湄公河沿岸，大多为平原低地，较大的平原有万象平原、北汕平原、沙湾拿吉平原和巴色平原。

万象平原 南北宽80公里，东西长120公里，面积9600平方公里，海拔200米左右。除中部有一长50公里、宽15公里、相对高度400米左右的山丘地带外，其余大多是平地。该平原的东、北、西三面环山，南部为呵叻高原。平原地区河网稠密，除湄公河外，还有南俄河（南嫩河、南岸河）及其许多分支，河流大多蜿蜒曲折。平原中部有大片沼泽地，湄公河中有许多沙丘和小岛。

北汕平原 位于万象平原东南部的湄公河沿岸，南北宽30公里，东西长40公里，面积约1200平方公里，海拔150米左右。除东侧有两条低长的山梁外，大部分为平地。该平原呈三角形，南涅河和南珊河纵贯其间，南部是湄公河主流。

老 挝

沙湾拿吉平原 位于北汕平原东南部，又称更谷平原，是老挝最大的平原，南北长150公里，东西宽140公里，面积2.1万平方公里，海拔100~200米，是由中生代末期的砂岩和砾岩沉积而成的。该平原区河流众多，色邦亨河（宾汉河）下游地带多为波状起伏的低地，中间有许多河流和小溪。河溪之间多为条形平顶长冈，河流两岸比较陡峭，平原东部和东北部多丘陵，间有低山，起伏连绵。色邦亨河和桑苏河、占丰河的交汇地区为平地，平地中间有大片沼泽地，呈西北—东南走向，长约40公里，宽约20公里，其中，中部宽仅8公里。

巴色平原 又称湄公河低地，南北长250公里，东西宽10~80公里，面积1.6万平方公里，海拔50~100米。东西两侧为高原台地，东北为波罗芬高原和昆嵩高原西坡，层叠缓降，西侧为呵叻高原和扁担山，陡壁直立，地势自东西两侧向中部的湄公河河畔缓缓倾斜。平原低地区小湖泊众多，湄公河中小岛无数，最大的孔（一译康埠）岛为孔县县城所在地。由于位于老柬边境的孔瀑布被两岸砂岩夹峙，这一带雨季河水排泄不畅，形成大片的浸水地段。由于受山脉余支和江河的分割，平原低地区除巴色附近较为宽阔外，大部分区域较为狭窄，其中班庚南与孟瓦比以及菲亚发与班菲阿之间为狭长走廊地带，巴色与巴隆之间是弧形低山。

（二）江河

老挝河流众多，河网密集，主要河流有湄公河及其支流、朱江和马江的上游段。

1. 湄公河

湄公河发源于中国的青藏高原，在中国境内段称为澜沧江，老挝、缅甸、泰国、柬埔寨和越南等国境内段称为湄公河。根据老挝公布的资料，澜沧江－湄公河全长4200公里，其中，中国境内长1650.6公里，老挝境内长1864.8公里，柬埔寨境内长453.6公里，越南境内长231公里。[①]

[①] 老挝教育部编《老挝地理》，万象出版社，1989，第88页，转引自马树洪著《东方多瑙河——澜沧江－湄公河流域开发探究》，云南人民出版社、云南大学出版社，2013，第1页。

湄公河旱季和雨季的流量相差很大，在老挝琅勃拉邦省的总流量为 140320×10^6 立方米/年，旱季流量为 42120×10^6 立方米/年，雨季流量是旱季流量的2倍多，为 98200×10^6 立方米/年。在万象和巴色等地湄公河流量的季节性差距更大。

湄公河在老挝境内可分为四大段。第一段从中老边境的南腊河口至琅勃拉邦，长约526.8公里。其中前段为老缅界河，中段为老泰界河，后段在老挝境内。这一河段枯水期最窄河段宽仅50余米，最宽河段为600米。洪水期最窄河段宽600米，最宽河段达1000米。枯水期水深2～5米，洪水期深达4～10米。南腊河口至琅勃拉邦河段多为平水河段，可常年通行不同吨位的船舶。此河段有各种河滩100余道，没有断流和断航险滩，主要河滩比降、落差和流速大多较小，变化和发展也不大，虽然对航运有所影响，但仍可全年通航10吨级江船。

第二段从琅勃拉邦至万象，长426公里，河宽400～500米。其中，从琅勃拉邦至北礼河段有许多峡谷和瀑布，部分地段河岸高出地面400余米，岸壁十分陡峭，峡谷内河宽仅100米左右。北礼河以下河谷逐渐展开，两岸山体逐渐降低，有一条10余公里长的低谷，宽100～1000米。低谷一带的南俄河和湄公河交汇处是老挝最大的水库——南俄河水库。南俄河口以下，湄公河进入开阔的平原地区，河宽900米左右。该段水深旱季为3～8米、雨季为8～15米，平均流速2米/秒～4米/秒，最小流速1.5米/秒，最大流速6米/秒，落差120米。

第三段从万象至巴色，长715公里，95%以上河段为老泰界河。其中，从万象至沙湾拿吉河段459公里，河谷较为开阔，河床比降为0.8‰，河宽500～2000米。水深旱季为1～4米、雨季为6～12米，平均流速3米/秒，最小流速2米/秒，最大流速4米/秒，落差30米。河中沙洲较多，河岸有天然防洪堤，高达13～30米，万象地区筑有60公里长的圩堤。从沙湾拿吉至巴色河段长265公里，前130余公里，沿岸砂岩迫近河道，有的地段突入河心，形成岩礁和险滩。其中锦马叻险滩是湄公河最长的险滩，险滩上段是一系列并排的石渠横亘河中，绵延25公里，共有急流11处。下段有大片的成群岩礁阻塞河床，长达60公里，有急流4处，河水在岩礁中被切成50~70米的曲折细流，汛期水深流急，流速达4米/秒~5米/秒。在两段险滩之间是一段长约15公里的平水段，河宽1500米左右。锦马叻险滩以下的100多公里，仍为石质河床，沿岸峡谷陡峭，水流湍急，至距巴色25公里处河道开始展宽，达2000~3000米，水流逐渐平缓，河中有许多小岛和沙嘴。该段落差从万象至沙湾拿吉段为30米，从沙湾拿吉至巴色段为54.6米。

第四段从巴色至老柬边境的孔瀑布（孔帕朋瀑布）南部的坤南，长197公里，湄公河进入海拔仅100米左右的平原低地。河面宽阔，达2000余米，最宽处达8000米。河中有大小河岛和明礁4000余个，最大的河岛为孔岛，孔县县城就位于该岛上，岛上还有公路和其他交通运输设施。孔岛南部有许多石山（石岛）横亘于河中，形成瀑布、跌水和险滩，最大的孔瀑布宽达10余公里，落差15~24米，瀑布被中间的石山分割成东西两半，西半部是桑发尼瀑布，雨季流量很大，但旱季几乎断流；东半部是法芬瀑布，旱季落差为18米左右，雨季流量大，气势壮观，洪汛期流量达4万立方米/秒。

2. 湄公河支流

湄公河在老挝境内的大小支流多达100余条。其中，北部支流源头为川圹高原北部山地，其山脊亦为湄公河水系和北部湾水系的分水岭，支流呈东北—西南走向。南部支流均发源于长山山脉，其山脊亦为湄公河水系与南海水系的分水岭，支流呈东西走向。

南塔河 发源于中老边界的摩登山，经琅南塔和博胶两省在乌多姆赛省的巴塔汇入湄公河。长325公里，琅南塔至巴塔段长240公里，宽50~100米，水深旱季0.5~2米、雨季2~3米、汛期5~8米，流速1.5米/秒~2米/秒，急流处达4米/秒。

南本河 发源于孟赛西南部的班纳巴山，经乌多姆赛省的孟本、洪沙、北本等县，在北本汇入湄公河。长251公里，宽5~20米，水深0.5~2米、汛期3~4米。

南乌河 发源于丰沙里省海拔1400米的班兰堆地区，流经丰沙里省的孟桑潘、孟迈、孟夸和琅勃拉邦省的孟艾、南巴和北乌等县，在北乌汇入湄公河，总长448公里，流域面积2.5万平方公里，河宽50~100米。南乌河是湄公河最大的支流，从源头至北乌的落差达1100米。

南俄河 发源于川圹高原西北部的普桑山，从东北向西南经川圹和万象两省，流入万象市以北地区的南俄河水库，再由水库的出水口流经班巴恩汇入湄公河，总长354公里，流域面积1.65万平方公里。中下游河宽60~100米，水深1~5米，年均流量24868×10^{6}立方米，月均流量711×10^6~5720×10^{6}立方米，最大流量1170.5立方米/秒，最小流量508.5立方米/秒。年均水深1.5米，雨季平均水深3.1~3.5米，旱季最浅月份水深0.5米，洪水期水深9~13米。

色邦非河（宾非河） 发源于甘蒙省东南部布拉帕县的老越交界地区，流经布拉帕、马哈赛、农波等县区，在甘蒙与沙湾拿吉交界地区汇入湄公。全长239公里，流域面积8500平方公里，中下游河宽100~200米，旱季水深1~3米，雨季水深4~6米，从源头至河口落差约400米。

色邦亨河（宾汉河） 发源于越南广治省的普东金山，流经车邦、孟平、塔邦通和宋坤等县区，于宋坤县西南的色邦亨汇入湄公河。该河支流较多，较大的有色占蓬河、色塔莫河和车邦河等。全长338公里，流域面积1.94万平方公里，中下游河宽150~250米，流速1米/秒~5米/秒，从源头至河口落差300余米。

其他较大支流还有南森河、南坎江、南涅河、南桑河、南通河、色敦河、公河等。

3. 南马河、南汕河和南明河上游段

南马河（马江）、南汕河（朱江）和南明河都是从老挝华潘省和川圹省经越南流入北部湾的河流。其中南马河从越南的班普马地区流入老挝华潘省，再经该省的孟厄和香科等县区流经越南入海，全长470公里，在老挝境内段长80余公里。南厄河是其最大的支流，发源于华潘省的东部山区，流经琅勃拉邦省东北部和华潘省的北部地区汇入南马河，长100余

9

公里。

南汕河发源于桑怒市北部的普芒里阿山（海拔1600米），经桑怒市、桑岱县、万赛县等地流向越南入海，全长200余公里，在老挝境内段长约100公里。

南明河发源于老挝华潘省和琅勃拉邦省交界地区的普里阿山，经华潘省西南部和川圹省东北部流向越南入海，全长300公里，在老挝境内段长110公里。

（三）气候

老挝属热带季风气候，气温终年炎热，季节性温差变化不大，全年没有春、夏、秋、冬之分，只有雨、旱两个季节，除北部高山地区外，各地气温差异不大。这一气候特点是由其地理位置、地形条件和大气环流三大要素决定的。老挝全境处于北回归线以南的中南半岛东侧，中南半岛北部为亚洲大陆，东、南、西三面为海洋所环抱，海洋和大陆对老挝气候影响都很强烈，是亚洲季风区之一。季风气流流向每年均有两次转变，5～10月，温湿气流从海洋吹向大陆，称为西南季风，形成雨季；10月至翌年4月，干冷气流从大陆吹向海洋，称为东北季风，形成旱季。另外，老挝地势北高南低，自东北向西南倾斜，长山山脉横亘于国土东侧，山脉与风向呈垂直相交，利于迫降西南季风的地形雨，也有利于减弱东北季风和西太平洋季风的影响。上寮地区的山脉走向有利于孟加拉湾的暖湿气流北上，在湄公河流域地区利于地形雨迫降，但由于有桑坎通山脉和豆蔻山脉等横亘于该地区中部而影响了暖湿气流北上，因此，上寮地区西部和东部的气温与雨量差异较大。

1. 气温

老挝全境的平均气温在20℃～26℃，1月气温较低，月平均气温10℃～20℃；5月气温最高，月平均气温20℃～29℃。最低气温一般在0℃以上，丰沙里省的山区、川圹高原和波罗芬高原的部分高地可达0℃～5℃。最高气温一般不超过40℃，仅琅勃拉邦和北汕地区有时达到45℃。

老挝各地区气温的年变化趋势基本相同，月平均气温的最低值和最高值都在旱季，12月至翌年1月，东北季风带来的冷空气经常入侵而使气温降到最低值。4~5月为旱季末期，日照和地面辐射都很强，使气温升到最高值，但两者相差一般不超过7℃~8℃。雨季开始后，雨水抑制了酷暑，此时，虽然处在盛夏季节，气温反而不高。随着旱季的来临，气温逐步下降，直至翌年1月达到最低值。

老挝境内的南北气温差异不大，如北部的琅勃拉邦市和南部的巴色市相距525公里，纬度相差5°，年平均气温分别为24.2℃和26.4℃，相差仅2.2℃。由于东北季风的影响，北部山区最冷月的平均气温和绝对最低气温比南部地区都要低得多。

老挝的地形对气温有较大的影响，在同一纬度的气温，由于海拔的不同而有很大的差异，如川圹和北松的海拔均在1000米以上，其年平均气温比邻近海拔500米左右的河谷地区要低5℃~7℃。北部的丰沙里、川圹、华潘、琅南塔等省的山区和高原边缘地区，绝对最低气温会降至-3℃~-1℃，偶尔还会出现霜冻、结冰或降雪现象，但湄公河谷地，特别是他曲、沙湾拿吉等地则常年高温。

老挝北部和东部地区的旱季昼夜温差较大，一般在10℃~20℃。

2. 降水

老挝全境雨量充沛，各地年平均降水量在1250~3750毫米。但由于纬度和地形等方面的差异，雨量分布也不平衡，一般是南多北少，高原和山地多、平原和谷地少。如南部波罗芬高原的北松（又译巴生）年降雨量为3987毫米，他曲为2347毫米；北部琅南塔西部地区年降雨量为1500毫米，琅勃拉邦谷地为1305毫米。其分布大致可分为北、南、中三个降水段。

北段包括上寮西半部地区，因深处内陆，西南季风到达这里需要经很长的路程，途中有崇山障碍促成降水，消耗了大量水汽，故本地区雨量较少，年降雨量在1250~1800毫米。但上寮东部比西部雨量多，丰沙里省东部地区年降雨量达1875~2500毫米。

南段包括下寮东南部地区，这一带接近海洋，西南季风来得早，退得晚，来势猛，加之地势高，因而地形雨很丰富，在旱季，东北季风带来的冷气流也易引起降雨，故年均降雨量甚多，达 2500～3750 毫米。其中，波罗芬高原是中南半岛降雨量最多的地区之一，年均降雨量近 4000 毫米。

介于上述两段之间的广大地区为中段，包括上寮东南部、中寮全部和下寮西北部地区，年均降雨量一般为 1875～2500 毫米，但也有局部地区较特殊，如沙湾拿吉附近和孔埠附近年均降雨量仅为 1250～1875 毫米，是老挝雨量最少的地区之一。而北汕北部地区、万象省东部和波里坎塞省，因地处川圹高原和长山山脉西南迎风坡地带，年均降雨量达 2500～3750 毫米，是老挝降雨量较丰富的地区之一。

老挝年降雨量的 90% 左右集中在雨季，月降雨量以 12 月至翌年 1 月最少，以后逐月增多。雨季中期的 7～9 月为降雨高峰期，然后逐月减少。雨季的一般月降雨量为 100 毫米左右，高峰期的月降雨量为 300 毫米左右，其中，波罗芬高原 7 月的月降雨量高达 800～900 毫米。

旱季的各月也并非无雨，多数地区的月降雨量在 20～30 毫米。

由于受季风气候的影响，降雨量的变率很大，最大与最小的年降雨量相差 1～3 倍。旱季的变率尤为明显，绝对的最大降雨量甚至高出平均降雨量 10 倍，而雨季一般不超过 5 倍。中期西南季风进入老挝时的降雨，具有多、猛、快和散的特点，有时一日降暴雨数次，有时连续降雨数日或十几日。西南季风进入老挝的早期和后期，称之为季风转换期或雨季和旱季的交接期，一般为 4～5 月和 10～11 月，有时会推后或提前半个月至 1 个月，转换时期为半个月左右。东北季风一般于 3～4 月消失，4～5 月西南季风逐渐进入和加强，转换期的雨量比旱季多而比雨季少，一般为雷阵雨，有时很强烈，且常出现低空上升气流，产生短时大雨或暴风。西南季风一般在 10～11 月消失，此后云雨逐渐减少到西南季风中期的 1/10 左右，从而进入旱季。

3. 湿度和阴霾

老挝各地的相对湿度较大，年平均湿度在 75%～85%。其中，8 月和 9 月最高，达 80%～90%，比平均值高出 5 个百分点左右；3 月最低，为 65%～75%，比平均值低 10 个百分点左右。全国相对湿度最高的地区是北松，年平均相对湿度达92%左右；相对湿度最低的是孟新西北部地区，年平均相对湿度为65%左右。老挝的绝对湿度也相应较高，但各地差异较大，最高的地区是沙湾拿吉，达35.3毫巴，其他地区为25~35毫巴。

霾是老挝旱季晴天的一种特殊天气现象，也称之为阴霾，是由于空气中悬浮着大量的烟尘而形成的，高度在3000米左右。在老挝，由于人们大量焚烧山林，进行刀耕火种，故霾日较多，年均达50~100天，多出现在旱季的12月至翌年3月，月霾日达13~15天。阴霾现象以湄公河河谷地带最多，年霾日在100天以上；富良山（长山）山脉地带较少，年霾日一般不超过50天。霾层一般有逆温层存在，能见度较差，且干扰电台、电视、无线电通信和雷达，影响收音、收视效果和无线电联络。

4. 云雾

老挝各地区间云量差异不大，各地年平均云量在5成左右，而旱季和雨季间的差异明显，旱季平均云量为2~3成，雨季平均云量为6~8成。其中，阴霾天气和雨日云量在8成以上，雨季月均7~14天，旱季月均1~4天。晴天云量在3成以下，雨季月均5~10天，旱季月均15天左右。老挝年平均云量最大的是川圹地区，达7.4成，平均云量最小的是琅勃拉邦地区，仅有5成。

老挝的雾日和降雨情况大致相反，全年雾日大多集中在东北季风期（旱季），西南季风期（雨季）则少雾。老挝北部的山间谷地是中南半岛雾日最多的地区，全年雾日达80~110天，其中旱季占60%~70%。1~3月雾日最多，每月最高达20余天。

老挝中部的他曲、沙湾拿吉、波里坎塞和甘蒙等地区，全年雾日为10~50天，季节分配大致与北部地区相同。南部的北松、巴色和阿速坡等地区雾日最少，全年仅10~40天，但这一带地区的雾日雨季比旱季多，多为高山雾。老挝各地的雾多在清晨开始出现，9时左右最浓，11时以后逐渐消失，有时也会全天浓雾不散。此外，每年旱季，农户焚烧山林，空中烟尘迷漫，地面也形成烟雾，使日光为之变色，能见度也会下降。

5. 风向和风力

老挝的风向一般分为东北风和西南风两大季风系统，每年11月至翌年4月主要是东北风，5~10月以西南风为主。但由于老挝山脉、河谷众多，对风向有一定的影响，各地区的风向因地形不同而有所差异。风力不强，全年各月风速差别不大，多在2级以下，全境大部分地区年平均风速小于2米/秒。这是因为老挝地处内陆，季风和台风经重重山脉和山地阻挡，风力逐渐减弱，长山山脉有如一道天然屏障，阻挡了从南海吹向老挝的台风和其他强风，但其山口地区会产生狭管效应，风力较强，强风和冷空气入境时其锋面附近的风力可达4级左右。8~9月，从南海登陆经越南进入老挝的台风和热气流，在老挝南部地区风力可达到4级左右，往往会引起几天的大暴雨。但由于受到普卡特山和长山山脉的阻挡，进入老挝中部地区后，其风力已明显减弱，对老挝广大的中部和北部地区均无大的影响。波罗芬高原是老挝风力最大的地区，一般时节都比其他地区大1级左右。其中，东北季风期各月的平均风力为2~3级，西南季风期为2~4级，最大风力可达5级。该地区雷暴也比其他地区多。

三 行政区划

（一）行政区划沿革

老挝行政区划随着老挝国家历史的演变而几经变迁。14世纪中叶以前，老挝地区尚未形成统一的国家，因而也没有行政区划可言。

1353年，法昂经过多年征战，以武力征服了华潘（桑怒）、芒芬（川圹）、万象和占巴塞诸小国，统一了老挝地区，建立了澜沧王国，定都于芒相通（又译为孟骚、香通和川铜等，即今琅勃拉邦）。1357年，法昂国王在澜沧王国内设立了万象、万坎、万格、万帕南横、万巴会銮和允清沙6个"垦孟"，下设"匡孟"和"孟"等行政机构，由法昂任命其王族或功臣出任各级行政机构长官"昭"，即由"昭垦孟"、"昭匡孟"和"昭孟"执掌相应辖区内事务。此为老挝历史上实行行政区划之始。

在法昂之后相当长的一段时期内，澜沧王国仍维持"垦孟制"的行政区划和统治方式。每当新王登基之际，都要重新分封王族或亲信为各级行政"昭"，负责管辖各自的领地。

1707年之后，澜沧王国先后分裂为琅勃拉邦澜沧王国、万象澜沧王国、占巴塞王国和川圹王国，这些王国之间纷争不断，"垦孟制"随之受到损毁。

1778年以后，万象、琅勃拉邦和占巴塞3个王国相继沦为暹罗属地，川圹为越南阮朝所占领，后并入清化省。沙湾拿吉、甘蒙等地亦一度被越南阮朝控制，分别改名为镇靖、镇定、乐边和甘露道。

1890年，暹罗曼谷王朝将老挝领土划分为四大行政区：东部占巴塞行政区，下设11个"大孟"；东北部廊开行政区，下设12个"大孟"；北部琅勃拉邦行政区，下设16个"大孟"；中部乌蒙行政区，下设3个"大孟"。1891年，曼谷王朝将东部和北部两大行政区合并为"华孟老高"（旧老挝）行政区，并将北部行政区改名为"华孟老芬"行政区，下设大、中、小和准四级"孟"，后来逐步演化为省、市、县和镇四级行政区。

1893年，法国占领老挝，在老挝实行分治政策，即将老挝划分为上寮和下寮两大区域，分别派出法国总督统管。从1899年起，上、下寮统一由法国最高总督统治，统治中心设在沙湾拿吉，后迁至万象。1911年，法国开始在老挝设省、县、州、乡和村五级政权机构，省级行政官由法国人担任，其余由老挝人担任，并将老挝划分为上、中、下寮三大区域，共10个省，即万象、孟芬、华潘、琅勃拉邦、会公、丰沙里、甘蒙、沙湾拿吉、沙拉湾和占巴塞。

1945年10月12日，老挝宣布独立。此后，老挝政府在原行政区划的基础上将老挝划为11个省，即丰沙里、会晒、琅勃拉邦、桑怒、川圹、万象、他曲、沙湾拿吉、沙拉湾、阿速坡和巴色。1949年，泰国将沙耶武里省归还老挝，老挝即由12个省组成。

1975年12月2日，老挝人民民主共和国成立，将老挝划为13个

15

省和1个直辖市，此后，老挝行政区域多有调整。2013年，老挝政府根据国家区域发展的状况和需要，对全国省级行政区划做出最新一次调整，将原属于万象等省的5个县划出，组成一个新的省级行政区，即赛宋奔省，撤销原有的赛宋奔特区。至此，老挝全国划分为17个省和1个直辖市。

（二）现行行政区划

老挝行政区划设置包括直辖市和省、市或县以及村三个级别，全国共划分为1个直辖市和17个省，下辖148个县8507个行政村。按照传统习惯，老挝又可分为上寮、中寮和下寮3个区域，其中沙耶武里和川圹两省（包括两省在内）以北地区称为上寮，该地区共有8个省，即丰沙里、琅南塔、乌多姆赛、博胶、琅勃拉邦、华潘、沙耶武里和川圹。沙耶武里和川圹两省以南、甘蒙省（包括甘蒙省）以北为中寮地区，该地区共有1个直辖市、4个省，即万象市、万象省、赛宋奔省、波里坎塞省、甘蒙省。甘蒙省以南为下寮地区，共有5个省，即沙湾拿吉省、沙拉湾省、公河省、占巴塞省、阿速坡省。直辖市、省及特区辖区面积、县及人口等具体数据分述如下。[①]

万象市　万象市位于万象平原中南部湄公河东岸，与泰国的廊开府隔河相望，既是老挝首都，又是老挝最大的城市和政治、经济、文化中心。辖区面积3920平方公里，区内人口820940人，下辖9个县483个村。

丰沙里省　丰沙里省是老挝最北部的一个省，面积16270平方公里，人口177989人，下辖7个市、县540个村。省会丰沙里（Phongsaly District）海拔1380米，城区面积约1平方公里，是老挝最北部的主要山城，也是上寮地区通往中国的重要门户。

琅南塔省　琅南塔省位于上寮北部，其东北部与中国接壤，西北部隔湄公河与缅甸相邻。面积9325平方公里，人口175753人，下辖5个市、

[①] 老挝行政区划设置现状、行政区划面积和人口数据来源于老挝国家统计中心编《老挝社会经济统计资料》，所列数据均为2015年数据。

县363个村。省会琅南塔（Namtha District）位于南塔盆地中央南塔河、南元河和南通河的交汇处，海拔500米，城区面积1平方公里，是老挝上寮地区通往中国的主要贸易口岸。

乌多姆赛省 乌多姆赛省位于上寮地区中部，面积15370平方公里，人口307622人，下辖7个县476个村。省会孟赛（Xay District）位于普托山和普雪比山之间，海拔670米，面积0.5平方公里。孟赛是老挝北部的重要城镇和北部地区的交通枢纽，老挝西北公路干线1号、2号和4号公路交会于此，北通中国，南达琅勃拉邦等地，东接越南公路网，西接湄公河渡口北本等地，是老挝发展较快的城市之一。

博胶省 博胶省位于老挝的最西部，隔湄公河与缅甸和泰国相望。面积6196平方公里，人口179243人，下辖5个市、县266个村。省会会晒（Huoixai District）位于湄公河东岸，与泰国的清孔市隔河相望，是老挝西北部通往泰国的主要贸易口岸。海拔380米，城区面积1平方公里。会晒的主要交通运输线是湄公河，经湄公河向北可达云南边城景洪、南得坝和小橄榄坝等地，向南可达琅勃拉邦和万象等老挝主要城市。

琅勃拉邦省 琅勃拉邦省位于上寮地区中部，面积16875平方公里，人口431889人，下辖12个市、县773个村。省会琅勃拉邦位于老挝北部南康河与湄公河的交汇处，海拔290米，城区面积9平方公里，是老挝第三大城市。琅勃拉邦是一座有1000多年历史的名城，曾为澜沧王国首都（原名孟骚、香通等），也是老挝小乘佛教的发祥地。市内寺庙、佛塔林立，较大的佛寺就有50座。该市正发展成为老挝西北部的主要商业中心和进出口商品集散地。

华潘省 华潘省原称桑怒省，位于老挝东北部，与越南接壤。面积16500平方公里，人口289393人，下辖9个市、县720个村。省会桑怒（Xamneua District）位于会芬高原北侧一峡谷中，海拔994米，城区面积1平方公里。桑怒是老挝东北重要山城，是上寮地区通向越南的重要关口。

老 挝

沙耶武里省 沙耶武里省位于上寮地区西部,与泰国接壤。面积16389平方公里,人口381376人,下辖11个市、县435个村。省会沙耶武里(Xayabury District)坐落于普帕山、帕基门山、普帕卡山和普云山之间的虹河河畔,是一座风景优美的小城。

川圹省 川圹省位于老挝中部偏东地区,与越南接壤。面积16358平方公里,人口244684人,下辖8个市、县520个村。省会丰沙湾是一座新兴城市,位于7号公路中段的南银河河畔。

万象省 万象省位于老挝中部偏西地区,其西南部与泰国接壤。面积22554平方公里,人口419090人,下辖13个市、县503个村。省会孟蓬洪(Phonhong District)位于万象市北部60公里处,是老挝中寮地区的新兴城市,有13号公路和10号公路从该市区通过。

波里坎塞省 波里坎塞省位于中寮地区北部,原是万象省和甘蒙省的一部分,1984年划出成立新省,其西与泰国接壤,东邻越南。面积14863平方公里,人口273691人,下辖7个县314个村。省会北汕(Pakxanh District)位于万象市东面150公里处南汕河与湄公河交汇处,是中寮地区的重要城镇,13号公路和7号公路通过该市。

甘蒙省 甘蒙省位于中寮地区,东与越南接壤,西与泰国相邻。面积16315平方公里,人口392052人,下辖10个县580个村。省会他曲(Thakhek District)位于13号公路和10号公路交会的湄公河东岸,隔他曲河与泰国东北重镇那空帕侬相望,海拔146米,城区面积4平方公里。他曲市交通便利,是中寮地区重要的商业贸易中心和甘蒙省的经济、文化中心。

沙湾拿吉省 沙湾拿吉省位于下寮地区北部,东接越南,西邻泰国。面积21774平方公里,人口969697人。沙湾拿吉省下辖15个市、县1013个村。省会凯山·丰威汉市(Kaysone Phomvihane District),原名沙湾拿吉市(Savannakhet District),是老挝第二大城市,位于老挝最大平原——沙湾拿吉平原西部的湄公河东岸,海拔140米。凯山·丰威汉市是沙湾拿吉省的经济、文化中心。

沙拉湾省 沙拉湾省位于下寮地区北部,其东北部与越南相接,西部与泰国接壤。面积10691平方公里，人口396942人，下辖8个市、县595个村。省会沙拉湾（Saravane District）位于本省中部。

公河省 公河省是1984年由沙拉湾省划分出来的，其东部与越南接壤。面积7665平方公里，人口113048人，下辖4个市、县226个村。省会班蓬（Ban Phone District）位于公河河畔，原为一村落，现已发展成为下寮地区的新兴城市。

占巴塞省 占巴塞省位于下寮地区西南部，其西部与泰国接壤，南部与柬埔寨相邻。占巴塞省是老挝南部经济、文化最为发达的地区。面积15415平方公里，人口694023人，下辖10个市、县646个村。省会巴色市（Pakse District）位于湄公河与色敦河的交汇处，海拔854米，城区面积10平方公里，是老挝第四大城市。巴色既是占巴塞省的政治、经济和文化中心，也是老挝南部重要商业贸易中心和物质集散地。距巴色市30公里处是老挝古国占巴塞国的都城巴沙。

阿速坡省 阿速坡省位于下寮地区的东南部，与柬埔寨和越南两国接界。面积10320平方公里，人口133628人，下辖5个市、县147个村。省会沙玛奇赛（Samakkhixay District，又名阿速坡）位于公河和塞加曼河交汇处的公河西岸，是下寮地区的主要商业贸易城市和咖啡、橡胶、烟草及药材等主要出口商品的集散地。

赛宋奔省 赛宋奔省位于中寮地区北部万象省、琅勃拉邦省之间。面积4506平方公里，人口85168人，下辖5个市、县96个村。省会是阿努翁县（Anouvong District）。

四 人口、民族、语言

（一）人口

人口普查是一项重要的国情调查，对国家管理、制定政策具有重要意义。老挝人民民主共和国成立以来，每10年开展一次人口普查，至今已完成4次人口普查，时间分别是1985年、1995年、2005年和2015年。普查内容包括人口规模、增长和分布、人口和社会特点、国内人口迁移、出生和死亡率、平均寿命、教育和识字率、经济活动、家庭状况等。2015

年人口普查与前三次人口普查相比，在保留原有调查项目的同时，调查范围和内容有所增加，并第一次引入了事后调查的方法。

人口增长 老挝人民民主共和国自1975年建立以来，人口增长迅速。自1985年第一次人口普查以来，人口总数每十年大概增长100万人左右（见表1-1）。2005年以来人口增长率有所下降。2005年至2015年的十年间，全国总人口增加了87万人。[①]

表1-1 1976~2015年老挝的人口增长情况

年份	人口数（万人） 全国人口总数	人口数（万人） 女性人口数	人口密度（人/平方公里）
1976	288.6	—	12
1980	319.9	—	14
1985	361.8	—	15
1990	414.0	—	18
1995	460.5	—	19
2000	521.8	298.2	22
2005	562.2	282.1	24
2010	625.6	313.3	26
2015	649.2	323.7	27

资料来源：老挝计划投资委（现为计划投资部）编制《老挝年鉴》，1975~2005年、2006年、2010年、2011年、2012年各卷；Lao Statistic Bureau, Results of Population and Housing Census, 2015。

城乡人口比率 历次人口调查资料显示，虽然从全国水平看，老挝农村人口明显高于城镇人口，但是，老挝城乡人口比例呈下降趋势。1995年全国第二次人口普查时，全国83%的人口居住在农村，2005年普查时，农村人口的比例下降到73%。在波里坎塞省、万象市、沙耶武里省和川圹省，农村人口向城市的流动趋势较为突出。农村人口向

[①] Lao Statistic Bureau, Results of Population and Housing Census, 2015, p.11.

城市迁移构成国内人口流动的主要形式。万象市的城镇人口约为全市总人口的82%，而沙拉湾的城镇人口仅为9%。① 2015年老挝城镇人口占全国人口的比例从2005年的27%增至33%，农村人口约占总人口的67%。②

根据2015年人口普查结果，当年人口出生率为28‰，人口死亡率为8.2‰，人口自然增长率为19.8%。总生育率是3.7，女性平均寿命是65.2岁，男性平均寿命是61.8岁。婴儿死亡率是57‰，5岁以下儿童死亡率是86‰。③

人口密度 老挝一直是东南亚人口密度最低的国家，2015年，全国每平方公里人口数为27人。全国人口分布不均，首都万象市的人口密度高达209人/平方公里，将近全国平均水平的8倍，首都万象也是全国城镇化水平最高的地区。而丰沙里省人口密度最低，仅为11人/平方公里。其他人口密度稍高的省份有占巴塞省和沙湾拿吉省，都是45人/平方公里，沙拉湾省是37人/平方公里，博胶省是29人/平方公里，琅勃拉邦省是26人/平方公里。人口密度较低的省份还有南部的公河省（15人/平方公里）、阿速坡省（14人/平方公里）和北部的川圹省（15人/平方公里）。具体情况见表1-2。④

表1-2　2005～2015年老挝各省市面积和人口数量

序号	省市	面积（平方公里）	人口数（人） 2005年	2010年	2015年
1	万象市	3920	698318	768743	820940
2	丰沙里省	16270	165947	176151	177989
3	琅南塔省	9325	145310	164310	175753
4	乌多姆赛省	15370	265179	299935	307622

---

① Lao Statistics Bureau, Population Census, 2005; Lao Statistics Bureau, Population Census, 2006.
② Lao Statistic Bureau, Results of Population and Housing Census, 2015, p. 11.
③ Lao Statistic Bureau, Results of Population and Housing Census, 2015, pp. 39-49.
④ Lao Statistic Bureau, Results of Population and Housing Census, 2015, p. 105.

老 挝

续表

序号	省市	面积（平方公里）	人口数（人） 2005年	2010年	2015年
5	博胶省	6196	145263	165661	179243
6	琅勃拉邦省	16875	407039	447541	431889
7	华潘省	16500	280938	317946	289393
8	沙耶武里省	16389	338669	374666	381376
9	川圹省	16358	229596	269887	244684
10	万象省	22554	388895	480440	419090
11	波里坎塞省	14863	225301	264513	273691
12	甘蒙省	16315	337390	375504	392052
13	沙湾拿吉省	21774	825902	906440	969697
14	沙拉湾省	10691	324327	366723	396942
15	公河省	7665	84995	97900	113048
16	占巴塞省	15415	607370	652552	694023
17	阿速坡省	10320	112120	127285	139628
18	赛宋奔省	4506	—	—	85168

资料来源：老挝计划投资委（现为计划投资部）编制《老挝年鉴》，2012年卷；Lao Statistic Bureau, Results of Population and Housing Census, 2015, pp. 100 – 104。

性别比 老挝人口性别比基本保持平衡。2015年，老挝全国人口总数达到649.2万人，男女性别比约为1∶1，其中，男性325.5万人，占总人口的50.1%，女性323.7万人，占总人口的49.9%。

年龄比 2015年，各个年龄段人口在全国总人口中所占的比例情况是：0岁到14岁人口约占总人口的32%，65岁以上人口约占4.2%，15~64岁人口约占63.7%。抚养比率为0.57。[1] 从全国平均水平来看，老挝的抚养比率较低，自1995年以来，劳动力人口数量不断增加，抚养比率呈下降趋势，1995年为1.1，2005年为0.8。

（二）民族

老挝是一个多民族的国家。老挝王国时期将其68个民族及其支系划分为六大语族，即老泰语族、孟 – 高棉语族、苗瑶语族、藏缅语族、越语

---

[1] Lao Statistic Bureau, Results of Population and Housing Census, 2015, p. 33.

族和汉语族。老挝人民党（后改为人民革命党）和爱国战线在夺取全国政权之前，为了团结老挝各民族人民反对殖民统治和封建势力，争取民族独立，将老挝民族按照居住地划分为三大族群，即居住在平原和河谷地带的老龙族群、居住在海拔700米至1000米的山坡上的老听族群和居住在海拔1000米以上山区的老松族群。老挝人民民主共和国建立后，这一民族简单划分方法已经不符合诸多民族的社会经济发展状况，也不再适应老挝国家发展的需要，因此，早在20世纪80年代初，老挝人民革命党和政府就开始对老挝的民族进行全面系统的研究和更为科学的识别。经过近二十年的努力，依据语言谱系、民族源流、传统文化和习俗三个主要标准，将全国所有民族划分为49个，分属于老泰语族、孟－高棉语族、藏缅语族和苗瑶语族。2005年，老挝中央建国阵线民族局以老挝语与和英语双语形式出版《老挝人民民主共和国民族》，正式向国内外公布了老挝政府关于老挝族群的识别结果。三分法存在不严谨性，但是这种划分法在一定程度上实现了民族与地域的统一。从国家划区域发展经济社会的角度来看，三分法具有一定的合理性。至今，老挝人民在日常生活中仍然习惯使用老龙、老听和老松来表示民族身份，而且，政府在一些有关区域经济发展的政策中也继续沿用三分法。与此同时，在政府的官方文件、正式出版物中已经不再使用三分法，而使用四分法来表述民族情况。

　　老挝民族识别和分类的依据主要是语言谱系、民族源流、传统文化和习俗，综合这个三个方面的要素，老挝民族被划分为四大族群：老泰语族，包括佬族、些克族等8个民族；孟－高棉语族各民族，是老挝民族数量最多的族群，遍布老挝全境，包括克木族等32个民族；藏缅语族各民族，包括倮倮族、拉祜族等7个民族；苗瑶语族各民族，包括蒙族和优勉族2个民族。[①]

　　1. 老泰语族

　　佬族（Lao）　　佬族是老挝的主体民族，在老挝各民族中人口最

---

① 各民族名称主要根据《老挝人民民主共和国民族》一书所列民族名称，均系老挝语发音的音译；各族人口数据来自 Lao Statistic Bureau, Results of Population and Housing Census, 2015.

多、分布最广，2015年有3427665人，在全国17个省和1个直辖市中都有分布。佬族主要居住在地势平坦的河谷平原地带。佬族有自己的语言文字，老挝官方语言老挝语由吸收梵语和巴利语成分的佬语发展而来，文字则由梵文和巴利文改造而来。佬族是典型的稻作民族，喜食糯米。佬族信仰南传上座部佛教，佛教寺庙在佬族居住地区随处可见，赕佛是佬族人民日常生活的一部分。同时，佬族传统的多神崇拜仍可觅踪迹，如村庄、房屋、森林、河流、天空、庄稼和祖先等都有"庀""庀"（Phi）。

些克族（Xaeh） 些克族主要分布在中寮的波里坎塞省和甘蒙省，2015年有3841人。语言属澳泰语系台－卡岱语族，语言中含有一些佬语成分。居住在低地的些克族信仰南传上座部佛教，而居住在偏远山区的些克族则信仰自然神灵。

润族（Nhouan） 润族主要分布在沙耶武里省、琅勃拉邦省、博胶省、乌多姆赛省和丰沙里省。2015年有27779人。润族在泰国北部也有分布。润族语言与佬语相似，与佬语相比，他们所使用的语言中巴利语和高棉语的借用词很少。润族的文字类似于泐族文字，但已经濒临消亡，因为除了极个别的老人还认识这种文字，已无人认识。润族以农耕为主，喜食糯米。信仰佛教，但其日常生活中仍保留着一些祖先崇拜和自然崇拜的习俗。

泰族（Tai） 老挝的泰族是分布于全国各地、自称为"Tai"的多个民族支系的统称，其中包括黑泰、红泰、白泰和泰勉等多个支系。2015年有201576人。泰族语言属于澳泰语系台－卡岱语族的西南部语支和北部语支。老挝泰族普遍信仰佛教，但自然崇拜在泰族社会中最为广泛，从县、村、家庭、森林、水到祖先，各类神灵无所不在，因此，巫师在泰族的日常劳作和生活中扮演着重要的角色。

泰讷族（Thay Neua） 老挝语"讷"（Neua）的意思是"北方、北部"，"泰讷"即指北方的泰人或来自北方的泰人。泰讷族主要分布在丰沙里省、琅南塔省、华潘省、琅勃拉邦省、博胶省和万象省。2015年有14148人。泰讷族语言属于澳泰语系台－卡岱语族各个语支，如华潘省泰讷族语言属于北泰语支,其他省泰讷族的语言则属于西南泰语支。① 泰讷族以种植水稻为主要生计,喜食糯米。泰讷族的宗教信仰是佛教与自然崇拜并重,每个村寨都有佛寺,各种红白喜事都要请和尚参加。自然崇拜的对象包括山神、树神、水神、村神、屋神、祖先神等,每年都有相应的祭祀仪式。

普泰族(Phou Thay) 普泰族是老挝政府于2000年从泰族中划分出来的一个独立民族。普泰族主要分布在甘蒙省、沙湾拿吉省,沙拉湾省也有少量分布。2015年有218108人。普泰族既信仰佛教,又保持着传统的自然崇拜。在各种自然神中,勐神、村神、谷神最为重要,每个村庄都有巫师,巫师主要由妇女担任,巫师除主持各种仪式外,还用其魔力为村民治病。

央族(Yang) 主要分布在琅南塔省、丰沙里省和乌多姆赛省,2015年约有5800人。语言属于澳泰语系台-卡岱语族,没有文字。央族主要崇拜各种自然神灵,巫师在其日常生活中不可或缺。部分受到泐族影响的央族也信仰佛教。央族的传统节日包括每年2月15日的新年等,届时全村共同庆祝。

泐族(Lue) 泐族与中国云南省西双版纳傣族中的一个支系"泰泐"是同一民族,在老挝被识别为单一民族。老挝泐族主要分布在丰沙里省、琅南塔省、博胶省、乌多姆赛省、沙耶武里省和琅勃拉邦省,2015年有126229人。泐族自14世纪起开始信奉南传上座部佛教,同时他们仍然保留万物有灵的自然崇拜。泐族居住在海拔150~400米的低地地区,耕种水田,粮食作物主要是糯稻,同时也种植玉米、烟草、棉花、水果和各种蔬菜,养殖水牛、黄牛、猪和家禽。

2. 孟-高棉语族

克木族(Khmou) 克木族是老挝第二大民族,2015年有708412人。克木族主要分布在琅勃拉邦省、乌多姆赛省、丰沙里省,在沙耶武里省、琅南塔省、华潘省、波里坎塞省、万象省等也有少数分布。根据其自称,老挝克木族又被细分为克木洛克、克木乌等九个支系。克木族语言属于孟-高棉语族克木语支,有地区方言区别,但可以互通。克木族的宗教信仰多元,自然崇拜与祖先崇拜并存。克木族过去主要以刀耕火种的方式

---

① 黄兴球:《老挝族群论》,民族出版社,2006,第18页。

耕种旱稻，但是自从政府号召保护森林以来，他们已停止了这一耕作方式。在从事农耕养殖的同时，克木族还采集非木材产品，到市场上出售或交换自己所需的物品。

卡当族（Katang） 卡当族是老挝一个人口规模相对较大的少数民族，2015年有144255人。卡当族主要分布在沙拉湾、沙湾拿吉、占巴塞和公河等省。卡当族语言属于孟-高棉语族卡都语支，没有本民族文字。卡当族相信万物有灵，特别敬奉家庭、村寨、森林、祖先和稻谷等神灵。卡当族主要种植旱稻。

卡都族（Kadu） 卡都族主要分布在老挝南部的公河省、沙拉湾省和占巴塞省，在越南的"广南省、岘港（直辖市）、承天顺化省"也有分布。2015年有28378人。"卡都"既是自称也是他称。卡都族包括多个支系。卡都语言属于孟-高棉语族卡都语支，没有本民族文字。卡都族信仰万物有灵，稻神是其敬奉的主要神祇。卡都族有凿齿和文身的习俗，但现在已不多见。大部分卡都族人居住在偏远山区，生计以种植旱稻为主，并辅之以家畜养殖、狩猎等方式。妇女善于纺织，男子善于雕刻。

卡伶族（Kriang） 2015年有16807人。主要分布在南部的公河省、沙拉湾省、占巴塞省。他称"内"（Ngae），自称"卡伶"。语言属孟-高棉语族卡都语支。卡伶族的宗教信仰是万物有灵。生计以旱稻种植为主，同时狩猎和捕鱼也是重要的生活资料来源。

克里族（Kri/Kree） 克里族主要分布在波里坎塞省和甘蒙省，在泰国和越南也有分布。2015年有1067人，因为克里族人流动性大，所以这一数字并不准确。语言属于孟-高棉语族越语支，没有自己的文字。克里族信仰原始宗教，认为许多自然神祇控制着他们的生活。生计以采集、狩猎、捕鱼等为主，也有一部分人从事旱稻种植和养殖业。

高棉族（Khmer） 老挝的高棉族主要分布在占巴塞省。2015年有7141人。语言属于孟-高棉语族高棉语支，有本民族文字。高棉族信仰佛教，同时保留着传统的原始宗教信仰。生计以农作物种植和家畜养殖为主。

温族（Ngouan） 温族主要分布在甘蒙省，2015年有886人。语言属于孟-高棉语族越语支，没有文字。温族信仰万物有灵，尤为重视祖先崇拜。温族的生计以种植糯稻为主，辅以蔬菜和水果。温族养殖的鸡和猪主要用于祭祀，牛主要用于耕作。

蒱族（Cheng） 蒱族主要分布在公河省和阿速坡省。2015年有8688人。蒱族语言属孟-高棉语族巴纳语支。蒱族中，有的同时信仰佛教和原始宗教，有的只信仰原始宗教。蒱族以农耕为生计，主要的农作物有水稻、玉米等，养殖的水牛、猪、鸡、鸭等，既供自己食用，又供祭祀之用。

三刀族（Samtao） 三刀族主要分布于博胶省和琅南塔省。2015年有3417人。"三刀"既是自称，也是他称。三刀族的语言属于孟-高棉语族德昂语支，没有文字，他们因长期与佬族、泐族等民族为邻，能讲佬族、泐族、毕得族的语言。三刀族同时信仰佛教和原始宗教，每年都要举行隆重的祭稻神仪式。三刀族的生计以种植旱稻为主，辅以水稻，同时养殖水牛、猪和家禽。

沙当族（Sadang） 沙当族主要分布在阿速坡省和沙湾拿吉省与越南相邻的边境。2015年有898人。"沙当"是官方正式名称，也是他称。老挝的沙当族有三个支系。沙当族的语言属于孟-高棉语族巴拿语支，没有文字，各支系间有方言差异。沙当族的宗教是多神崇拜，他们的崇拜对象包括祖先和各种自然神灵，此外，他们还崇拜"坎达"（Kanda），将其视为创造万物的超自然神灵。沙当族的生计方式多元，以种植旱稻、水稻、玉米和各种蔬菜为主，同时也从事养殖家畜和家禽、狩猎、捕鱼和采集等营生。

隋族（Xuay） 隋族主要分布在甘蒙省、沙湾拿吉省、沙拉湾省、占巴塞省和公河省等老挝南部地区。2015年有46592人。隋族语言属于孟-高棉语族卡都语支。隋族信仰南传上座部佛教，同时保留其原始宗教信仰习俗。隋族有其独特的文化，但与佬族的融合程度较高，一些独有文化现象已绝迹。隋族传统的生计方式是刀耕火种，现已转变为耕种水田。隋族还以其驯象技能著称。

兴门族（Xing Moun） 兴门族主要分布在华潘省。2015年有9874人。兴门族语言属于孟-高棉语族卡都语支，没有本民族文字。由于与泰族和克木族杂居，兴门族的文化和习俗与泰族和克木族相似。兴门族信仰万物有灵，兴门族的村落一般建于比泰族的村落稍高的山地上。兴门族的传统生计方式是刀耕火种，现已转变为种植水稻，同时狩猎和捕鱼也是重要的补充。

雅亨族（Nhaheun） 雅亨族主要分布在占巴塞省和阿速坡省。2015年有8976人。雅亨族语言属于孟－高棉语族巴拿语支，没有本民族文字。雅亨族人都能讲老挝语。雅亨族信仰万物有灵的原始宗教。雅亨族的生计主要是种植非糯米稻谷，也发展块茎作物、蔬菜和水果种植以及养殖业。

达沃族（Ta Oy） 达沃族主要分布在南部的沙湾拿吉、沙拉湾、占巴塞和阿速坡等省。2015年有45991人。达沃族语言属于孟－高棉语族卡都语支，没有本民族文字。达沃族信仰原始宗教，尤为敬奉天神和稻神。居住在海拔较高地区的达沃族仍以刀耕火种为主，而居住在低地的达沃族则种植水稻，此外，达沃族还种植一些其他经济作物，并通过狩猎和捕鱼来补充蛋白质。

达伶族（Trieng） 达伶族主要分布在公河省，人口38407人（2015年）。达伶族语言属于孟－高棉语族巴拿语支。达伶族都能讲佬语等相邻民族的语言。达伶族信仰原始宗教，如祖先崇拜、森林崇拜、天神崇拜等。达伶族的生计是种植旱稻，居住在低地的达伶族则种植水稻，同时也种植水果、蔬菜，养殖禽畜，并辅之以狩猎和采集等传统生计方式。

荻族（Tri） 荻族主要分布在中部的甘蒙省和沙湾拿吉省，2015年有37446人。荻族语言属于孟－高棉语族卡都语支。荻族人大多能讲佬语。居住在低地的荻族的宗教信仰是南传上座部佛教与原始宗教并行，居住在偏远地区的荻族则信仰原始宗教。荻族的生计主要是种植稻谷，并以狩猎、捕鱼等为补充，荻族还发展了养殖业，农作物品种也不断多样化。

杜姆族（Toum） 杜姆族主要分布于波里坎塞省，2015年有3682人。杜姆族语言属于孟－高棉语族越语支。大部分杜姆族信仰原始宗教，一部分信仰南传上座部佛教。杜姆族以种植糯稻为主，此外还种植玉米等，养殖禽畜供自己消费或出售。

阗族（Thaen） 阗族集中居住在琅勃拉邦省万卡姆县的两个村落，2015年有828人。阗族语言属于孟－高棉语族德昂语支，除了本民族的语言，阗族人也能讲佬族和克木族的语言。阗族信仰佛教，同时相信万物有灵，信仰屋神、村神、祖先神和自然神等，其中，"昂朗"作为一位带领他们从缅甸迁移到老挝的女神，在阒族的祖先崇拜中地位突出。阒族以种植旱稻为生，并种植南瓜、玉米等作物以备稻谷短缺时的补充。农闲时，阒族人也到附近市场上出售其生产的农产品。

毕得族（Bid/Bit） 毕得族主要分布在丰沙里、乌多姆赛和琅南塔三省，2015年有2372人。毕得族语言属于孟－高棉语族德昂语支，没有文字。毕得族信仰原始宗教，崇拜村神、屋神、自然神和祖先神。毕得族喜食糯米，生计包括种植旱稻和水稻，养殖家畜、家禽，并以狩猎、捕鱼和采集为补充。

布劳族（Brao） 布劳族是一个跨居老挝、越南和柬埔寨的民族，在老挝主要分布在阿速坡省和占巴塞省，2015年有26010人。布劳族语言属于孟－高棉语族巴拿语支，没有文字，各地有方言差异，但可以沟通。布劳族信仰万物有灵的原始宗教，此外，他们认为世间万物由一位名为"帕塞"的伟大神灵主宰。布劳族的生计以种植旱稻、玉米等为主，辅以狩猎、采集和捕鱼。

巴果族（PaKoh/Pacoh） 巴果族主要分布于沙湾拿吉省、沙拉湾省和公河省，人口22640人（2015年）。巴果族语言属于孟－高棉语族卡都语支，没有本民族文字。巴果族信仰原始宗教，尤为敬奉村神和祖先神。巴果族的生计以种植旱稻、玉米及其他农作物为主，养殖猪和鸡，并通过打猎获取所需肉食。

巴莱族（Pray） 巴莱族主要分布于沙耶武里省，2015年有28732人。巴莱族语言属于孟－高棉语族克木语支。巴莱族的宗教信仰主要是自然崇拜，相信神灵无处不在，其中最为敬奉的是被称为"把乎卡"的自然神，每年举行三天的大祭。巴莱族的生计以种植旱稻为主，同时辅以渔猎和采集，家禽的养殖主要用于祭祀。

朋族（Phong） 朋族主要分布于川圹和华潘两省，2015年有30696人。朋族的语言属于孟－高棉语族越语支，不同的朋族支系间有方言差异。除本民族语言外，朋族一般能讲流利的佬语。朋族的宗教为自然崇拜和祖先崇拜，有一些村落受到佬族影响而同时信仰佛教。朋族的生计主要是种植旱稻、水稻及其他农作物。家禽和家畜的养殖主要用于祭祀。

玛贡族（Makong） 主要分布于甘蒙省和沙湾拿吉省，2015年有163285人。玛贡族语言属于孟－高棉语族卡都语支。玛贡族信仰自然崇拜和祖先崇拜的原始宗教，现在也有一部分人同时信仰佛教。玛贡族生计以旱地和水田种植糯稻为主，辅以种植玉米、木薯等，善于养殖家禽和家畜。

莫依族（Moy） 居住于华潘省桑怒县冬村。2015年有789人。莫依族语言属于孟－高棉语族越语支，没有文字。莫依族的宗教是自然崇拜和祖先崇拜的原始宗教。莫依族的生计主要是种植旱稻、水稻，并种植蔬菜和茶出售，他们善于养殖家畜和家禽，并以渔猎补充日常饮食所需。

尤乌族（Yrou） 分布于占巴塞、沙拉湾、阿速坡和公河四省，2015年有56411人。尤乌族语言属于孟－高棉语族巴拿语支，各个支系间有方言差异。尤乌族的宗教是以自然崇拜和祖先崇拜为表现形式的原始宗教，由于长期与佬族杂居，部分尤乌族在保持传统信仰的同时，也信仰佛教。尤乌族的生计以种植咖啡、坚果等经济作物和蔬菜为主，以养殖家禽、家畜为辅。

耶族（Yae/Yi） 分布于阿速坡省和公河省，2015年有11452人。语言属于孟－高棉语族巴拿语支，没有文字。耶族的宗教信仰表现为自然崇拜，他们认为一切有生命的事物都有灵魂。耶族的生计以种植旱地糯稻为主，并采集日常饮食所需的水果、蘑菇、竹笋等，此外还养殖家畜、家禽，部分用作祭祀，部分供自己食用。

拉蔑德族（Lamed/Lamet） 分布于琅南塔省、乌多姆赛省和博胶省，2015年有22383人。拉蔑德族的语言属于孟－高棉语族德昂语支，没有文字。拉蔑德族的宗教形式是祖先崇拜和自然崇拜。拉蔑德族的生计以种植旱稻为主，并种植日常食用的根块植物和蔬菜，此外还饲养家畜、家禽供自己食用。

拉维族（Lavi/Lavy） 分布于公河省拉玛县（Lamam），2015年有1215人。拉维族语言属于孟－高棉语族巴拿语支。[①] 拉维族的宗教形式是

---

① Lauren Chazee, *The People of Laos: Rural and Ethnic Diversities with an Ethno-Linguistic Map*, Bangkok: White Lotus Press, 2002, p. 11.

祖先崇拜和自然崇拜，对祖先神、水神、森林神的祭祀都较为隆重。拉维族生计以种植水稻、玉米等农作物为主，辅以渔猎。

沃依族（Oy） 分布于阿速坡省，2015年有23513人。沃依族语言属于孟-高棉语族巴拿语支，没有文字。沃依族信奉谷神、森林神、河神等自然神灵。沃依族生计以种植水稻为主，善于在水田中养鱼，此外还种植玉米、蔬菜、水果，养殖家禽和家畜。

尔都族（Oedou/Oedu） 分布于川圹省阔恩县（Khoon）卡普村（Ban Kharp）和腾丰村（Ban Thean Phoon），2015年有602人。尔都族语言属于孟-高棉语族克木语支，没有文字。由于尔都族人越来越多地使用佬语和克木语，其本民族语言正在不断消失。尔都族的宗教形式是自然崇拜和祖先崇拜，尤为敬奉祖先神、屋神。尔都族生计以种植水稻、旱稻、玉米及其他农作物为主，此外还养殖家禽和家畜供自己食用或祭祀。

阿拉克族（Harak） 分布于公河省、沙拉湾省、占巴塞省和阿速坡省，2015年有25430人。语言属于孟-高棉语族巴拿语支，没有本民族文字。阿拉克族信仰屋神、村神等神灵，按其传统，每家每户每年都要杀牛祭祀祖先，现改为两年一次。阿拉克族的生计以种植旱稻、水稻、玉米等农作物为主，并养殖家禽、家畜供祭祀，或出售或自己食用，阿拉克族善于渔猎。

3. 藏缅语族

兴西里族（Singsily） 又名普诺族（Pounoy），分布于丰沙里省、琅南塔省、乌多姆赛省、博胶省、琅勃拉邦省，2015年有39192人。支系较多，包括兴西里、普内、毕素等，2000年老挝官方正式确定其族称为"兴西里族"。兴西里族的语言属于藏缅语族彝语支，没有本民族文字。兴西里族的宗教形式表现为自然崇拜和祖先崇拜，有的同时也信仰佛教。兴西里族的生计主要是种植水稻、旱稻、玉米以及甘蔗、烟草等作物，他们养殖家禽、家畜，用于祭祀、畜力、自己食用。

西拉族（Sila） 分布于琅南塔省和丰沙里省，2015年有3151人。西拉族语言属于藏缅语族彝语支。西拉族的宗教形式为自然崇拜和祖先崇拜，西拉族一年举行两次祭祖仪式。西拉族的生计以种植粳稻和糯稻为主，此外还养牛用于耕作，养殖家禽供自己食用。

拉祜族（Lahou） 主要分布于琅南塔省和博胶省，2015年有19187人。语言属于藏缅语族彝语支。拉祜族的宗教形式表现为自然崇拜，此外有少数人信仰基督教。拉祜族的生计以种植旱稻、玉米和荞麦为主，养殖猪、鸡、鸭等用于祭祀或自己食用，拉祜族善于打猎，狩猎是他们重要的食物和经济来源。

倮倮族（Lolo） 主要分布于丰沙里省丰沙里县一带，2015年有2203人。语言属于藏缅语族彝语支，不熟悉彝族文字，许多人能讲汉语。因为老挝的倮倮族是从中国云南迁移来的，仍与中国云南境内的彝族保持联系，所以其宗教信仰、习俗等仍完整保留，如崇拜祖先和自然神灵、由毕摩主持族中事务、过火把节等。倮倮族的生计以种植旱稻、水稻、玉米为主，善于养马，用于托运贩卖货物，他们养殖猪和鸡等，用于祭祀或自己食用。

贺族（Hor） 主要分布于丰沙里省、琅南塔省、乌多姆赛省、琅勃拉邦省和华潘省，2015年有12098人。贺族专指从中国境内移居老挝的、讲云南话的中国人，与华侨华人不同的是，他们已被识别和认同为老挝49个民族中的一个族群。贺族的语言（即云南话）属于汉语族西南官话。贺族的宗教信仰多元，佛教、儒教、道教、伊斯兰教、自然崇拜等并存。贺族的生计主要是经商，也有从事农耕的。

阿卡族（Akha） 主要分布于琅南塔省、丰沙里省、博胶省和乌多姆赛省，2015年有112979人。他称"戈""衣戈"，自称"阿卡"，官方确认为"阿卡族"。语言属于藏缅语族彝语支，没有本民族文字。虽然没有文字，但阿卡族以口述形式传承其迁徙历史、村规民约、家族世系等。阿卡族的宗教信仰表现为自然崇拜和祖先崇拜。阿卡族的传统耕作方式是刀耕火种，近年来，这种耕作方式逐渐减少。他们耕种的主要农作物有旱稻、玉米和棉花，也种植一些蔬菜、花生、茶等，阿卡族还善于采集和狩猎。

哈尼族（Hayi） 主要分布于丰沙里省，2015年有741人。老挝的哈尼族是从中国的云南迁入的，语言与中国的哈尼族一样，属于藏缅语族彝语支。哈尼族的宗教信仰是自然崇拜和祖先崇拜。哈尼族的生计以种植旱稻、水稻、玉米和蔬菜为主，以狩猎和采集为辅，哈尼族也养殖水牛、猪、鸡等家畜和家禽。

4. 苗瑶语族

蒙族（Hmong） 广泛分布于北部各省，即从琅南塔省到中部的波里坎塞省均有分布，2015年有595028人。语言属于汉藏语系苗瑶语族苗语支。不同支系的蒙族语言有所不同，但可以互通。蒙族的宗教信仰是自然崇拜和祖先崇拜。刀耕火种是蒙族传统的耕作方式，但是随着老挝政府推行保护森林计划以来，蒙族已逐渐放弃这种耕作方式，转而固定耕种旱稻、玉米等农作物，他们还养殖马、牛、猪和鸡等。

优勉族（Iumien） 优勉族在老挝分布广泛，在万象省（包括万象省）以北各省均有分布，2015年有32400人。在老挝，优勉族包括两个支系，即优勉和蓝靛，老挝官方统一称之为优勉族。优勉族的语言属于苗瑶语族瑶语支，优勉族没有本民族文字，但他们用汉字书写、记录和保存了家谱、经书等文献。优勉族的宗教信仰呈现多元性，包括祖先崇拜、自然崇拜、道教等。优勉族以种植旱稻、水稻、玉米、棉花、烟草等作物为生，善于养殖马、牛、羊等。

（三）语言

老挝官方使用的语言是老挝语，属汉藏语系壮侗语族泰老语支。老挝语是一种孤立型语言。辅音分高、中、低3组，共49个，高辅音16个，中辅音14个，低辅音19个。其中，26个单辅音，6个复合辅音，17个结合辅音。元音分长、短两类，共29个，其中单元音12个，复合元音12个，特殊元音5个。有6个声调，以调序和虚词作为表达语法意义的基本手段。句子中主语在谓语之前，宾语和补语在谓语动词之后，名词的修饰语在名词之后。数词、量词和名词组合时，顺序为名词+数词+量词，但数词"1"放在量词之后。老挝语中的量词相当丰富。

老挝语词包括两大部分：本族词和巴利语借词。本族词主要是老挝语词，大部分是单音节词，多音节词以双音节词为主。本族词大部分为日常生活用词，来源于克木语的词语，多是当地的具体物品、动植物的名称，还有一部分是用来表述风俗习惯、宗教信仰、鬼怪神灵、生肖纪年、干支纪日等方面的词。

老挝语中的借词主要来自梵语和巴利语。从7世纪开始，婆罗门教通过梵语传播到老挝。14世纪中叶，小乘佛教开始在老挝广为传播，并成为老挝的国教。传播小乘佛教用的是巴利语，因而巴利语便成为佛教徒诵经的唯一语言。同时，梵语和巴利语也成为老挝社会上层通用的雅语。随着时间的推移，梵语和巴利语通过讲经说法和还俗僧侣逐渐使用于民间语言之中，但是已经被按照老挝语的语言规律进行了改造。在组词结构方面，老挝语吸收梵语、巴利语的组词方法，产生了重叠词、附加词和复合词等新词汇，因此大大丰富了老挝语的词汇，表达词义也更加完善、确切。另外，老挝语中还有汉语、泰语、高棉语、越语、法语、英语等语言的借词。

五 国旗、国徽、国歌

国旗 王国政府时期，老挝的国旗是三头象国旗。三头象是印度教中的象神。

1975年12月1~2日，老挝全国人民代表大会决定，以老挝爱国战线的旗帜作为老挝的国旗。国旗的颜色由红、蓝、白3色组成，上、下边为红色，中间为蓝色，蓝底中心为白色的圆月。旗帜的规格为：宽度为长度的三分之二，上下的红边宽度等于中间蓝色宽度的二分之一，圆月的直径等于蓝色宽度的五分之四。

国徽 老挝人民民主共和国成立以来先后使用过两个国徽。1975年建国后使用的国徽是圆形的，圆形国徽的下方是齿轮和红色的彩带，彩带上写着"老挝人民民主共和国"字样；两边由两束成熟的谷穗围成圆形花环并系有红色彩带，彩带上有"和平、独立、民主、统一和繁荣"的字样；两束谷穗之间是象征老挝人民革命党的镰刀、斧头和五角星图案；圆形国徽中央是大陆、田园、森林和水电站的图案。鉴于老挝历史特点，为在表面上淡化国家的意识形态色彩，1991年颁布的新宪法把原国徽图案中的镰刀、斧头和五角星替换为象征老挝民族精神的塔銮，新版本的国徽使用至今。

国歌 1975年12月1~2日，老挝全国人民代表大会决定，用通迪作曲的旧国歌的曲调和西沙纳·西山填的新歌词作为老挝的国歌。歌名是《老挝人民歌》，歌词如下：全体老挝人民，自古全力奋起，同心协力，团结一致，坚决共同前进；维护老挝尊严，各族人民平等，发挥做主权利，不许帝国主义、卖国贼来捣乱；全国人民，维护老挝民族的独立自由，决心斗争，夺取胜利，把老挝民族引向繁荣。

第二节 宗教与民俗

一 宗教

老挝是一个多宗教的国家，主要有小乘佛教、原始宗教、天主教、基督教和婆罗门教。历史上，小乘佛教是老挝的国教，至今仍然是老挝流传最广的宗教，信众约占全国总人口的64.7%，老挝历届政府都很重视宗教组织和活动，并将其作为宣传、教育和团结各民族的重要工具。

（一）小乘佛教

老挝是一个佛教王国，老泰语族的各民族，即佬族、普泰族、润族、泰族、些克族、泰讷族、央族和泐族等族大多信奉小乘佛教，信奉者占这些民族总人数的80%以上。

佛教大规模传入老挝，是在1353年法昂建立澜沧王国以后。法昂的王后是柬埔寨吉蔑王国的公主娘巧肯雅，法昂王请吉蔑国王派高僧到老挝传播小乘佛教，从此，小乘佛教在老挝地区得到迅速、广泛的传播，并被定为国教。在以后的各个历史时期内，佛教越来越深入老挝社会、文化等各个方面，并对老挝社会的发展以及民族独立斗争产生重要作用。

据老挝政府统计，老挝有佛寺近2000座，僧侣2万多名。在佬族人居住的地区，几乎每个村寨都有佛寺，一些大的村寨甚至有2~3座佛寺，每个佛寺中至少有僧侣3~5名，多则几十名，大的佛寺僧侣可达百名以上。

佛寺常建在村中平坦、空旷的地方，且位于村寨的中心位置。除佛塔外，佛寺区域内常建有3座大房屋，老挝人称为"阿洪"、"辛"和"古迪"。"阿洪"是一种半高脚屋式的房子，屋顶较低，屋内设有精舍，供奉主佛像，"阿洪"是佛寺内最宽敞的一间正房，信徒们常在节日期间到"阿洪"去礼佛。"辛"的房顶呈多层人字形，看上去像竖立着的楼梯，这种房屋是放佛像用的，也称"镇邪碑"。"古迪"是一种高脚屋，里面很宽，隔成小房间供僧侣居住，信徒们一般很少进入"古迪"。无论佛寺大小，都有佛塔、佛殿（"阿洪"）、镇邪碑（"辛"）、僧舍（"古迪"）和菩提树。

老挝的佛教分为玛哈尼凯和塔玛育两派，前者属于下层，后者属于上层，前者的信奉者占多数。二者的教义相同，但也有一些不同之处，如化缘时玛哈尼凯派僧侣是背着钵，而塔玛育派僧侣是以手持钵；接受施主施舍时，玛哈尼凯派僧侣是自己接，而塔玛育派僧侣是让随行的小沙弥代接，回到佛寺后才从小沙弥手中接回。塔玛育派的中心最初是在占巴塞，现已发展到万象，得到一些政府官员的支持，但在群众中的影响不如玛哈尼凯派。

老挝信奉佛教的人大体可分为两类：一类是信佛教但不出家修行的信徒，另一类是专门出家修行的沙弥和比丘。信徒又可以分为三种：第一种是不愿在家中生活而想修行的男女，在佛寺附近建一座房屋，修行期间靠亲朋的帮助维持生活；第二种是平时居家生活，每年收获季节后到佛寺短期修行3个月左右；第三种是一般信徒，只是每逢佛日（每月8天）才到佛寺诵经拜佛。

老挝的男性佛教徒，无论是国王还是平民，一生中都必须出家剃度当一次和尚，少则数日，多则不限，有的则出家终生为僧。社会上对入寺为僧极为重视，人们常把曾否出家为僧作为判断一个佛教徒人品的重要标准。曾经当过和尚的人，在各方面都要比没有出过家的人更有优先条件。

剃度常在守夏节（老挝历8月15日）前进行，因为守夏节是僧侣受戒的节日，是一年中戒律最严的节日，老年人认为此时入寺为僧是锻炼青年人品格、修善的好机会。当一个人到了剃度年龄符合出家条件时，父母先领

第一章 概 览

他到村中佛寺的住持那里，学习一定的礼仪和佛教知识，到受戒时再前往寺院。经过了拴线、更衣等一系列过程之后，他就从此开始寺院的生活。①

僧侣分为沙弥和比丘两个等级。沙弥指年龄 7～20 岁的小和尚，他们必须接受佛教"十戒"，即不杀生、不偷盗、不淫、不妄语、不饮酒吸毒、不涂饰打扮、不听视歌舞、不卧大床絮褥、过午不食和不蓄金银财富。比丘是年龄超过 20 岁，已经当过沙弥，再经过一次剃度仪式的和尚。比丘遵守的戒律比沙弥严格得多，老挝的比丘要信守 227 条戒律，在衣、食、住、行、言、意等各方面都有明文规定。老挝僧侣绝对禁止饮酒和与妇女接触，即使是自己的母亲、姐妹或妻子，也不能从她们手中直接接受物品。僧侣每天清早托钵化缘，所得一切食物，皆由全寺大小僧侣共同分享。每天只吃早饭和午饭，午后不得进食。比丘外出要带一名沙弥随从，不得单独行动。

和中国西双版纳傣族一样，老挝僧侣所信奉的佛经大多直接刻写在贝叶上，以绳穿之成册，称为"贝叶经"。老挝的佛经多用巴利文和梵文刻写，普通信徒因受语言的限制，不能直接读经，必须通过少数懂巴利语的比丘讲经，才能熟悉教义。比丘在佛殿内向信徒讲经说法，往往是根据自己对经义的理解将经文加以延伸，做出各种解释。在老挝大的佛寺都开办有讲授佛学的巴利语学校，学成后授予"马哈"学位。过去，老挝僧侣要想获得高级佛学学位，要到金边、曼谷甚至斯里兰卡或印度的佛学高等学府深造。

进入老挝尤其是佬族居住的地区，就像到了佛教王国，到处都可以看到佛教信仰的踪迹，感觉到浓郁的宗教气氛。佛教信徒生活的各个方面，无不与佛教有着千丝万缕的联系。当婴儿呱呱坠地时，父母就请来僧侣为孩子祝福、起名并把装有小佛像的护身符挂在孩子的脖子上。当孩子学步时，到了佛日，要跟着长辈将斋供品送往寺院。7 岁以后，要剃度为小沙弥，在佛寺内学习文化和为人处世的道理。成年以后又要去佛寺修行一段时间，还俗时在名字前面加上艿、堤、詹、马哈等佛称，这既是他们学历、学位的级别，也表明他们已经修行过了，在社会中的地位要高于那些

---

① 〔老〕李达（又名通肯、邱桐坚）：《老挝的宗教》，《印度支那》1986 年第 3 期。

没有修行过的人。举行婚礼前,男女双方要到佛寺去礼佛斋僧,并在寺内举行泼水祝福礼。上了年纪后,还可以重新修行以再积功德。有人去世,按佛教观点则认为是已"脱离苦海",要请高僧诵经,并把死者双手合十放在胸前,保持生前的礼佛姿势。出殡时要在高脚屋前搭一个三级木梯,意为皈依佛、法、僧三宝。火化后骨灰存放佛寺,富裕人家常单独在寺中捐建一座舍利塔存放。

佛教在老挝社会、政治、生活各方面起着举足轻重的作用,寺院也不仅仅是一个传播佛经教义的场所,而是集文化、教育、体育、娱乐、工艺、文学、艺术等各方面于一身。佛教在老挝人民生活中的作用,大致可以归纳为以下几个方面:①人民群众把寺院作为文化学校,送子弟出家学习文化和各种知识及道德观念、为人处世的方法等;②把寺院作为医院,将草药、偏方集存在佛寺,僧侣用它为群众治病;③把寺院作为俱乐部、议事所,借聚会之际商讨各种事情,传播新闻,倾诉衷肠;④把寺院作为体育、娱乐场所,尤其是在新年、节日的时候,男女老幼来到寺院,大家济济一堂,共享欢乐;⑤把寺院作为歇息场所,无论旅行、经商,还是外出办事,人们都可以像在自己家里一样在寺院歇脚和饮食;⑥把寺院作为学习和继承传统手工技术的地方,特别是学习雕刻、木工、陶瓷、冶炼等方面的技术;⑦把寺院作为创作文学作品和保存、传播文学艺术的场所,使许多作品得以保存至今。

尤其是在文化艺术方面,佛寺和佛教的作用显得更加突出和重要。

在老挝语中,接受了大量的巴利语。巴利语不仅是宫廷用语,也是政治、军事、科学、文化、文学、艺术等各个领域中专用名词的一个重要来源和基础。因此,人们要衡量一个人的老挝语水平,总是看他对巴利语的掌握程度如何。而传授和使用巴利语大多是在寺院或佛界创办的巴利语学校内进行,寺院也就成了各地的文化艺术中心,僧侣便是当地的知识分子。老挝的古典文学,无论是佛经文学还是世俗文学,都深深地打上了佛教的烙印。例如古典佛经文学作品《瓦三敦》,从15世纪末由老挝高僧译成老挝文以后,历经加工、润色,流传至今,家喻户晓。《瓦三敦》的故事,一直是老挝佛教赖以讲经布道的主要依据。每年佛历4月15日听经节时，善男信女们都要云集寺院聆听高僧讲诵《瓦三敦》，在一些佛殿的墙壁上，还描绘有《瓦三敦》故事图。①

(二) 原始宗教

1. 老听族系的原始宗教

老挝的老佤、老努、老听、老法等山地民族（即老挝现政府划分的老听族系民族），以及其他民族的少数居民信奉原始宗教。

所谓原始宗教，就是信仰鬼神和图腾崇拜。鬼神分为家神"秕亨"、山神"秕巴"和村神"秕班"。

老听族系各民族信奉的鬼神种类更多，有祖辈鬼、土鬼、水鬼、屋鬼、田鬼、地鬼、食物鬼、职业鬼、林鬼、山鬼等。各支系按照自己的信奉和传统进行祭扫神鬼的活动，什么时候、为何原因、祭祀什么鬼、如何祭祀等，则由巫师决定。该族对巫师的称呼很多，有的称为"达公"，有的称为"占姆"，有的称为"卡荣"。巫师由村民从村中有知识的人中选举产生，以后大多世袭，原因是巫师大多将巫术传授给自己的儿子。村民们对巫师很敬畏，就像对神一样。巫师住的房屋禁止他人上去，因为屋里养着鬼。在巫师房前的一根高高的柱子上架着一个小屋，屋顶下插着矛、盾和刀，这是巫师的鬼住的地方。它们具有超过其他鬼的威力，是保护村寨和防止疾病的鬼。虽然巫师是职业的，但没有什么特殊待遇或报酬，他自己也娶妻生子，下田从事生产劳动。不过，村民们对他很尊重，有猎获物时也送给他一份，并常常帮他做些农活。

祭鬼多用酒，他们的每座房屋前面都有一个小方亭子，里面放着4瓮酒，准备随时用来祭鬼。他们祭鬼的种类很多，并且自以为知道每种鬼除了喜欢喝酒以外的饮食爱好，如猪鬼喝4瓮酒、鸡鬼喝3瓮酒、祝福鬼喝1瓮酒并吃1只鸡、防病鬼喝1瓮酒并吃鸡和鱼等。祭各种鬼都有一定的时间，如祭祀猪鬼多在3月和4月进行。届时将一头猪关一个晚上，巫师在杀猪之前以粮食喂之，大人要哭9声，众人便开始瓜分猪肉。每家都要请长者吃饭，互请三天三夜之后，又请村长、乡长来吃。在这几天内，每

---

① 蔡文枞：《老挝佛教浅谈》，《世界宗教资料》1981年第1期。

家都把存放的4瓮酒拿出来喝掉,并唱歌跳舞,尽情欢乐。由于山区文化生活贫乏,人们平时害怕犯忌又不能唱歌,所以祭鬼活动便是一次良好的相聚。人们欢声笑语,歌舞通宵达旦,饮酒作乐,畅谈思绪,这种活动对本民族传统文化的继承及其民族特征的巩固,都有着相当重要的作用。

2. 老松族系的原始宗教

老松族系的民族同样相信万物有灵,例如苗族称神灵为"特兰"。特兰有许多种,如管水的特兰、管肥的特兰、管路的特兰、管稻田的特兰、管狩猎的特兰、管炉灶的特兰、管起居室的特兰等。在这些神灵中,最高的神灵称为"方泰"。在苗族人心目中,是方泰创造了万物。方泰最初与人类交往密切,但后来对人类感到失望,便去管理诸特兰。不过,方泰依然存在,只是不再过问人间的事罢了。出于对特兰的信奉,苗族人认为,人死之后灵魂要到特兰所在的地方居住。也有一些苗族人相信,人死后灵魂要回到故乡去生活。

苗族各家族都有其特别信奉的特兰,有些人甚至相信特兰就是他们的祖先。为了表示对祖先的崇敬,一年要和特兰见上一次面。在同家族的特兰会面的时候,任何人都不得进去,家族的全体成员待在一个他们认为特兰可以找到的屋子里,直到会见活动结束。

巫师是沟通苗族人与特兰之间关系的纽带,在任何苗族村寨中,至少有一个巫师,一些大村寨有两个甚至更多的巫师。巫师有男有女,他们的权力很大,据说这种权力是特兰授予的,他们能医治疾病、释梦、保佑婴儿平安、用神判法预知未来的凶吉等。因此,老挝的苗族不仅信奉特兰,对巫师也特别敬重。占卜、丧葬等仪式,都要请巫师来主持,并给他们一定的报酬。巫师在老挝苗族社会中起着相当重要的作用。

老挝的瑶族除迷信各种鬼神、崇拜祖先以外,还将天灾人祸、生老病死看成是"巫害"作祟造成的。因此,他们有时举行捉"巫害"活动,被认为是"巫害"的人,往往会被处死或赶出村寨。"巫害"类似于过去云南一些民族所谓的"枇杷鬼"。

(三)基督教

基督教在老挝的传播有一定的历史,但影响不大,2015年全国信众有 112230 人，约占全国总人口的 1.7%。老挝信奉基督教者分为天主教徒和新教教徒两种，前者多是泰族，后者以苗族占多数。

近代西方殖民主义的扩张和侵略，大多以所谓的传播宗教和经商作为先行。在老挝沦为法国的保护国之前，法国的传教士已将天主教传入老挝。1893 年，老挝被并入"法属印度支那联邦"，天主教受到殖民当局的保护和支持，公开发展信徒。因为佬族人大多信奉佛教，把天主教当作异端加以抵制，所以西方传教士便在泰族、苗族和越南侨民中发展教徒。到 20 世纪 30 年代，泰族和山区的一些少数民族信奉天主教的人数增长较快，教堂和神父也相应增多。信奉天主教的泰族以华潘省为最多，其他如川圹、沙湾拿吉等省的大部分泰族也信奉天主教。

法国和美国在统治老挝期间，都千方百计地利用宗教为其统治服务，积极传播天主教和新教，但收效不大，很多人对天主教和新教加以抵制。据老挝宗教部门 1975 年 8 月统计，从 1893 年老挝沦为法国殖民地到 1975 年美国人撤出老挝，天主教在老挝共建有 53 座教堂，有修士 11 名、修女 127 名、神父 31 名和教徒 53075 名。

老挝的新教是由美国传教士传入的。20 世纪 50 年代，法国在印度支那遭到惨败，美国则取而代之，其新教牧师也随之而来。由于美国教会具有雄厚的经济实力，传教士们便一手举着《圣经》，一手拿着救济品四处传教，新教教会也在老挝各地纷纷建立，"主耶稣爱我知道，他牺牲了一切，为我们而舍生命，钉在十字架上"的颂歌用老挝语、苗语、克木语等大量译出和四处传播。与此同时，由教会兴办的孤儿院、医院、学校和各种慈善团体也在各地争相建立。此外，美国教会还用资助青年到美国、泰国、菲律宾、日本、澳大利亚等国留学的办法在青年学生中发展信徒。[1] 美国教会积极向苗族群众传播新教，并根据拉丁文创造了苗族"文字"，在苗族中加以推广，成为当时老挝王国政府辖区内苗族的通用文字。同时，美国设在马尼拉的教会电台每天还用老挝语和苗语向老挝听众进行广播。虽然新教发展速度较快，但美国控制老挝的时间不长，势力毕

---

[1] 〔老〕李达（又名通肯、邱桐坚）：《老挝的宗教》，《印度支那》1986 年第 3 期。

竟有限。到1975年美国撤出老挝时，新教在老挝只有6座教堂、32名传教士和29972名教徒。

（四）婆罗门教

公元13世纪以前，老挝地区主要是在吉蔑人的势力范围之内，使用起源于印度梵文的文字，所以，在相当长一段时期内，老挝同柬埔寨一样，深受婆罗门教的影响。至迟在公元8世纪或9世纪，婆罗门教已传入老挝，直到14世纪初，婆罗门教才衰落下去，被小乘佛教取代。

虽然现在老挝人已不信奉婆罗门教，但在社会生活及文学艺术各个方面，人们仍可以看到婆罗门教留下的不可磨灭的烙印。例如在建筑方面，很多寺庙中的雕刻及装饰，反映的都是婆罗门教的主题。在离巴色大约15公里的普寺山上，最初有一座婆罗门教湿婆庙，里面竖着一个林伽。虽然后来在这里建了一座寺院，发展成为佛教圣地，但该寺宗教艺术的原型描绘的却是伊罗跋陀上的因陀罗和绿玉石上的毗湿奴，即典型的婆罗门教的内容。老挝许多寺庙入口处的门神，也多是婆罗门教的主题。各种反映婆罗门教的雕刻，如那伽浮雕、毗湿奴的配偶吉祥天女的肖像、绿玉石的肖像等，比比皆是。

老挝的塔、寺和建筑物的结构风格不少来自印度，而经由缅甸传入。老挝高大建筑物的规划同婆罗门建筑一样，常常呈十字形，以曲线顶部为特征的古代婆罗门建筑的传统，在老挝到处都可以找到踪迹。就连老挝历史上最伟大的建筑之一的塔銮，也同样具有印度庙宇的风格。

老挝人现实生活中许多习俗源于婆罗门教的影响，例如，迎接朋友时双手合十并微微鞠躬；在举行新年、婚礼祝福仪式时，典礼也是婆罗门教式的，甚至典礼中的首领也被称为婆罗门。老挝的各种传统节日和宗教仪式，很多都是源于婆罗门教，过去老挝宫廷每年举行的典礼，甚至历届政府的宣誓仪式，都是沿袭了婆罗门教的仪式。

在文学艺术方面，老挝古典诗歌模仿印度剧本的诗韵，有许多甚至就是由印度韵文的译文组成的。民间故事和传说中充斥着印度诸神，取材于婆罗门教的故事《罗摩衍那》和《摩诃婆罗多》在老挝也流传很广。老挝的古典戏剧，于14世纪从柬埔寨传入，到16～17世纪时达到了鼎盛。

老挝戏剧中的表演姿势、动作等，部分是来自印度舞蹈，所表现的内容大多是《罗摩衍那》中的情节。另外，在说教故事、评判故事、喜剧故事、传说和历史、规范（佛教徒）和规范以外的文学，以及专门的文学形式等各个方面，都毫无疑问地表现出源于婆罗门教或受其影响的特征。因此，要熟悉老挝人的历史、文化和生活中的风俗习惯，就应当对婆罗门教及其在老挝的影响有所了解，而婆罗门教的一些内容，后来又为小乘佛教所吸收。

二　历法与节日

老挝在世界时区划分中属东七区，代号为 G，故称"东七区时间"或"G 时间"。与格林尼治国际标准时间相差 7 小时，比北京时间晚 1 小时。

（一）历法

在历法方面，老挝同时使用公历、佛历和小历，在一些少数民族中，也使用中国农历。农业、宗教节日多用佛历、小历，所以，公历的使用范围不大。佛历比公历早 543 年，小历则比公历晚 638 年，例如公元 1991 年，是佛历 2534 年、小历 1353 年。

小历年按十二生肖计算，顺序、词义和中国农历相同，只是称谓不同而已。老挝有些地方也使用天干、地支相配法，称为"年母""年子"，60 年一个周期。老挝所使用的 12 天宫纪月法、天干纪日法等，是从云南西双版纳传入的，而西双版纳的傣历，又是在吸收中国中原历法元素的基础上形成的。

老挝一年有两季和三季两种分季法。按照小历，三季分别是：热季（即夏季，从小历四月下弦第一日至八月望日）、雨季（从八月下弦第一日至十二月望日）和冷季（即冬季，从十二月下弦第一日至次年四月望日）。两季则为：雨季（从五月望日至十一月上弦十四）和旱季（从十一月望日至次年五月上弦十四）。

佛历和小历月份相同，但比公历早一个月，即公历的元月是佛历和小历的二月。根据月亮圆缺的周期，小历将每月分为单月 29 天，双月 30 天，每 2～3 年有一闰年，多一个月（29 天），放在八月，称为"双八

43

月"。每4~6年有一个闰月，多在七月，为30天。

每月分为上、下两半，上半从上弦一（相当于中国农历的初一）至上弦十四，十五称为"望日"；下半从下弦一（相当于中国农历的十六）至下弦十三或十四，最后一天称为"朔日"。对于每日时间的分法，小历不是以午夜零点为一日之首，而是以曙光初照即日出之时为一日之首，并把一日分为三晌，即早晌、午晌和晚晌。早晌自清晨7时至12时，称为"早一蒙""早二蒙"……；午晌从13时至18时，称为"午一蒙""午二蒙"……；晚晌从19时至次日清晨6时，称为"晚一吞""晚二吞"……。老挝语白天称时为"蒙"，晚上称时为"吞"，都是"时""点钟"的意思。

（二）节日

老挝的节日主要有两大类：政治节日和民间节日。老挝的民间节日大多和宗教信仰有极为密切的关系。

1. 政治节日

独立节（10月12日） 1945年10月12日，成千上万的人涌向万象省府机关前广场，参加宣布独立的盛典。独立大会上宣布了国家的独立和改变政体的声明，宣布国名为"老挝国"，即华侨所称的"寮国"。在法国殖民者的进攻下，10月独立运动不久后宣告失败，伊沙拉政府仅存在了半年的时间。虽然失败了，但它给老挝人民带来了希望的曙光，揭开了全国范围内反法武装斗争的序幕，从此老挝革命进入了一个新的历史时期。1945年10月12日成为老挝人民奋起挣脱殖民枷锁、宣布民族独立的光辉日子，后被定为老挝独立节。

国庆节（12月2日） 1954年法国失败撤出印度支那以后，美国取而代之，从此开始了老挝人民的抗美救国斗争。经过了长期的艰苦斗争，老挝人民终于迎来了最后的胜利。1975年6月，美国军事人员撤离老挝。11月29日，国王西萨旺·瓦达纳宣布自愿退位。12月1~2日，老挝爱国战线中央委员会在万象召开全国人民代表大会，接受了国王的退位书，宣布废除君主制度，建立老挝人民民主共和国。12月2日，也就成为老挝的国庆节。

建党节（3月22日） 1951年2月11～19日，印度支那共产党召开第二次代表大会，会议决定由越南、老挝、柬埔寨三国分别建党。经过筹备，原印度支那共产党老挝籍党员代表300多人，于1955年3月22日至4月6日召开大会，成立了老挝人民党，制定了《老挝人民党章程》，选举凯山·丰威汉为党总书记。当时，老挝共有党员400多人。1972年2月，老挝人民党召开第二次全国代表大会，决定改党名为"老挝人民革命党"。

建军节（1月20日） 1949年1月20日，凯山·丰威汉在桑怒省（现为华潘省）香科县领导成立了一支名为"拉萨翁"的游击队，后来发展成寮国战斗部队。1965年10月1日，老挝爱国战线决定将寮国战斗部队正式命名为老挝人民解放军。

爱国战线节（1月6日） 1950年8月13～15日，召开了第一届寮国全国人民代表大会，来自老挝各地的150名代表参加了大会。大会制定了老挝革命12大政策，选出了以苏发努冯为首相的寮国抗战政府，并组建了以苏发努冯为主席的老挝伊沙拉阵线中央委员会。从此，全国的抗战运动有了统一的领导和指挥。1956年1月6日，老挝伊沙拉阵线改组和扩大为老挝爱国战线，此后，老挝爱国战线就以公开身份领导全国人民进行抗美救国的斗争。

2. 民间节日

塔銮节（佛历12月，公历11月） 塔銮节因塔銮而得名。在老挝语中，"銮"意为"大"、"皇家"或"巨大"，塔銮意即"皇塔"或"大塔"。塔銮位于万象东郊塔銮广场，始建于1560年塞塔提腊王统治时期，历时6年才完成这个杰出的佛教艺术品。后塔銮历遭毁坏，也历经修葺，保存至今。整个建筑群占地8400多平方米，是老挝的国宝。塔銮是老挝佛教徒和民众顶礼膜拜的中心，塔銮节也被视为全民族的盛大节日。塔銮节时间为半个月左右。节日期间，全国各地的僧侣和佛教徒络绎不绝地前往塔銮朝拜，民众也纷纷携带各种食物、香烛、鲜花等向僧侣布施。另外，还有文艺、体育等表演活动，整个塔銮广场熙熙攘攘，热闹非凡。塔銮节期间还有一项重要的活动，即延续3～7日的国际博览会。

老 挝

泼水节（佛历 5 月，公历 4 月 13～15 日） 泼水节又称"宋干节"或"五月节"，是佛历新年，相当于中国农历的春节，是老挝民间最隆重的节日。"宋干"意为求雨，泼水节正值雨季即将来临之际，人们要为一年中最为紧张和繁重的劳动做准备，因此，泼水是祈求雨水充沛、五谷丰登。泼水节全国放假 3 天，在农村则要延续一周。节日前 3 天，家家用水洗刷房屋、用具，打扫卫生，意为辞旧迎新。泼水节期间，主要有以下几项活动。

（1）浴佛。节日第一天，男女老少身着新衣，携带各种器皿，里面装满用鲜花浸泡的香水，成群结队地前往佛寺。他们把佛像抬到广场或庭院内，面对佛像双手合十默默祈祷，然后用香水浴佛。有时人们还举行彩车游行仪式，第一辆彩车载着巨大的佛像，后面有 7 辆彩车随行，每辆彩车上站着一位化装的"宋干女神"。善男信女们站在路旁，用香水洒向佛像和"宋干女神"。僧侣又用树枝蘸着从佛像身上流下来的水，洒在人们的头上。

（2）泼水。浴佛之后，进行泼水活动。老挝的泼水方式和泰国略有不同，在泰国，是晚辈先将水倒在长辈的手心里，由长辈自己将水抹到头发上，然后再往晚辈头上洒水以示祝福。而在老挝，晚辈可以直接把水泼到长辈头上。泼水时，人们先向被泼水者表示祝福，然后不分男女老幼相互泼水。如果节日期间没有被泼过水，则视为不吉利，新的一年中将会面临灾难。所以，人们总是愉快地接受别人给自己泼水。同时，佛教徒们也认为，在过去的一年中总不免会做些污浊之事，泼水也意味着以洁净之身迈入新的一年。

（3）拴线。拴线在新年第一天进行，也称为"结魂"仪式。人们在地上铺好席子，上面摆有花环、祭坛，形状如小型浮屠，以为这样能招来统辖宇宙的精灵。大家盘坐合十聆听僧侣或德高望重之人诵经，诵经者边口念祝词边将白线拴在长者的手腕上。坐在长者身边的人手上也拴以白线，并用手托住长者的肘部，又有人托着他的肘部，这样，大家以肘相连，表示长者的福气传给了每一个人。拴在手腕上的白线，至少要 3 天以后才能拿掉。

（4）堆沙。堆沙活动通常在寺院内进行，也有人在河滩、广场等处堆沙塔。人们用沙子堆成 1～2 米高的沙塔，塔尖上插着竹枝。堆沙要用双手轻轻地堆，不能用脚。堆沙以后，大家围沙塔而坐，聆听僧侣诵经，预祝来年风调雨顺、五谷丰登、人畜兴旺。

(5) 放生。在新年第一天进行，善男信女们纷纷购买鱼、龟、鸟等小动物，放于湄公河中或郊外，以示善心，并祈求过去一年中的罪孽得到谅解。

稻魂节（佛历2月，公历1月） 因在佛历2月举行，人们又称此节为"2月节"，具体日期定在稻谷收割、打晒后到入库前的某一天。此节主要是庆祝丰收，向鬼神和祖先表示感谢，由于他们的保佑，才获得了好收成，同时也是为了祈求来年能有更好的收成。节日当天，至少要请5位僧侣前来诵经和洒圣水，主人则把剩余的水洒到田地里、看护庄稼的窝棚上以及牛身上。接着，主人和亲朋及乡邻向僧侣献斋，并祭祀诸鬼神和祖先。最后，大家欢聚一堂，由主人家宴请招待，并由德高望重者诵读祈祷词庆祝丰收。

涅槃节（佛历3月15日） 传说，佛历3月15日是佛祖涅槃日，也是佛祖训谕1250名门徒继续传播佛教的日子。节日清晨，善男信女们向僧侣献斋、洒水，为他们祈求平安。7时左右，大家来到佛寺听经拜佛，并献上准备好的、用鲜花编成的佛塔等。老人们整日在佛寺听经，年轻人则还要参加各种娱乐活动。各种活动要延续3昼夜，最后一天晚上要举行秉烛游寺仪式。男女老少面向佛像合十盘坐，手捧蜡烛、鲜花（鲜花只能用右手持握）或灯笼，跟随高僧诵读经文，接着由僧侣带领按顺时针方向绕佛寺三周。第一周悼念佛祖，第二周铭佛法，第三周感谢僧侣。游寺活动在庄严的气氛中进行，大家缓步前行，不得嬉笑。

维散顿佛节（佛历4月） 这是老挝一个较大的宗教节日。据老挝佛经记述，维散顿原是一位王子，在管理一个部落时产生了脱离尘世的念头，便把全部家产分给了穷人，远别妻儿，削发为僧，并得道成佛，此节便是为了颂扬他的功德而设立的。节日前，僧侣和信徒们一起打扫佛寺、佛塔等，在佛寺四周插上佛旗，在佛寺空场的四角放置4锅圣水。节日下午2时，听到集合的钟鼓声后，信徒们便携带礼品前往佛寺共度此节。

信徒们选出两名有威望的人装扮成维散顿和他的妻子玛提，前去迎接"乌巴库"神（传说中的神鸟），一位高僧带领大家来到乌巴库庙，人们献上花束，听高僧诵读迎神，然后把"乌巴库"神迎回佛寺。人们一路载歌载舞，敲锣打鼓，到达佛寺后要围着佛寺从左向右绕 3 周。之后，老人们集中在佛寺里听经，并听高僧讲述维散顿的功德，哪位僧侣诵读出色，信徒们便献上布匹和钱物。年轻人则进行各种文娱活动。此节日延续数日，最后一天，要请一位高僧讲述玛提的事迹。

高升节（佛历 6 月 15 日） 高升节又叫火箭节、火炮节、火龙节、银盘龙大会、醉酒节、疯狂节、六月节等，来源于婆罗门教的火神祭拜礼。佛教徒认为，放高升是为了送走灾祸，迎来幸福，同时也是为了祭拜天地，祈求风调雨顺。高升是用一根 3～9 米长、碗口粗细的竹子装上火药制成，在底部再绑上几个同样粗细、长近 1 米的火药竹筒。人们把高升的外部涂得五颜六色，或用彩纸粘贴，美观异常。小的高升可装 10 多斤火药，大的高升甚至可以装百十斤火药，实际上相当于一枚土火箭。放高升的前一天，男女老少身着盛装，用高大的架子抬着各自的高升送往发射地点。人们敲锣打鼓，载歌载舞，通宵达旦。放高升的场面十分壮观，人们熙熙攘攘，万头攒动，政府官员和外国使节有时也前来观赏。燃放之前，四周一片寂静，高僧诵经之后，高升便被逐次点燃。谁的高升升得最高、声音最响，组装该高升的技师便被高高举起，扔到清澈的河水里，并接受节日主持者颁发的优胜奖，喝下新酿的米酒；谁的高升不响或升得最低，那位技师则被扔进污泥潭中，并被别人耻笑，认为是不吉利的。

万佛节（佛历 7 月） 万佛节又叫祭祖节或送瘟节，来源于婆罗门教，后演变成佛教节日。届时各村寨要搭起竹棚，分别在村寨的 8 个方向各竖立一根竹桩，并准备好线团、净水、金沙等物。节日早上是向佛寺献斋，下午，信徒们带着物品前往竹棚听经，并用扫帚蘸着圣水洒在村寨里和竹桩上。之后，信徒们把受过佛法点化的物品带回家中，将白线系在子孙的手腕上，把金沙撒在庭院四周，把净水洒在牲畜身上，以保佑全家人和牲畜除病消灾。7 月天气炎热异常，疫病容易流行，人们不懂得为何此时会如此不幸，便举行此祭祖活动，祈求人畜平安无事。

迎水节和送水节（佛历 8 月、11 月，公历 7 月、10 月） 这两个节日的名称很多，迎水节又叫入腊节、宋夏节、安居节、入雨节等，相当于云南西双版纳傣族的闭门节,老挝语称为"占沙瓦";送水节又叫出夏节、出腊节、出雨节等,相当于西双版纳傣族的开门节,老挝语称为"奥沙瓦"。之所以称为入腊节和出腊节,是因为根据佛教戒律规定,僧侣每年要守3个月的"腊期"。在这3个月内,僧侣应专心在寺内悟道,不得擅自离开寺院。一般来说,"腊期"也正是湄公河河水上涨、雨水较为集中的时期,所以,老百姓又称这两个节日为入雨节和出雨节。湄公河河水泛滥后,给河滩留下一层松软、肥沃的淤泥,因而被老挝人称为"圣河",便在河水开始上涨时举行迎水节,在河水退落时举行送水节。

据说,在从迎水节到送水节这一段时间内,要举行5次祭奠活动。最后两次往往合在一起举行,而且雨季也即将过去,所以规模最大,也最隆重。两个节日期间的主要活动有点灯笼、放灯、赛鼓、放灯船、赛龙舟等,其中以后两项最为热闹。

放灯船是一项宗教活动,是用来纪念"五佛之母"的仪式。

灯船是用竹、藤和棕榈等绑制而成的狭长的筏子,上面插满用树枝、油脂等做成的火把,并摆上米饭、水果、鲜花等各种供物。天黑以后,以和尚敲锣为号,人们点燃火把,割断缆绳,任其漂流。也有人用较大的机帆船,在上面装饰彩灯,在河中缓缓前行。条条灯船星罗棋布地漂在河中,一片灯光闪烁,恰似天上繁星点点,看起来异常壮观。

龙舟大赛男女各组队参加,各队身穿不同颜色的衣服,队员们操桨一同奋力划水,并有人击鼓发号,统一指挥。岸上的观众也高喊助威,担任义务啦啦队,鼓声、呼喊声连成一片,热闹非凡。

先人节(佛历9月,公历8月) 先人节又叫祭鬼节或9月节。根据宗教传说:古时有个皇帝叫帕平碧善,一天,一个亲戚偷吃了皇帝准备供给僧侣的食物,因而死后未能升入天堂,也不能来世再生,只得在地狱惨受苦刑。后来,这位亲戚时常在半夜三更偷偷跑出地狱到人间作祟,并赤身裸体在阳间出现,显出一副丑恶与可怕的面孔。一天夜里,帕平碧善遇见此鬼怪叫后消失,便去请佛祖示以解决的办法。回到宫中,他恭请了500名高僧前来诵经,并举行布施仪式。鬼魂穿着衣服再次出现,接受供奉之物后离去。此后，每逢佛历九月上弦十四，便举行供奉先人的宗教仪式。

节日前两天，信徒们便开始准备各种食物，多少则视家庭富裕程度而定。过节时，食物共分四份，一份送往阴间给先人，一份供奉僧侣，一份馈赠亲朋，一份留作自己家庭所用。送给先人的那一份，多用几层芭蕉叶包裹，里面有甜、咸食品，还有槟榔、香烟、现金等物。

水灯节（佛历11月，公历10月） 水灯节是庆祝丰收的盛典，届时，家家户户制作小竹船，上插蜡烛，到了夜晚，燃放爆竹之后，点燃蜡烛，将小竹船放入河中，刹那间河面上灯火万点，忽远忽近，随波漂荡，蔚为壮观。沿河两岸，男女青年载歌载舞，通宵达旦。

三 民俗

(一) 服饰

老挝各民族服装有各自特色。佬族和其他老龙族系民族，男子大都上身穿无领大襟或对襟白色、灰色、黑色或其他颜色的短褂，长及腰下臀上，袖口较窄。下身大都穿黑色、褐色或其他颜色的长管裤，裤裆较肥大。也有的穿黑色、褐色或其他颜色的筒裙。妇女大都上身穿白色、粉红色、黄色或其他色彩鲜艳的紧身内衣，外套白色或粉红色无领大襟、对襟短衫，袖口和腰部较窄，一般没有扣子，用布带扎结。下身穿粉红色、褐色或用各种花布制作的长筒裙。脚上大都穿拖鞋，有不少人赤脚。较富裕家庭的妇女腰系银腰带。

蒙莱（花苗）、蒙考（白）、瑶族和其他老松族系民族大都穿黑色、青蓝色和其他深色衣裤。其中，蒙莱和蒙考等民族男子大都上穿圆领开襟窄袖黑衣或青衣，袖口常常用三道黑布镶衬，下身着同样颜色的长管裤，裤裆肥大。妇女上身穿绣花或镶银黑色或白色上衣，常常扎绣、挑花、编织和镶衬等多种形式并用。下着皱褶花裙，大都以五彩丝线镶绣，部分妇女还佩戴银手镯、银耳环，胸前佩戴大银项圈或银锁。瑶族男子多数穿黑色或青蓝色布扣对襟长袖衣，下着大裆管裤。妇女一般上穿青蓝色或黑色上衣，衣长过膝，以红色和白色布料镶边。下着黑色管裤。布料不少是自织自染的。

老佤、老努和其他老听族系民族以黑色衣裤为主。男女色调差异不大。男性一般穿红边黑衣，袖短而宽大。下着黑色大摆裆布裤。妇女一般着对襟黑色衣服，用银纽扣，下着管裤。

（二）饮食

老挝各个民族的饮食也有较大差异，佬族和其他老龙族系民族主食是糯米，少量食粳米，由于气候炎热，菜品口味以酸、辣为主。肉食有猪、牛、鸡、鸭肉及鱼、虾、螃蟹、青蛙、螺蛳、黄鳝等。制作较有特色，肉类和鱼类多用烘烤，还有的用辣椒、葱、姜、食盐和香菜等作料与肉一起剁碎，用开水调匀做成酸肉"剁生"或者将其炒干做成"剁干"。蔬菜以小白菜、小苦菜和莲花白居多，野香菜、竹笋、青苔也是这些民族喜爱的菜肴。饮料有米酒、咖啡、椰子汁、茶水、啤酒和果汁等。这些民族就餐时一般不用筷子和其他餐具，习惯用左手将饭攥成小团送入口中，右手夹菜。

老佤和其他老听族系民族主食有大米、玉米、荞子和小米等。肉食除家养的猪、羊、牛、鸡外，还有各种飞禽走兽。制作方法烧、烤、煮、炒均有。蔬菜以小白菜、小苔菜、酸竹笋、灰竹笋和其他野菜居多。酸竹笋是用鲜竹笋埋在铺好树叶的地坑里，5～10后日取出晒干即成。灰竹笋是将鲜竹笋切片放入陶罐内，加入澄清的草木灰水，浸泡2～3日取出即可食用。他们还喜欢制作酸粑菜，方法是将苦菜、瓜尖和豆苞等与酸笋丝一起煮，加上辣椒和盐即成。饮料主要是白酒和生水，少数人家有山茶水和坛酒。坛酒的制作方法是用稻谷放入坛子内加入酒药和生水，5天后用空心小竹插入坛内吸食。

蒙（苗）族和其他老松族系民族主食有大米、玉米和荞子。肉食以牛肉、猪肉和鸡肉为主，飞禽走兽等猎物次之。蔬菜以苦菜和野菜为主，较为单一。饮料主要是白酒和生水，少数家庭有开水。

（三）居住

老挝人民居住条件相差很大，各民族居住方式也有较大差别。城市中钢混、砖混合竹木结构住房均有，乡村以竹木和竹草结构的高脚楼居多。在乡村中，佬族及其他老龙族系各民族的住房大都是竹木结构的高脚楼，老佤及其他老听族系各民族和苗族及其他老松族系各民族的居所大都为竹草结构小高脚楼或单层小屋。

（四）礼仪

老挝各民族礼仪较为繁杂，人们早晚相见一般要招呼"沙摆第"（您好），并双手合十做合十礼。相别时一般招呼"沙摆"或"拉摆"（再见），并双手合十。进入寺院必须脱鞋，参观佛寺佛像一般要出点功德捐赠钱物（多少不限）。寺院和寺塔内不能大声喧哗或打闹，进入居民房舍一般也要脱鞋。在对外交往中，或者在年轻人居多的社交场合中，老挝人也采用握手礼。但是，绝大多数妇女还是习惯使用合十礼。

（五）婚姻

老挝各民族的婚姻有相同之处也有较大差异。

1. 老龙族系的婚姻

佬族及其他老龙族系各民族多实行一夫一妻制，且表亲不能婚配。男子婚前必须先经过剃度为僧或已有职业。婚姻由恋爱、订婚和结婚三部曲组成。男子长到十六七岁以后，便可以和本村或外村的姑娘自由恋爱，姑娘的父母也十分欢迎小伙子前来。恋爱成熟以后，男女青年双方将此事告诉各自的父母，获得同意后，男方便请媒人或长辈携带礼物前往女方家订婚。在订婚的同时，媒人还要向女方父母谈妥结婚的日期及彩礼的数量。婚礼多在女方家举行。结婚的前一天，新郎新娘还要到寺院去听经、礼佛和斋僧。婚礼上要举行拴线仪式，以表示对新婚夫妇的祝福。新婚夫妇一般不与父母同住，但也有在女方家生活的情况，这主要依双方家庭的劳力和生活状况而定。

该民族对婚姻极为重视，花费也相当惊人。男子首先要给女方家赎金和彩礼，以银元或银锭折算支付。娶一个普通姑娘至少要付8条银锭，1条银锭折合8个银元。婚礼的花费更大，一般在女方家举行，所有费用也由女方承担。届时要宰数头牛、十来头猪以及许多鸡等，来宾们聚在一起，几天几夜，尽情吃喝。婚后新郎在新娘家住上3天，然后带着新娘回到男方家中，再举行一次由男方主持的婚礼，这桩婚事才算告一段落。

如果男方出不起高昂的赎金，就要在女方家干活作为抵偿，甚至有入赘者。这样，婚礼的费用就全部由女方支付。也有因为女方家只有一个女儿而男子上门的情况，以便有人干活和传宗接代。不过，这时的女婿已和儿子一样，可以继承岳父母的全部财产。

男方以赎金娶来的妻子，在丈夫死后可以有几种选择：一是在公婆家守寡一辈子，二是退还赎金重新嫁人。如果死去的丈夫是独子且无后代，那么，男方家就把她作为"女儿"，另招"女婿"以传宗接代。因此，以"女儿"身份出现的媳妇，在该家庭中的地位仅次于公婆，甚至可以主宰全家的事务。同样，一个上门的男子在妻子死后可以另找对象结婚，也可以和子女在岳父母家生活。如果还没有子女，则由女方家出赎金为他另娶媳妇，他便从女婿变成了"儿子"，在家庭中的身价大增，甚至可以主宰一切。一般来说，该族青年男女可以自由恋爱。

2. 老听族系的婚姻

老佤和其他老听族系各民族的婚姻观念与佬族不同。老佤族和伕族认为娶妻是增加劳动力的好办法，因此不像佬族那样实行一夫一妻制，而是一夫多妻，有些伕族人为了种更多的田，便娶上几个妻子干活。不过，伕族人娶妻虽然容易，但离婚现象并不多见。

他们认为男子向女性求爱是正常之事，所以，对子女的恋爱从不干预，任由他们自由交往，而且给予支持。老佤族人能歌善舞，小伙子很善于用短笛向姑娘表示爱慕之情，姑娘若有意，也用笛声作答。小伙子来到姑娘家时，女方父母便为他们提供方便，让女儿到屋前同恋人约会，有时也可以到林中或河边交谈，但不得发生性关系。因为佤族人认为，婚前若有了性行为，会遭到鬼的惩罚。如果事情已经发生，就必须宰鸡宰鸭祭鬼，以求得宽恕，同时，这也相当于宣布二人已结为夫妻。

恋爱成熟以后，男女双方请村里长者决定结婚的时间和形式。届时要宴请亲友，之后便可同居。如果暂时没有钱举行婚礼，也可以先同居，待有钱时再举行这一仪式，甚至有的佤族人有了孩子以后才举行婚礼。结婚

老 挝

时男方给女方的彩礼多少，由双方的老人商量决定，但男方不必立即提供这些彩礼，只是在男方变心要抛弃妻子时才履行手续。反过来，如果妻子与他人通奸，女方则必须支付所议定好的彩礼。

结婚之后在男方家或女方家居住的情况都有。该族佤威支系的习俗是：如果丈夫是长子，妻子就要到男方家生活；如果妻子是长女，丈夫则要到女方家生活。如果二人都是老大而且年龄相当，较富裕的一方可以招女婿或媳妇到家里来生活。

3. 老松族系的婚姻

蒙（苗）族和其他老松族系民族的婚姻观念又有别于上述两大族系。

老挝苗族的婚姻有三种形式：求亲、抢婚和私奔。

苗族青年恋爱自由，到一定程度，男方父母便请寨子里的媒公去求亲。小伙子若是看上了某个姑娘也可以托人求亲。

女方家长同意之后，便开始商量彩礼的数目和结婚的日期，婚礼在女方家举行，然后新郎请求偕同新娘一起回家。到男方家后，又要宰猪宰羊，宴请亲朋好友。婚后3天，新婚夫妇要前去拜望新娘的父母，这种习俗有可能是来自汉族婚后的"回门"。之后，新娘回到新郎家定居。

苗族过去盛行抢婚，随着社会的发展，这种习俗已逐渐减少。采取抢婚方式的，多是家中富裕、在当地有一定势力的男青年，看上了某位姑娘以后，怕对方不同意而采取的手段，也有些人是因为太穷出不起彩礼而抢婚。

私奔则是男女相爱怕家长不同意，或因男方出不起彩礼无法结婚而采取的方式。男女双方逃到一个地方躲起来，或者姑娘偷偷住进男方家，然后再通知家长。姑娘父母看到生米已成熟饭，又怕此事传出去丢人，只好现实一些，承认了这桩婚事。

苗族实行族内通婚，但在缔结婚约之前要弄清亲缘关系的远近，划出远亲和近亲的范围，绝对禁止同姓之间通婚，即必须同外氏族的人通婚。在老挝苗族中，通常是在逢年过节时，全村老少到另一氏族的村寨去做客，这是男女青年相互认识、了解和熟悉的好机会。之后，小伙子经常到姑娘那里串访，久而久之，也就确定了恋爱关系。

在苗族的婚礼上，像佬族一样，也举行拴线仪式，新郎和新娘还要交换银项圈。之后，男女双方家庭相互宴请和赠送礼物，苗族人用这种氏族之间的联姻来密切彼此之间的关系，这种关系又会促成更多的姻缘。为了避免夫妻双方氏族之间的不和，苗族夫妻很少离婚，如果发生矛盾，男女双方的家庭和氏族成员都会尽力帮助他们重归于好。

老挝苗族允许一夫多妻。在这种家庭中，妻子中的一位被尊为"主妇"，地位高于其他妻子。丈夫和妻子们同居一室被认为是正常的事情，彼此之间很少产生不和。

老挝瑶族实行一夫一妻制，很少与其他民族通婚，婚姻形式分为父母包办和自由恋爱两种。父母包办的婚姻，一种是在孩童时代定下的媒，长大后便结合成亲；另一种是在儿女长大成人时，父母私下为其定下的婚事。随着社会的发展，已有不少瑶族青年反抗这种包办婚姻。自由恋爱婚姻一般是通过对歌等活动发展而成的。不过，即使自由恋爱择定了佳侣，也要通过说媒订婚，双方父母同意后才可结为夫妻。

老挝瑶族还有入赘的习俗，诸如在男方兄弟众多、父母无力支付聘金，女方家缺乏男劳动力等情况下，都可能出现入赘的情况。入赘的仪式同娶妻的仪式一样，不同的是由女方派人到男方家迎亲，而且要付身价银、彩礼银等给男方，男方则不陪"嫁妆"。在一些瑶族支系中，入赘婚礼是在男方家里举行，然后新郎到女方家居住两年或更长时间。在入赘时，男方要送给女方家一些银器。

老挝倮倮族多实行包办婚姻，男女从小就由父母代为定亲，结婚后女子即住夫家，服侍公婆。倮倮族实行一夫一妻制，并有姑舅表亲优先婚的传统习俗。

（六）丧葬

老挝各民族的丧葬方式差异较大。佬族主要实行火葬。由于佬族人大多是佛教信徒，认为人死是脱离苦海，所以，对有人去世并不感到十分悲哀，甚至将葬礼举行得比婚礼还要隆重。停灵期间，附近居民则聚集在丧家，歌舞宴饮，有些还放映电影。人死后用香汤沐浴换上新衣，将死者的双手拴在胸前做合十状，死者的双脚也被拴在一起，最后用大幅白布将尸体裹好放入棺内，停在屋中。与此同时，要请高僧前来诵经和通知亲友，并与长者商定出殡火化的具体日期。佬族对出殡日期的选择要求很严，颇讲禁忌，加之有时要等远方的儿子赶回奔丧，以致尸体腐烂，甚至导致瘟疫发生。

自火化之日起，死者的亲属要连续三天请僧侣诵经，第三天举行较大的宗教活动，有诵经、布施、斋僧等，并为死者亲属举行拴线祝福仪式，然后去火化场收取骨灰。骨灰一般存放在佛寺中，富裕人家是在佛寺中捐钱单独建一座舍利塔，以存放亲人的骨灰。

泰族支系人的葬礼因姓氏不同形式也不一样。例如，韦姓祭祀死者最典型的做法，是在入棺时由该氏族的长者用大竹扇向死者猛力一扇，把点燃在尸体旁的蜡烛扇灭后才盖棺，算是完成对死者最后的祭祀。梁姓泰族则是在死者出殡前以生猪祭拜。总的来说，泰族对丧葬活动看得很重，村里死了人，各家至少要派一人前去守灵。停尸屋内的时间长短视主人家的富裕程度而定，有些停7～15天甚至更长的时间。在此期间，主人家负责前来守灵和料理丧事者的食宿，其花费也是相当可观的。

泰族的出殡仪式与佬族的不同。泰族死者出殡时棺材不能从屋前的正门抬出，只能拆掉屋后的墙壁，新架屋梯，从屋后抬下去。死者的子女、丈夫或妻子都不能送葬，其他妇女和儿童更是躲得远远的。泰族多举行土葬。有些地区的泰族常把木制阳具放在成年未婚女性尸体旁一同下葬，而对于未婚的成年男性，则精心刻制一个别致的女性生殖器放在他的棺内，以让其不要为未婚而感到遗憾。据说，如果不这样做，死者灵魂就永远无法升天，总会来骚扰村中的异性青年，使死者生前的异性朋友或恋人终日不得安宁。

老佤及其支系人死后大多实行土葬。人死后装尸入棺，葬在事先选好的地方，死者的遗物随葬在坟墓上面。佧戈人死后亲友皆前来吊丧，主人家要杀两头猪，一头祭死鬼，一头宴乡亲。还要将牛头挂在屋檐下祭鬼神。尸体用白布包裹，并请巫师前来诵悼词。棺材下葬以后，还要在坟头前盖一小屋或垒一石洞，以供死者的魂灵出入。佧因人死后，是将尸体抬放在山上，压上石头，7天后割下头颅放在坛子内埋葬。送葬后回家时，要先用树叶浸水以脚践踏后才能上楼，还要用热水洗手，并要连续3个晚上请人来喝酒。

苗族（包括蒙莱、蒙高、蒙考和蒙丹等）大多实行土葬，不用棺，也不垒坟，多用布或草席裹尸坑埋。但因支系不同，习俗也不完全一样。除土葬外，老挝苗族还实行火葬。火葬实际上是拾骨葬，也可以说是二次葬，即将尸体焚烧以后，将尸骨收在一起再埋葬。苗族对丧事十分重视，有人去世，要杀黄牛和猪隆重宴请，就像是在办喜事一样。有些地区，苗族家里死人以后，全家都要搬走，换一个地方居住。在出殡时，苗族人喜欢鸣枪，以示隆重。

老挝瑶族也实行土葬，用木棺。人死后全寨男女老少都停止生产活动，人们带着食物到死者家中吊唁，并帮助办理丧事，主人家则招待大家，以表示感谢。

（七）禁忌

老挝各民族大都有本民族的禁忌。老龙族系的发展水平比老听和老松两大族系要高，禁忌也相对少一些。不过，每个民族总是有自己传统的生活习俗和禁忌，所以，出访老挝或长期在当地居住，应该了解这方面的常识，以免发生不愉快的事情。

佬、泰民族大多居住在濒临河溪的地方，对村旁河水的使用有着严格的区分：上段是取饮用水的地方，不能洗澡或洗衣物；中段是男人洗澡的地方；下段是妇女洗澡的地方。取水时，只要水源处有公共用具如竹筒之类，就不能使用自己的器具直接舀水。室内的用水也有区分，一般来说，小竹筒或葫芦里的水多作为饮用水，不能用来洗东西。

农村一般没有厕所，大小便要到比较隐蔽的地方，如竹林、灌木丛等，但不能在河边、稻田、菜地、果园或猪圈、牛厩内大小便。随着经济社会的发展和减贫战略的实施，农村地区的医疗、卫生等公共设施逐步改善。

进入佬族人的房屋要脱鞋，外人不得进入内室。在室内，不能随便吐痰和在火塘边烘烤鞋袜，不能在供神处坐卧或放置物品。进屋后一般席地而坐，坐时不能将脚对着他人，男子多为盘膝，女性则并膝后将双脚放在侧边。谈话时，不能从人们中间穿过，女性尤其如此。如果必须这样做，

57

要低头说声"对不起"。对老年人要尊敬并注意礼节。有客人在屋内，不能随便打扫卫生。

此外，佬、泰民族还有其他一些生活中的禁忌。例如佬族，头顶是最尊贵之处，不能摸他人尤其是小孩的头顶，这一点和中国有些民族的习惯差别很大。每逢祭寨时，外人不能入寨。每年祭寨神5天，在此期间禁止挑水、舂米等，象征着寨神的东西或祭祀物品不能乱动。进入佛殿要脱鞋，不要随便触摸佛像，更不要在佛寺及其附近杀生，砍伐菩提树、榕树之类。不得把佛寺中的东西带出寺外，更不得把和尚禁吃的东西（如狗肉、马肉、蛇肉及酒等）带入佛寺。外人不能同和尚一起进餐，佛寺中的池塘、水缸或锅中的水，外人可以饮用，但不能喝和尚水壶里的水，除非是和尚给你喝才行。靠近村寨的茅草、竹子等是建筑所需的材料，大多已有主人，不能随便砍伐。

再如泰族，其住房为高脚屋，由"宏亨"、"栅"和"谐"三部分组成。"宏亨"即住房，"栅"是住房尾端阳台状的延伸部分，"谐"也是住房的延伸部分，多在房屋的首端。按照泰族的习俗，外来女性或本家的孕、产妇，或一切忌讳物（如生鱼、生肉等），都必须通过"栅"进入住房。房屋首端"谐"的第一根屋柱，是挂一家祖先神位的地方。另外，上面还往往挂着一根长40厘米的木制阳具模型，此为泰族的崇拜物，任何外人或晚辈都不得靠近它。在入正门处置有楼梯，只是供男性或女性长辈上下楼使用。在黑泰、红泰和普泰等泰族支系的家中，禁止挂白色的蚊帐和使用白色的床上用品。在泰族地区，还要注意不能伤害他们当作图腾崇拜的动物，如老虎、杜鹃鸟等。另外，泰族人还忌讳在屋内横躺着睡觉、骑马穿过村寨和砍伐神山上的树木等。

老佤和佤族皆信奉原始宗教，他们迷信的鬼神种类很多，因而禁忌也不少。在佤族人居住地区，几乎所有村寨都有自己的"龙山"、"坟山"、"神树"和"鬼树"等。"龙山"和"坟山"禁止入内，"神树"和"鬼树"严禁砍伐，甚至连树上掉下来的树枝也是神圣的，不能拿去当柴烧。在有的佤族村寨中间还有一块用竹篱笆围着的石头，称为"寨中心石"，这是全村寨人的心脏，不能随意触摸，佤族人认为，触动了它就会发生灾难。

老佤及其支系经常举行祭鬼活动，全寨进行祭鬼活动时，用竹子或树木堵住进入村寨的道路或设置特殊的标志，外人不得进村，这种活动有时要延续数日才告结束。

该族人生病时，外人不得进屋，他们通常把树叶、树枝插在门上作为标志。如果看到房门上或屋檐下挂有竹条编的六角形标志等，就表示这家有鬼。如果被允许进入屋内，则必须按主人的吩咐入座。他们在屋内设置有鬼柱，任何人不得碰撞，甚至有时鬼柱没有任何标志，只有主人家人知道。总之，无论是在果树、家具上还是其他任何地方看到有表示鬼神的记号时，都不要随意触动。

另外，老佤族的禁忌还有：生人不能从后门出入；睡觉时不能横躺在门口，他们认为这样会挡住幸福之神出入；进入村寨不得大声喧嚷，不得吹口哨或喇叭等乐器；外人不能借用准备作为结婚的房屋。

无论哪个支系的苗族，大多不喜欢别人称他们为"苗子"，而是喜爱他们的自称"蒙"。老挝苗族在衣、食、住、行、生育、婚姻、丧葬等各个方面有很多的禁忌。例如：婴儿满月前外人不得进入屋内；家里人有事，门口插上树枝，外人也不得入内；遇上丧事、祭祖等活动，若非主人许可，不得随便闯入，即使在办丧事时进了主人家里，也不能触动主人的粮种，他们认为这些种子将长不出庄稼；死人出丧之前，不能播种；睡觉时不能头朝大门；室内的神台位不能随意移动；位于河边显眼的大树多为神树、龙树，严禁砍伐；禁止用脚踩踏炉灶，如果不小心踩了，要杀牛进行供祭。

老挝的瑶族除在祭鬼、办丧事等方面有诸多禁忌之外，还要在春节时祭虎3天，不得出门，外人也禁止进入寨内。另外，瑶族严禁吃狗肉，有些瑶族人甚至连牛肉都不吃；备作结婚时杀的猪不能卖给外人；忌讳白色的蚊帐。

第三节 特色资源

老挝地处东南亚大陆腹地，历史上是多个族群迁徙往来的必经之地，也是多种文化交会之地，丰富的民族历史与文化沉积于此，留存至今的古迹名胜不胜枚举。湄公河和长山山脉西缘纵贯南北，造就了多样化的地质构造和环境，塑造出仪态万千的自然风光。

一 世界文化遗产

（一）琅勃拉邦古城

琅勃拉邦古城是老挝传统建筑与19～20世纪欧洲殖民者的城市建筑与规划相互融合的典型，整个城镇的布局与建筑保存完整，是两种截然不同的文化接触、融合与并存的完美展示。

琅勃拉邦古城无声地记载着老挝政治、文化和经济发展的历史进程。1353年，法昂建立澜沧王国，定都孟骚，巴利语称孟骚为"苏万纳奔"（意为黄金之地）。后将孟骚改名为香通（亦译作芭相通、香东等）。澜沧王国建立之初，吴哥王将一尊高1.3米的琅勃拉邦金佛送给老挝，作为其公主嫁给法昂王的陪嫁。1560年，塞塔提腊国王迁都万象时，将香通改名为"帕纳康琅勃拉邦"（意为佛都），后来人们将其简称为琅勃拉邦。法国殖民时期，传统的建筑技术和材料与砖房建筑相结合，出现了带有阳台和木材装饰特征的殖民砖房，有序地分布于湄公河与主要街道之间。

佛教传入老挝后，琅勃拉邦成为老挝佛教中心，寺庙、佛塔林立，仅市区内就有30多座寺庙，居民笃信佛教，是名副其实的佛都。其中被列为东南亚名寺的有香通寺、迈佛寺和维春寺等。琅勃拉邦的佛塔有其独特风格，王宫对面普西山山顶的宗西塔，塔身呈四边形，塔顶有如含苞待放的莲花。维春寺内的玛莫塔，形状如西瓜，故而维春寺又被称为西瓜寺。这些佛塔均被列为东南亚的名塔。经联合国专家组考察，琅勃拉邦及其周边有679座具有保存价值的古老建筑物。1995年12月，因民风淳朴、建筑完美保存了东南亚传统与殖民风格，琅勃拉邦古城被联合国教科文组织列入世界文化遗产名录。

（二）占巴塞文化景观

占巴塞文化景观位于老挝南部的占巴塞省占巴塞县，2001年被联合国教科文组织列入世界文化遗产名录。整个景观由瓦普庙遗址、湄公河岸边的两座文化名城和普高山组成。占巴塞文化景观，以山顶至河岸为轴心，在方圆10公里以内，整齐而有规划地建造了一系列庙宇、神殿和水利设施，完美表现了古代印度文明中天人关系的文化理念，体现了公元5世纪到15世纪以高棉帝国为代表的老挝文化发展概况，是印度教与老挝佛教建筑艺术的完美结晶。

其中享誉世界的是瓦普庙遗址。"瓦普"在老挝语里意为"石庙"，坐落在海拔1200米的普高山山腰，东北距离占巴塞省占巴塞县8公里。瓦普庙建筑群规模宏大，遗址分为底部和上部两个部分，两者之间由一段陡峭的石阶相连，从山腰向下伸展，长达数百米，全部用雕有各种图案的石块砌成。整个神庙现除一座佛殿较为完整，其余皆为断壁残垣，仅存遗迹。佛殿建在"圣屋之顶"巨石下的两个石洞之间的平坡上，内外石壁均雕有精美的图像，浮雕内容为民间神话中流传的哈努曼奋战群妖等故事的片段，雕刻精致瑰丽，造像细腻生动。佛殿内供奉佛像数尊，其中一尊尤为高大。在佛殿的第3层石级上，有一尊石像，是瓦普庙建造者占巴塞王披耶卡马塔之像。神殿前有两座石宫，现已倾塌。石宫正南面是一东西长300米、南北宽200米的人工湖；湖心偏西建有水榭，湖南端有三座殿堂，均为废墟。瓦普庙是老挝人民引以为傲的佛教古刹，他们认为它可以与柬埔寨吴哥窟相媲美。

位于湄公河河畔的巴沙古王城是占巴塞文化景观的有机组成部分。巴沙古王城是古代占巴塞王国的都城，王宫、佛像和其他建筑几乎全部用巨石建成，与柬埔寨吴哥窟有相似之处。

每年1月下旬至2月上旬，当地新闻文化旅游部门都会在占巴塞县举办瓦普节，这是为纪念瓦普庙的修建和披耶卡马塔王的功德而创设的。随着老挝旅游业的发展，瓦普节已然成为占巴塞省的重要旅游项目，每年吸引了大量国内外游客。节日期间，人们都要在瓦普庙内举行隆重的宗教仪式和盛大的民间娱乐活动，如赛象、赛马、斗牛、斗鸡等。

二 著名人文景观

（一）塔銮

塔銮是老挝国宝，既是老挝佛教圣地，也是老挝民族精神的象征。

老 挝

塔銮位于老挝首都万象市以北的塔銮寺北面,距市区5公里,是塔銮寺的重要组成部分。塔銮意为皇塔或大塔,始建于公元737年[①]。塔銮初建时只是一座小塔,1566年,澜沧王国塞塔提腊王在小塔的基础上建筑大塔,并在大塔周围建造了纪念佛祖30种恩泽的30座小塔。塔建成以后,被国王命名为"帕塔舍利洛迦朱拉玛尼",意为佛祖骨塔。

塔銮整个建筑为砖石结构,由1个主塔和30个小塔组成。塔基共3层:最底层东西长61.30米,南北宽58.48米,塔基四周都有菩提叶状装饰,四面各建有一座膜拜亭;第二层塔基建有30个小塔,每座高3.6米,每座小塔内各有一座小金塔,小金塔上有铭刻佛法核心内容或四谛核心内容的金贝叶等;主塔矗立在半圆形的第三层塔基上,总高45米,台座周围有24瓣莲花瓣围衬,主塔的下部亦有3层,每层均为正方形,主塔上部为圆形,再往上是锥形塔尖,直插云霄。主塔顶部镀金,其余部分均涂抹上金粉,整座塔在阳光照射下,金光闪闪,光辉夺目。围绕着塔銮建有一圈正方形的廊庑,廊庑内陈列着许多古佛像和石碑等文物,同时也可供前来朝拜的僧侣和群众歇息。

塔銮建成后,曾多次遭遇兵火之难,现存的塔是1930年依照原型重建的。每年佛历12月(公历11月),都会在此举行老挝规模最大的传统宗教节日——塔銮节。节日期间,老挝各地僧侣络绎不绝地前来朝拜,佛教徒携带食物、香烛、鲜花等,到塔銮斋僧礼佛,聆听高僧诵经说法。国家领导人也要在塔銮的佛像前举行宣誓仪式、饮圣水仪式,并参加游神等活动。塔銮节期间,塔銮广场会开放为期7天的塔銮国际博览会,博览会上既有老挝本土和来自中国、越南、泰国等国家的商品展销,也有文艺表演等活动。塔銮节不仅是老挝人民的盛会,也是老挝人民加深与各国人民友谊的途径。

(二)琅勃拉邦王宫博物馆

琅勃拉邦王宫博物馆前身为琅勃拉邦王宫。琅勃拉邦王宫建于1904年,是西萨旺·冯国王的寝宫,1975年之前一直是历代国王寝宫,1975年,琅勃拉邦王宫正式改设为博物馆。琅勃拉邦王宫博物馆占地6公顷,

---

① 关于此塔始建年代尚有争论,有3世纪至4世纪初说、阿育王时期说等。

分为三大建筑群，呈"品"字形结构。中央为尖塔形大殿，是国王接待国宾、举行庆典和仪式的场所。后边分左、中、右三宫，左宫为国王办公区，中宫为国王寝宫，右宫为陈列室。王宫大殿内装饰典雅华贵。琅勃拉邦王宫改为博物馆后，基本上保持了王宫内外原貌，馆内珍藏着老挝澜沧王国时期的文物、王室服饰、生活用品等，末代国王的礼品陈列室摆放着许多来自世界各地的纪念品，其中包括中国史书和工艺品。

琅勃拉邦王宫博物馆的镇馆之宝是琅勃拉邦佛，琅勃拉邦佛高1.3米、重50公斤。博物馆还收藏了老挝历史上不同时期的文献典籍，包括巴利文、老挝文、法文、英文以及中文文献。为了保存优秀的老挝传统文化艺术，让世界更加了解老挝历史与文化，琅勃拉邦王宫博物馆还定期举行老挝王宫传统的木偶剧表演。

（三）香通寺

香通寺是琅勃拉邦最宏伟的寺庙，由塞塔提腊国王于1560年建造，直到1975年一直得到王室的保护。与王宫一样，香通寺也选址在湄公河附近。其中的大殿是琅勃拉邦寺庙建筑风格的典型代表，其后墙上镶嵌着壮观的生命之树图案。在殿内，装饰华美的木柱支撑着覆有法轮的房顶。在建筑群的东门附近还有一幢王室的葬仪礼堂，里面陈列着一辆豪华的12米高的出殡仪仗马车和王室成员的骨灰坛，礼堂外立面的嵌板上雕刻着史诗《罗摩衍那》中的场景。

（四）查尔平原石缸群遗址

位于川圹地区查尔平原的石缸群遗址是古代吉篾文化的遗存，属于巨石文化之一种。查尔平原上的石缸大多集中在班安地区，数目约为250个。石缸大小不同，形状各异，一般高1.5米左右，小的不及1米，大的则高达3米左右。形状上，石缸大致呈圆柱形，平底或底部稍有凸起，外沿加工粗糙，因而有的也形似方形或多边形；内沿加工比较精细，多为圆筒形，直径70～80厘米，也有少数直径1米左右。其中最大的一个高3.35米，直径3米，重达14吨。石缸的排列不规范，有立有卧，大致以一个小山洞为圆心呈扇形分布。除了班安石缸群，在班安西北30多公里的芒绥地区和芒绥以西，分别有成群的石缸遗存，仅芒绥一处

63

就有 200 多个。

石缸群的年代在公元前 5 世纪到公元 1 世纪。关于这些石缸的主人，有学者认为是古代吉篾人。一般认为，这些石缸是用来安葬遗骸的，包括二次葬和火葬。这些石缸被视为艺术品中的一级标本，是"东南亚最为令人感兴趣的带有神秘色彩的文化复合体之一"。[①] 这些石缸所附带的更多民族、文化信息还有待进一步发掘。

（五）万象凯旋门

凯旋门位于万象市中心，与总理府隔街相望，笔直的澜沧大道将它与金宫相连接。凯旋门始建于 1960 年，耗时 9 年，于 1969 年建成。最初是用来纪念为保卫老挝国家而牺牲的民族英雄的。1975 年万象市解放，万象市民庆祝胜利的游行队伍途经这里，为纪念这一历史性事件，而将其称为凯旋门。凯旋门在老挝语中称为"巴都赛"，意即"胜利之门"。

凯旋门高 45 米，宽 24 米，基座四面各有一个拱形门，远看与法国巴黎凯旋门有几分相似。拱门基座上的平台四角分别建有一个亭子，中间是一个主楼，整个建筑内外均装饰有老挝典型的寺庙雕刻，充分展示了老挝传统的民族文化艺术。从塔基内部可以拾级而上，登至顶层，俯瞰万象市容，一览无余。凯旋门四周新建了包括音乐喷泉在内的公园，它不仅是老挝代表性的旅游景点，也是万象市民休闲的好去处。

（六）玉佛寺

玉佛寺位于首都万象市中心，与主席府（前王宫）仅一墙之隔。建于 1565 年，1936 年重建。最初是国王塞塔提腊迁都万象时，为安放玉佛而专门建造、供国王举行佛事活动的场所。1565 年至 1779 年玉佛安放于该寺。19 世纪 70 年代，玉佛寺由佛事活动场所转变为博物馆，现收藏有老挝国内最好的佛像和艺术品。

（七）西刹吉寺

西刹吉寺位于首都万象市中心，与玉佛寺隔塞塔提腊路相望，由阿努

---

① 贺圣达：《东南亚文化发展史》，云南人民出版社，1996，第 58 页。

王建造，建成于 1818 年。西刹吉寺是 1828 年暹罗军队攻陷万象时唯一免于兵燹的佛寺。两百年来，这座古老的佛寺静静矗立，保持着它最初的面貌。佛寺正厅和四合院回廊的墙壁上有数百个佛龛和数层案几，上面摆放着 6840 尊不同尺寸的佛像。

三　自然景区

（一）孔瀑布和四千美岛

孔瀑布和四千美岛位于老挝南部，临近柬埔寨边境，是湄公河流域的绮丽景观。

孔瀑布是湄公河上最大的瀑布，位于老挝与柬埔寨边境，距离老挝占巴塞省巴色市南约 160 公里，距离占巴塞文化风景区约 8 公里，是世界十二大瀑布之一。孔瀑布宽约 10 公里，洪汛期落差 15 米，枯水期落差 24 米。孔瀑布被岩礁分成两部分，西边称为桑帕尼瀑布，地势稍高，枯水期时完全断流；东边是帕彭瀑布，枯水期时落差 18 米。瀑布飞流直下，落入一个深度约为 82 米的水潭中，回旋呼啸，场面壮观。孔瀑布周围是郁郁葱葱的原始森林，遮天蔽日的森林衬托着激流涌动的孔瀑布，构成一幅声色俱全的壮丽景观。

四千美岛位于老挝南部靠近柬埔寨的边境地区，是湄公河在老挝境内河道最宽的一段，有约 50 公里长的河道比较宽，雨季时节，河面最宽处达 14 公里，旱季河水退落，便出现数以百计的小岛，如果算上沙洲，数量过千，当地人略加夸张地把这个区域称为"四千美岛"。四千美岛中少数几个常年性的大岛有居民常住，其中最大的是孔岛，岛上有两个村庄，东岸的孟孔和西岸的孟塞，两个村庄由一条 8 公里的土路相连，较为繁华。四千美岛地区民风淳朴，自然风光旖旎迷人。如果说孔瀑布展现了湄公河的奔腾与狂放不羁，四千美岛则诠释了湄公河的舒缓与怡然自得。

（二）"金三角"旅游区

"金三角"位于老、缅、泰三国毗邻地区，老挝一侧主要是博胶省及琅勃拉邦省、琅南塔省和乌多姆赛省靠近博胶省的部分。"金三角"是世界上主要的毒品产地，但其迷人的自然景观并未被人们所知。这一地区山多谷深，山顶常常飘着霭，谷中则浓雾如云。湄公河及其10余条大小支流穿流其间，加之林木丛生，植被良好，原始森林茂密，给人以山清水秀、如临仙境之感。这一带有大量野生的飞禽走兽，如大象、孔雀等，是一个鸟语花香的天然动物园。

目前，"金三角"的泰国一侧已成为东南亚的重要旅游热区之一，近两年，每年到这一地区旅游的外国游客已超过500万人次。但老挝一侧由于交通不便，加之旅游设施滞后，外国游客还不多。

（三）北乌山水溶洞景区

北乌位于老挝西北部的湄公河与南乌河交汇地区。这一带林木高大，竹藤繁茂，充满了温带和热带接合部的浓郁风光，江河两岸岩壁高峻，岩壁上有大量佛像和雕塑，有如大江的守护神。这一带现已发现大型溶洞10余个，洞中的石柱、石乳、石笋、"倒立莲花"、"倒悬林木"、"珊瑚"和"翡翠"等蔚为壮观，给人如临天宫之感。目前，这一地区尚未有效地开发，只有一处溶洞铺设了通道，其他溶洞外国游客很少涉足。

（四）南俄湖风景区

南俄湖位于万象市以北80公里处。原是一个大峡谷，其间有一个狭窄隘口。由日本等国投资在隘口兴建了大坝，主要用于发电，大坝竣工后峡谷形成了一个人工大湖。湖岸森林繁盛，林木高大，竹藤葱郁。湖中形成无数小岛，岛上竹木青翠，花香四溢，十分秀丽。湖面宽阔，湖水清泽明洁。部分小岛建成了休闲度假胜地，还有部分由新加坡企业投资建成豪华赌场和附加娱乐设施。现南俄湖已成为老挝和外国游客涉足最多的景区之一。

四 著名城市

（一）万象市

万象市位于万象平原南部的湄公河东岸，与泰国东北重镇廊开市隔河相望。面积3920平方公里，其中市区面积2847平方公里，2015年人口为820940人。下辖9个县483个村。万象市城区成月牙形，蜿蜒分布于湄公河河畔，故有"月亮城"的美誉。又因该地区盛产檀香木，万象市又被称为"檀木之城"。

万象市是一座历经 2000 多年沧桑的古城，相传公元前 300 多年由当地部落首领武里珍带领部落成员兴建，取名"永珍"（武里珍之城）。公元 8 世纪为文单（陆真腊）国都，14 世纪开始成为该地区的政治、经济、文化和交通中心。1560 年，澜沧王国从琅勃拉邦迁都万象，从此，万象进入了经济繁荣的黄金时代。佛教在万象普遍传播，塔銮寺、西孟寺、玉佛寺、西刹吉寺、英奔寺、翁德寺、米赛寺、瓦岱寺、西凯寺、喷赛寺、喷肯寺、农本寺、宗泊寺和西艺寺等佛教寺院先后建立，这些寺庙现成为老挝重要的历史古迹。18 世纪初叶，万象成为万象王国国都，后沦为暹罗国属地，由于几经战争而逐渐衰落。1893 年，法国殖民者占领老挝，万象成为法国殖民当局的统治中心。1945 年，老挝宣告独立，万象成为当时老挝王国的首都。20 世纪 50 年代，美国取代法国侵入老挝，万象成为美国的军事基地。1975 年 12 月 2 日，老挝人民民主共和国成立，万象成为共和国的首都和政治、经济、交通、文化、宗教中心。

（二）琅勃拉邦市

琅勃拉邦市位于老挝北部南康河与湄公河的交汇处，海拔 2290 米。城区面积 9 平方公里，2015 年人口为 5 万人。琅勃拉邦城沿湄公河延伸，市内地势平坦，市郊群山耸立，宛如绿色屏障，整个城市依山傍水，风光秀丽。市区主要有两条道路：一条是西萨旺·冯路，另一条是景基萨腊路。主要历史建筑物有富丽堂皇的王宫、古朴的佛塔、金碧辉煌的佛寺和少数新建的商店、宾馆。

琅勃拉邦市是老挝历史名城，已有 1000 多年的历史。1353 年，法昂建立澜沧王国，定都孟骚，巴利语称孟骚为"苏万纳奔"（意为黄金之地），后将孟骚改名为香通（亦译为芒相通、香东等）。澜沧王国建立之初，吴哥王将一尊高 1.3 米的琅勃拉邦金佛送给老挝，作为其公主嫁给法昂王的陪嫁。1560 年，塞塔提腊国王迁都万象时，将香通改名为"帕纳康琅勃拉邦"（意为佛都），后来人们将其简称为琅勃拉邦。经联合国专家组考察，琅勃拉邦全市有 679 座具有保存价值的古老建筑物。1995 年

12月，琅勃拉邦被联合国教科文组织列入世界文化遗产名录。因民风淳朴，自然生态保存完好（被公认为东南亚传统与殖民风格保存最为完好的城市），老挝成为西方游客追求的"世外桃源"。

佛教传入老挝后，琅勃拉邦成为老挝佛教中心，寺庙、佛塔林立，仅市区内就有30多座寺庙，居民笃信佛教，是名副其实的佛都。其中被列为东南亚名寺的有香通寺、迈佛寺和维春寺等。琅勃拉邦的佛塔有其独特风格，王宫对面普西山山顶的宗西塔，塔身呈四边形，塔顶有如含苞待放的莲花。维春寺内的玛莫塔，形状如西瓜，故而维春寺又被称为西瓜寺。这些佛塔均被列为东南亚的名塔。

琅勃拉邦手工业久负盛名，主要的手工艺品有金银器饰品、陶器、丝织品等，手工业以家庭作坊为主，其次是合股合作的手工作坊。各类手工艺品在琅勃拉邦形成了传统的加工区，如金银器饰品的制作集中于班瓦塔地区，陶器制作集中于南康河河岸的班潘銮地区，丝织作坊集中于班帕澳地区，鱼肉加工集中于班巴坎，点心加工集中于班考柯，米线加工集中于班法普，果肉干加工集中于班帕孔地区。琅勃拉邦的部分地名就是以其出产产品来命名的，如班昌维意为梳子制作工匠村，班昌孔意为铜钟制作工匠村，班昌亥意为陶器制作工匠村。

（三）巴色市

巴色市位于老挝南部占巴塞省的湄公河与色敦河的交汇处，海拔854米，城区面积10平方公里，2015年人口为5万人，是老挝第四大城市。巴色市是老挝南部通往越南、柬埔寨和泰国的主要水陆交通枢纽和贸易中心。湄公河流过城南，色敦河流过西区，通过湄公河往南可到达柬埔寨和越南，并可从胡志明市出海，往西北可达沙湾拿吉、他曲、万象等其他主要城市。渡过湄公河，可通过占巴塞—泰国乌汶拉沙塔尼公路到达泰国东部主要城市。陆路交通也比较方便，通过13号公路干线往东南可达柬埔寨和越南的主要城市，往西北可达老挝中、上寮地区和主要城镇，往南亦有多条公路连通南部和东部重镇沙拉湾、拉芒等地，并可进入越南南部地区。

巴色市现为占巴塞省省会和老挝南部的政治、经济和文化中心。城东30公里处是占巴塞王国的都城巴沙，现仍然保留着许多文物古迹和风景名胜区，包括被联合国教科文组织列为世界文化遗产的瓦普庙。巴色市西北郊区是老挝主要的鱼米之乡，盛产水稻、咖啡、棉花、烟草和热带水果等。

（四）凯山·丰威汉市（原名沙湾拿吉市）

凯山·丰威汉市原名沙湾拿吉市，"沙湾拿吉"意为天堂之地，为纪念老挝党和国家的创始人凯山·丰威汉同志而改为现名。该市位于中寮沙湾拿吉省的湄公河东岸，隔湄公河与泰国东北部重镇木达汗相望，是老挝第二大城市，城区面积12平方公里，2015年人口为5万人。凯山·丰威汉市沿湄公河岸南北伸展约7公里，东西宽1~4公里。市内有锯木、碾米、丝织、藤竹加工等工业作坊，以及商店、公司等。凯山·丰威汉市地处老挝最大的平原沙湾拿吉（更谷）平原的西部，其市郊广阔平坦，是老挝最主要的水稻产区之一。

凯山·丰威汉市是老挝中、下寮地区的交通枢纽和军事重地，现为沙湾拿吉省省会，也是全省经济、文化中心。湄公河是凯山·丰威汉市的天然交通运输线，往东南可达巴色市和孔埠等下寮城镇，往西北可达他曲、万象和琅勃拉邦等主要城市。13号公路和9号公路是凯山·丰威汉市的陆路交通要道，通过13号公路向南可达下寮各省，往北可达中、上寮地区，通过9号公路可达中、下寮重镇孟平和色崩等地以及越南沿海城市，并可连通越南的铁路和公路干线。跨过老泰湄公河友谊桥，通过泰国木达汗可达乌汶拉沙塔尼、那空帕侬和乌隆等地。在大湄公河次区域合作机制下，凯山·丰威汉市已成为次区域东西经济走廊上的重要城镇。

（五）他曲市

他曲市位于中寮甘蒙省的湄公河东岸，与泰国东北部重镇那空帕侬隔湄公河相望。他曲市既是甘蒙省省会和经济、文化中心，也是中寮地区重要的商业贸易城市。城区面积4平方公里，2015年人口为3万人。他曲市交通方便，沿13号公路往北可达上寮各主要城镇，往南可达下寮地区和柬埔寨、越南两国。沿12号公路东行可达中寮东部地区和越南的广治、洞海和荣市等城市。渡过湄公河可通过泰国的那空帕侬到达泰国其他城镇。

(六)川圹市

川圹市位于上寮的查尔平原中部，原为川圹省省会驻地，是老挝上寮的战略要地，面积1.6平方公里，2015年人口为1万人。"川圹"意为大象挡路之城，城内以十字街为中心，查尔平原至北汕公路从此通过，十字街西北段为华侨街和老挝街，东北部为川圹市场，市场东北为越华街。城北有布商非塔、台仿塔等许多文物古迹。城东南为南担河和南牛河所环绕，是川圹的农业区。川圹的主要交通线是7号公路和查尔平原—北汕公路，7号公路往西北通往琅勃拉邦和万象等地，往东达越南中部地区。7号公路中段有支线与6号公路相连。

(七)桑怒市

桑怒市位于上寮华潘省中部、会芬高原北侧的一个峡谷中，海拔994米，面积1平方公里，2015年人口约1万人。桑怒市是老挝东北部重要山城，是上寮地区前往越南的重要关口和历史名城，历史上一度被越南封建王朝占领，成为多纷争之地。桑怒也是老挝反殖民反帝斗争中的主要根据地。桑怒市城东40公里处的万赛，在老挝解放战争中是老挝人民党和爱国战线中央机关所在地，成为老挝解放区的政治、经济、军事和文化中心，被誉为老挝革命圣地。桑怒的交通要道是6号公路，该公路往南连通7号公路，往西连通13号公路，往北连通上寮1号公路，往东则可达越南木州，并连通越南北方公路网。

(八)丰沙里市

丰沙里市位于老挝最北省份丰沙里省中部，海拔1380米，面积1平方公里，2015年人口约6000人。丰沙里是老挝最北部的主要山城，是老挝上寮地区通往中国的重要门户。丰沙里市坐落在普法山主峰西南侧。城区南部有丰沙里省主要政府机构、银行和医院等，城北有汽车站、学校等，东区东部的越华街是主要的商业区。丰沙里的主要交通路线有丰沙里—中国勐腊公路、丰沙里—孟略乌公路、丰沙里—孟夸公路和丰沙里—纳莫公路。从丰沙里往东20公里至哈飒可通过南乌河进入湄公河。

(九)琅南塔市

琅南塔市位于老挝上寮西北部琅南塔省的南塔河、南元河和南通河交汇处，海拔500米，面积1平方公里，2015年人口为5000人，是老挝上寮地区通往中国的主要贸易口岸和琅南塔省省会。琅南塔市坐落于南塔盆地中央，城区西北部为省政府、市政府主要机构和医院所在地，城区东北有市场和飞机场，城区西南为部队营房、居民住宅区，城区东南部为主要商业区。琅南塔的主要交通路线有：琅南塔—孟新公路（往北可达中国的景洪市和勐腊县等地）、琅南塔—会晒公路、琅南塔—纳堆公路（连接西北2号公路）。

（十）孟赛

孟赛位于老挝上寮地区中部乌多姆赛省的普托山和普雪比山之间，海拔670米，面积0.5平方公里，2015年人口约4000人，是老挝人民民主共和国成立后兴建的城镇，是上寮地区的交通枢纽和乌多姆赛省省会。孟赛城沿2号公路兴建，城内主要是政府机构、商店和饮食店。孟赛交通方便，老挝西北1~4号公路均在此交会，北通中国，南达琅勃拉邦等地，东接越南公路网，西连湄公河渡口北本等地，是老挝发展最快的城镇之一。

（十一）会晒市

会晒市位于老挝上寮西部博胶省的湄公河东岸，隔湄公河与泰国东北部重镇清孔相望。海拔380米，面积1平方公里，2015年人口为1万人，是老挝西北部通往泰国的主要贸易口岸和博胶省省会。会晒城沿湄公河而建，背山面水，西北部为群山所环抱，东南面有南浩河和会果河。城区有一条主街，沿街为商店和学校，城南为政府机构和医院，城东为部队营房和缅寺。会晒的主要交通路线有湄公河，通过湄公河往北可达中国云南景洪等地，往南可达琅勃拉邦和万象等老挝主要城市。随着大湄公河次区域合作的深化，会晒已成为昆曼公路上的枢纽，老泰友谊大桥建成通车使得会晒与泰国东北部地区的交往更为通畅和便利，会晒也成为南部经济走廊上的主要城镇。

五 建筑艺术

作为一个佛教国家，佛寺和佛塔无处不在，包括佛寺和佛塔在内的各种宗教建筑也就成为老挝建筑艺术的典型和代表，佛寺和佛塔的建筑风格甚至影响到了老挝人民的日常住宅。

老 挝

老挝的塔、寺等佛教建筑大多为砖石结构。老挝的佛寺通常都带有拱形大门、"阿汗"或"西姆"（即宝殿，宝殿是整个佛寺最神圣的地方，用来放置佛像和举行隆重仪式）。在澜沧王国时期，建造"西姆"时要征求国王的意见，并且至少要有20名僧侣主持仪式。如果没有"西姆"，则佛寺就不能称为寺。"西姆"周围有8块石头，用来镇守各种魔鬼。除了宝殿，一座完整的佛寺还包括孤迪（僧舍）、沙腊（为佛教徒住寺修行预备的住所）、好介（斋房）、好昂（鼓楼）、好来（藏经楼）和菩提树。

老挝古代的建筑总体上是属于印度风格，并深受邻近的高棉艺术、泰国艺术和缅甸艺术的影响，融合了不同特色的文化因素，从而形成自己独特的艺术风格。琅勃拉邦和万象早期的讲经殿，具有老挝的原建筑艺术风格，但后期尤其是被暹罗统治之后，越来越多地受到泰国中部艺术风格的影响。在藏经阁、佛像、佛塔等宗教建筑及其上面的雕刻和绘画艺术中，既可以看到具有老挝独特风格的实体，在某些方面又可以发现中国、泰国、印度、法国及吉篾艺术等的影响。由于国力弱小，老挝宗教建筑的规模比起缅甸、泰国、柬埔寨等国来说，要小得多。老挝高大建筑物如泰国古代类似建筑一样，大厅常常呈十字形，窗户的结构明显地表现出婆罗门教的影响。以曲线顶部为特征的古代婆罗门教的建筑传统，在老挝许多非常古老的遗迹中都留下了痕迹。建于17世纪的帕拉寺，在它的圆顶之上装饰有一个吉祥天女像，站立在莲饰之上，而寺庙内伫立着的是佛陀的塑像。

塔銮是老挝古代建筑艺术的典型代表，而万象寺内的翁德寺、玉佛寺等都展现了老挝古代建筑的独特风格。瓦普庙遗址则是吴哥王朝时期建筑的影响和遗存。首都万象凯旋门、金宫（主席府）显然是老挝建筑风格与法式建筑风格的完美呈现。

第二章
历 史

第一节　上古简史

　　老挝上古史至今尚有未解之谜，这主要是因为文献资料极为缺乏，考古发掘也十分有限，加之在14世纪之前老挝长期无固定的文字，居民的生产、生活用品又多用竹木器，在高温和潮湿的气候条件下难以保留下来。但是，根据有限的考古资料，我们仍可管窥上古时期老挝地区的一些发展状况。

　　根据现有考古发掘成果，中南半岛地区最早的原始人类是在越南凉山发现的新文洞猿人。新文洞猿人与北京猿人相似，属更新世中期，距今约50万年。老挝境内发现的最早的人类，可追溯到更新世中期末，距今大约10万年。在老挝查尔平原北部的遗址中，发现了人科骨骼遗存和猿人类型的牙齿，以及当时的人类使用的骨器和石器。坦杭地区人类的年代可能处于古人类学上的早期智人阶段。

　　从老挝目前的考古发掘工作来看，虽然在上寮帕香通地区地面上采集到一些火山岩制成的双面器，在川圹地区芒翁平原的古代冲击砾石地层中曾发掘出一件边缘经过打制的多面器，但这些石器仍不能作为确定旧石器时代文化的依据。所以，关于老挝是否经历过旧石器时代，还有待考古发掘工作的论证。

　　距今约1万年前，东南亚开始由旧石器时代向新石器时代过渡。20世纪30年代由法国女考古学家曼·科拉尼发现并命名的和平文化就是典

老 挝

型的早期新石器文化。和平文化广泛分布在东南亚地区，在老挝上寮地区也有发现。在琅勃拉邦东北部的坦邦和坦南安两个遗址中，发现了方形石斧和有肩石斧。北山文化也是东南亚大陆典型的新石器早期文化，相较于和平文化，其进步之处是有了手制陶器，出土的石器工具中有磨制的掘土工具，表明当时的居民已从事原始农业。在琅勃拉邦以北10公里的坦南安遗址中，发现了北山类型的单面磨光短石斧，在南坦杭遗址中，出土了单面磨光杏仁状石器和三棱石器。在老挝出土的新石器时代遗物中，石器占多数，其中最多的是方形石斧，尤其是柄部细长的方形石斧。

目前，尚未见到有关老挝青铜时代及出土青铜器的详细报告，但已发现了一些青铜器。在老挝中部的容马拉发现了一块单独藏在岩洞中的铸造铜斧的范。在琅勃拉邦地区的湄公河冲积平原上，也找到一些青铜器，包括斧、凿、镰、鱼钩和箭头等。在南乌河、南芽河以及南博河河谷地区的许多遗址中，也发现了用青铜器制造的工具。这些已发现的青铜器说明老挝地区曾存在青铜冶炼。

在沙湾拿吉以及乌汶等地发现了4面铜鼓，通过中国学者对其中"老挝1号鼓"的研究结果表明，铜鼓来自中国南方，年代大约在中国的战国末年至东汉初年。鼓上的某些图案不仅与中国南方的西林鼓及贵县鼓上的图案有许多共同之处，而且与中国中原地区出土文物上的图案有相似之处。因此，中国两汉时期，中原文化已经通过中国南方百越民族的迁徙传播到老挝地区。[①]

从上述这些远古文明呈现的文化多样性来看，其创造者，也就是老挝地区的原始居民的构成也必然是多元的。

老挝地区的原始居民主要是印度尼西亚人和尼格罗人，如坦邦和平文化遗址的主人就是印度尼西亚人，尼格罗类型主要是在老挝北部的北山文化中发现的。老挝地区的原始居民大多和后来迁入的南岛语系的民族融合在一起，形成老听族系的一些民族。后来从中国云南迁来的一些南亚语系

---

① 申旭：《老挝史》，云南大学出版社，1990，第29~30页。

孟-高棉语族的民族,如克木、拉威族等,也被划入老听族系。而从中国南方迁来的越人及其后裔,则主要形成了今天老龙族系各民族。①

第二节 中古简史(古国时期~1893年)

由于老挝几乎没有15世纪以前的史料,所以,有关老挝古代历史的研究主要是依据中国古代文献,而中国史籍中有关老挝中古时期的历史发展状况记述也详略不一。根据目前的研究成果,老挝地区出现的国家,有些仍是部落联盟,有的可能已进入阶级社会。我们把老挝中古历史划分为老挝古国时期、澜沧王国时期和三国分立时期。

一 老挝古国(14世纪之前)

老挝地区出现最早的国家是越裳。有的学者认为当时东南亚大陆有两个掸国:一个在缅甸,另一个即在老挝。老挝掸国一个国王名叫雍田,雍田即越裳和唐代的文单。其中心位于永珍即今日万象,在古代国家中,国名通常与王名和都城名一致,所以在公元前后出现的掸国与唐代出现的文单国有相续的关系。公元1~2世纪,在老挝北部还出现过一个名叫堂明的国家,唐代文献中称其为道明国,其统治中心位于今川圹一带,是由云南迁来的古代吉蔑人建立的国家,查尔平原上的石缸文化遗存即道明国的典型文化。

公元2世纪以后,在今老挝下寮和柬埔寨的北部地区出现了一个由吉蔑人建立的国家——真腊,其统治中心在蒙河南面的老挝巴沙地区,而此时,位于今柬埔寨南部地区的扶南国称雄中南半岛,真腊也归属于扶南国。5世纪以后,真腊的势力逐渐强大,兼并了扶南。此后一个时期内,今天的老挝地区和柬埔寨地区实际上处于同一个国家的统治之下。直到8世纪初,真腊国分裂成水真腊和陆真腊两个国家。水真腊的领土基本上是扶南故地,在今柬埔寨地区;陆真腊又称文单国,在今老挝地区,文单即

---

① 申旭、马树洪:《当代老挝》,四川人民出版社,1992,第116页。

老挝

今万象。

文单国的疆域四至是：北界南诏，南邻水真腊，东接环王即林邑和安南，西与骠国和堕罗钵底国为邻。文单国的南部基本上是今老挝的领土范围，西部及西北部包括今泰国和缅甸的部分领土，北部不及今老挝北部版图大，当时，今老挝的北部地区处于南诏的控制之下。

文单国已形成典型的封建领主经济，老挝地区的社会经济有所发展。此时的文单国和中国唐王朝的关系十分友好，曾多次遣使访问中国。同时，文单国和南诏以及位于今西双版纳地区的茫乃地方政权都有密切联系。9世纪中叶，水真腊和陆真腊重新合并为一个国家，仍称为真腊国。

13世纪以前，老挝地区基本上是吉蔑人的势力范围。虽然佬族、泰族的先民早已迁入老挝北部地区，并在之后建立过一些以佬族先民为主体的国家，但始终未能完全摆脱吉蔑人的控制。13世纪末叶，位于今柬埔寨的吉蔑帝国开始衰弱，吉蔑人在中南半岛的势力急剧衰落，佬、泰人的势力迅速崛起，并建立一系列国家，在老挝地区有孟骚、老告、老丫、牛吼、盆蛮、哀牢等。孟骚又译为"孟斯瓦"，即中国古代文献中的"老抓"、"潦查"和"挝国"，西双版纳文献称之为"猛老"，即后来老挝澜沧王国的前身。

二　澜沧王国（1353～1707年）

澜沧王国时期是老挝历史上的一个重要时期。从1353年法昂在川铜（今琅勃拉邦）登基为王建立澜沧王国起，到1698年澜沧王国开始分裂，并最终走向衰亡。澜沧王国的建立者法昂原是老挝北部佬族国家的王子，由于争夺王位失败而随其父逃到吉蔑王国避难。吉蔑国王善待法昂父子，将自己的女儿许配给法昂，并帮助他组织了一支军队，以重返老挝，恢复王位。

1349年，法昂率军离开柬埔寨北征，1353年，法昂在川铜登基为王，澜沧王国建立了。在老挝语中，"澜"（又译为兰、郎、揽、南等）意为"百万"，"沧"（又译为向、掌、章等）意为"象"，澜沧王国即"百万大象之国"的意思。

澜沧王国是老挝历史上第一个统治整个老挝地区的中央集权制国家。依靠强大的军队，并辅以小乘佛教的精神统治，澜沧王国在中南半岛曾强盛一时。

王后娘巧肯雅于1368年去世，法昂王变得颓废消沉，幕僚们将他废黜后流放，由其子陶温孟继承王位，即桑森泰王。桑森泰王（1374～1417年）和兰坎登王（1417～1428年）执政时期，是澜沧王国的繁荣和发展时期。桑森泰王统治时期，国王勤政，民心安定，社会经济发展，小乘佛教随之迅速传播。兰坎登王死后，澜沧王国经历了一个短暂的内讧时期，国力大大削弱。此后一段时期内，澜沧王国都未能恢复其建国初期的繁荣与昌盛。

维苏腊王（1500～1520年）和其子波提萨拉腊王（1520～1550年）统治时期，澜沧王国再度繁荣。维苏腊父子提倡宗教和文学，国王下令禁止人民信奉鬼神，强行拆毁供奉鬼神的祭坛和建筑，并以佛寺代之，佛教也从此得以兴盛，当时出现了一大批通晓三藏的博学僧侣，他们把梵文故事集《五卷书》译成老挝文。而在文学方面，诗歌也因无韵诗的出现开始繁荣，当时还出版了第一部被认为是老挝开国始祖的坤博隆的传说。

1550年，波提萨拉腊王在向国内外使臣表演驯象时摔伤致死，王位空缺。一些王公大臣拥护波提萨拉腊王与清迈公主的儿子塞塔提腊继承王位，塞塔提腊时任清迈国王，同时一部分王公大臣却试图拥立其异母兄弟。塞塔提腊匆忙赶回琅勃拉邦，镇压反对派，登上了澜沧王国的王位。

塞塔提腊执政时期，缅甸人的势力正处于上升阶段，而此时清迈也被缅甸占据，琅勃拉邦因此失去了一道重要的屏障，极易受到威胁，于是1560年，塞塔提腊将首都从琅勃拉邦迁到万象。塞塔提腊在万象大兴土木，修建了王宫、城墙以及著名的塔銮。在塞塔提腊时期，澜沧王国两度遭受缅甸人的入侵，但它仍是澜沧王国中期一个短暂的繁荣阶段。

1572年，塞塔提腊神秘死去，其子诺蒙亲王年幼，由老国王的两位将领摄政，其中之一是诺蒙亲王的外祖父森苏林。森苏林不顾他人反对，自立为王，引起各方不满。1574 年，缅甸人趁澜沧王国内乱对其发动进攻，万象陷落，森苏林和诺蒙被带往缅甸。1575 年，缅甸人把伏腊旺塞副王扶上国王宝座，但遭到老挝人民的反对。1580 年，缅甸人让森苏林再次登上王位。森苏林两年后去世，王位由其子继承。由于森苏林父子并非王室正统而得不到老挝人的支持和拥护，缅甸人不得不在 1591 年释放诺蒙亲王。1598 年，诺蒙亲王执政 8 年后去世，由伏腊披塔和其儿子伏腊旺萨先后当政。

1633 年，苏里亚旺萨即位。在他当政期间，社会经济有所发展。苏里亚旺萨颁布了一系列法令，并加以严格执行。其子即因和国王随从的妻子通奸而被依法处死，这一事件直接导致了澜沧王国的分裂。由于国王的倡导，佛教获得了最大限度的发展，老挝历史上出现了许多文学名著，如《辛赛》、《普松兰》和《兰松普》等。苏里亚旺萨时期，西方人第一次来到这个神秘的东方佛教国家。1641 年，以荷兰人范维斯特·霍夫为首的荷兰使团访问了万象。同年，杰·雷利亚神父也来到老挝。1642 年，意大利的乔瓦尼·马利尼神父也曾到老挝，并在此居住了 5 年。他们留下了研究老挝历史的重要资料。

三 三国分立（1707～1893 年）

1690 年，苏里亚旺萨去世，王位的争夺由此开始，澜沧王国出现动荡并最终分裂。由于苏里亚旺萨身后没留下王子，按照传统，王位继承者应是他的两个孙子中的一个。当时，他的孙子景基萨腊和英塔松年幼，大臣蒙占便自立为王，两位王孙被迫逃亡。后来，翁洛率军杀了蒙占，自立为王。在 1694 年的王位争夺中，南塔腊杀死翁洛后于 1695 年即位。

1698 年成长于越南的赛·翁·顺化依靠越南人的军队攻占万象，杀死了南塔腊，自立为万象国王，号称塞塔提腊二世。随后，他任命其兄弟陶龙为总督，统治琅勃拉邦王国。

景基萨腊和英塔松一行逃到云南西双版纳的勐腊和勐捧，后率军攻打琅勃拉邦，陶龙败退万象。万象危在旦夕之际，塞塔提腊二世向女婿大城国王求救。1707 年，大城军队到达万象进行调停，澜沧王国正式分裂为两个国家，即琅勃拉邦王国和万象王国，双方以南滕河为界。而前国王苏里亚旺萨的女儿在逃亡途中生下了诺卡萨亲王。1713年，在老挝南部建立了以诺卡萨为国王的占巴塞王国。除了这3个王国，当时在老挝地区还存在一些小的侯国或邦国，如川圹、孟新、乌怒等。

18世纪以后，暹罗国势大盛，成为中南半岛上的一个强国。1778年，暹罗郑信王攻破占巴塞，占巴塞成为暹罗的附属国。同年暹罗人攻占万象，并派一名总督驻扎王宫，万象王国从此沦为暹罗的附属国。1779年，琅勃拉邦也被迫接受暹罗的宗主权。

1804年，阿努即位为万象国王。阿努王在位期间（1804~1829年）始终致力于摆脱暹罗统治的抗争。阿努在万象大兴土木，在两个地方架桥以备跨越湄公河进入暹罗。为解除后顾之忧，阿努与越南保持友好关系，并通过镇压佧族人叛乱，使暹罗人批准其子成为占巴塞国王。1824年，曼谷拉玛二世去世，阿努前去吊唁。其时，英国人已经侵入缅甸，并且在向暹罗方向推进。阿努认为时机成熟，便加紧准备。1826年，阿努兵分三路进攻曼谷。与此同时，阿努还求助于越南和琅勃拉邦王国，而琅勃拉邦把阿努的行动报告给暹罗人，并派5000名士兵支援暹罗。阿努兵败后欲逃亡中国，但在川圹被孟盆王抓获，后被囚禁而死。1829年以后，万象王国不复存在，原万象王国地域实际上已成为暹罗的一部分。1893年，万象、占巴塞和琅勃拉邦都沦为法国殖民地。

从1353年澜沧王国建立到1893年老挝沦为法国的保护国，老挝一直处于封建领主制阶段，其社会发展主要有以下几个特点。①土地国有制即王有制贯穿于整个封建领主制时期。②在土地国有制下，各阶层有条件地领有、占有和使用土地。③各级领主领有土地数量不等和官阶高低不同，形成了严格的封建等级制度。④土地所有权属于国家即国王，交由村社占有使用，主权和所有权合为一体，主权拥有者与直接生产者相对立，从而决定了村社成员即农奴在定期调整分配的基础上平均使用土地，地租和赋税合而为一。⑤寺院占有大量的土地，由村社成员为其耕种，寺院的经济关系成为整个封建生产关系的一个组成部分，寺院土地集宗教性和封建性于一身，佛教界的权力和世俗的权力结合在一起，在老挝社会中起着举足轻重的作用。[①]

由于实行领主分封制，澜沧王国的内讧从未停止过，国家的分裂终究不可避免。澜沧王国分裂后，各王国为了自己的利益，彼此之间经常发生战争，并依赖外国势力的帮助，从而加剧了国家的混乱状态，而最终沦为他国的属国。尽管如此，澜沧王国在老挝历史上的重要意义仍毋庸置疑。首先，澜沧王国是老挝历史上第一个统一的王朝，它将老挝历史上的多个民族纳入统一国家的管辖内，增强了老挝各民族的内聚力，促进了老挝民族国家的发展。其次，法昂依靠强大的军队巩固了澜沧王国的统治范围，当时澜沧王国的疆域与现今老挝的领土范围大体相同，所以澜沧王国的建立和发展构筑了现代的老挝版图。

第三节 近代简史（1893～1954年）

1893年，法国与暹罗签订《法暹条约》，老挝由暹罗的属国变为法国的"保护国"，被并入"法属印度支那联邦"，老挝沦为法国殖民地，老挝近代史由此开始。

一 法国的入侵及其殖民统治

19世纪中后期，拥有丰富自然资源、占据重要战略地位的中南半岛成为西方列强争夺的主要对象。在经历了1789年的资产阶级大革命之后，法国的资本主义迅速发展，为开辟更为广阔的世界市场和原材料产地，法国遂将其侵略的矛头瞄准了中南半岛地区。

1866年，法国派出由杜达尔·德·拉格利和弗朗西斯·安邺率领的探险队沿湄公河逆流而上，对老挝和中国云南进行详细勘查，企图从湄公河水道打通进入云南的通道。弗朗西斯·安邺在《柬埔寨以北探路记》一书中，详细记载了老挝和云南的交通情况和各种资源的分布状况。由此可见，法国侵占印度支那，其目的不仅仅在于将这一地区变为其殖民地，

[①] 申旭、马树洪：《当代老挝》，第122页。

而是企图以该地区为基地进而北上入侵中国。

1778年以后，分裂后的老挝诸王国附属于暹罗的封建统治，因此，法国对老挝的吞并实际上是从制服暹罗开始的。暹罗早已关注到法国在越南和柬埔寨的扩张，进而加紧了对老挝各邦的控制。1883年，琅勃拉邦东部与北部同时受到越南泰族土司刁文池及暹罗一个部落的侵扰，陷入混乱状态。为避免法国有机可乘，暹罗国王拉玛五世以宗主国君主的身份派出军队，占领了从琅勃拉邦东、北两面直到黑水河流域盆地的全部土地。

暹罗的行动妨碍了法国对老挝的侵略计划，于是，法国外交部向曼谷提出警告性的照会，并指使其"保护国"越南顺化政府向暹罗提出它对琅勃拉邦拥有宗主权。1886年5月7日，法国和暹罗签订了一个临时协定，暹罗同意法国在琅勃拉邦设立一个副领事馆。这一协定为法国势力向老挝的渗透打开了便利之门。

1892年9月，两个走私鸦片的法国商人尚佩努瓦和埃斯基洛被暹罗从乌庭驱逐出境，同年法国驻琅勃拉邦代表马西在湄公河南下时自杀身亡。法国以此为借口对暹罗发难，进而入侵老挝。1893年2月，法国政府授权印度支那总督，如若不能及时得到补偿，可以到暹罗边境采取"有力的行动"。3月，法国驻暹罗大使巴维根据法国外交部的指示，向暹罗提出出让湄公河东岸全部领土和立即撤走防御的要求，暹罗提出抗议。1893年4月法国派兵入侵老挝，法暹战争爆发。法军兵分三路侵入老挝，与暹罗驻甘蒙太守拍约发生冲突，法国军官格罗斯古林在枪战中被打死。法国更以此为借口，于同年7月派遣军舰"安康斯丹"号和"彗星"号从暹罗湾沿湄南河向曼谷推进。法国军舰闯过北榄要塞，兵临曼谷城下。7月20日，法国向暹罗提出最后通牒，要求暹罗割让湄公河东岸的全部领土，在一个月内撤走指定地区内的军队，赔款300万法郎，惩处在北榄下令向法国军舰开炮的军官和"暗杀格罗斯古林的凶手"。法国封锁了暹罗沿海。暹罗曾向英国寻求支持未果。

1893年10月3日，法国和暹罗双方在曼谷签订了《法暹条约》，又称《曼谷条约》。条约规定暹罗割让湄公河东岸的老挝领土给法国。从此，老挝由暹罗的属国变为法国的"保护国"，被并入"印度支那联邦"。

老 挝

从1893年到1954年，老挝一直处于法国的殖民统治之下，人们习惯上将这一阶段的老挝历史称为"法属时期"。一般认为，1893年为老挝近代史的开端。

法国是一个金融资本发展迅速，而工业资本发展不充分的"高利贷帝国主义国家"，因而其殖民统治的特征是直接凭借超经济的强制手段剥削和压迫殖民地，1870~1871年的普法战争更使法国国力衰弱，而少有精力关注殖民地社会经济的发展。所以，法国只是视老挝为农业、林业和矿产等资源的储藏地，老挝也因此成为"法属印度支那联邦"中发展最为缓慢、最为贫穷的国家。

在政治方面，法国采取了"以老制老""分而治之"的政策，实施对老挝的殖民统治。所谓"以老制老"，就是在形式上保留老挝的封建君主制，在不动摇法国殖民者对老挝的绝对统治的前提下选派老挝人担任基层行政首脑。表面上传统的老挝三个王国依然存在，并各有其职责与权力：北部的琅勃拉邦为王都，国王代表全国（1894~1904年为扎卡林国王，1904年以后为西萨旺·冯国王）；中部的万象是行政首都，设有副王，管理国防、行政和财政；南部的占巴塞王管理社会福利。实际上，法国人操纵着老挝的一切大权。1895年，法国把老挝划分为上寮和下寮，各设一名法国行政专员，其行政机构所在地分别为琅勃拉邦和孔埠，最高行政专员则通过各地的驻扎官实行其统治。

1899年，法国将上寮和下寮合并，撤销各自的最高行政机构，改设一个最高驻扎官管理老挝全境，该最高驻扎官直接向法国印度支那总督负责，驻地在万象。法国殖民当局还在老挝建立了具体负责各方面事务的分支机构，包括司法部、工务管理局、水土卫生部、保健部、税务部等，分别设置部长负责各部事务，各部部长均受最高驻扎官管辖。

1911年，法国殖民当局进一步强化其在老挝的统治，正式废除除川圹、万象、占巴塞以及琅勃拉邦以外地区的各个土王，取消各地土王属下的"昭公"等封建王侯贵族爵位头衔，将全国划分为省、县、区、乡、村五级行政单位。在各级行政区内，设立由法国人担任的省长和由老挝人担任的县长、区长、乡长和村长。同时派遣法国人对除琅勃拉邦以外的县以下的各级机构进行监督和控制。1920年，法国殖民当局将老挝全国划分为12个省，直接任命省长和下属各级行政机构的官员。此外，法国殖民者还设置了法院、监狱、密探局、宪警队等镇压威慑机构。通过这些措施，法国在老挝逐步建立和完善了从中央到地方的殖民统治体制。

在完善对老挝的殖民统治的过程中，法国还制定了直接与间接相结合的殖民统治政策，即由法国直接实施统治的殖民政策和对琅勃拉邦王国实行"保护国"式的殖民政策。与老挝其他地区不同，在北部原琅勃拉邦王国所辖的区域内（包括现在的沙耶武里和琅南塔等省），法国殖民当局仍保留其王国形式，将王国与王室置于法国的"保护"之下，实行"间接统治"。对万象以南至占巴塞地区，法国殖民当局实施的则是直接统治。通过这种直接与间接相结合的方式，法国殖民者既实现了对老挝全境的控制，又利用了王室来缓和老挝人民的反抗情绪。无论是在直接控制区域，还是在间接统治区域，法国殖民当局均驻扎军队严加防守，老挝原有的封建王朝名存实亡，老挝人民的一切基本权利均被剥夺。

在东南亚所有殖民地国家中，法国的殖民经济政策最为僵硬。以国家垄断为核心的法国殖民经济政策，集中体现为对殖民地的掠夺，其目的是使这些国家形成以原料出口为杠杆的附属型经济机制，它只关心收益、利润，而漠视生产过程和殖民地本身的发展，当然也就不可能影响殖民地社会经济结构的变革。在老挝，法国的这种殖民经济政策特征表现得尤为突出，其具体措施的发展变化大致可分为两个阶段。

从法国侵占老挝到第一次世界大战末期，是法国殖民经济政策发展的第一阶段。这一时期，伴随法国对老挝的统治机构的逐步建立，其殖民经济政策的重点是用强制手段对老挝进行土地掠夺和重税剥削。

根据1913年法国国会通过的在整个印度支那实行土地"租让"的统一制度的专门决议，法国殖民当局规定，老挝的土地除一部分为王族保留以外，大部分归法国殖民当局所有。他们以登记土地为名，要求农民呈缴土地文契。由于老挝农民大多没有土地文契或因天灾人祸而遗失，法国殖民当局便以田主不明为借口将土地强行没收。然后以极低的价格出售或无代价地"租借"给法国殖民当局的官员、地方封建领主、头人以及投机

老 挝

商人。法国殖民者还肆意掠夺老挝的森林资源，法国在老挝掠夺大量的木材和安息香。

这一时期法国殖民经济政策的另一项重要措施是实行苛重的赋税徭役。法国殖民当局向老挝人民强制征税上百种。法国殖民当局规定，每个老挝人每年必须缴纳40天的"公差费"，18岁以上的男子，每人每年要为他们服劳役60天以上，这还不包括一些临时性的夫役。如果服役者不能亲自前往，就要花费高价雇人代替，以致许多人不得不逃亡他乡以躲避劳役。

从第一次世界大战结束到第二次世界大战前夕，是法国殖民经济政策发展的第二阶段。这一时期，法国在老挝的经济政策除继续实行苛捐杂税外，还开始进行一些规模不大和数量有限的开发和经营，如开辟种植园、开办采矿业、设立一些加工厂、修筑便于运输资源的公路和建立几个运输公司等，这些举措更加深了老挝经济对法国的依附程度。由于法国在老挝开办工厂、矿业是为了掠夺其原材料，且数量和规模有限，没有建立与之配套的其他企业，所以，老挝工业并未获得太多发展。

这一时期，法国殖民当局在老挝强行推广供原材料出口的单一经济作物种植制度，开辟各类种植园，殖民当局对土地的大规模掠夺也为此创造了有利条件。在下寮，殖民当局开辟了咖啡、橡胶树种植园；在上寮，殖民当局将掠夺的土地用于种植罂粟，上寮地区生产的鸦片占全老挝鸦片产量的90%，殖民当局在该地区的财政收入的1/4来源于垄断鸦片贸易。

与其政治上的严密控制和经济上的残酷压榨相配合，法国殖民者在老挝推行愚民同化的文化政策，以达到精神征服的目的。1902年以后，法国开始在老挝设立学校，但规模和发展速度均极为有限。为了培养老挝学生的亲法思想，殖民当局规定，所有学校各学科课程必须用法语讲授，甚至学生的课本也基本上是照搬法国的。

法国入侵以后，老挝珍贵的民族文化遗产遭到严重破坏。法国殖民者大肆掳掠老挝的文物、古典书籍、经典、文学作品和技术典籍，甚至查尔平原的石缸也被锯成碎块运往法国。在强迫学校使用法语教学的同时，法国殖民者还规定法文为唯一合法的公文用文，老挝文出版物，包括书籍和报纸，几近绝迹。宗教也成为法国殖民者控制老挝人的有力工具，法国殖民者极力扩大天主教在老挝的影响。鉴于佛教在老挝人民社会生活中的深刻影响，法国殖民当局力图通过收买僧侣界的上层人士，修改经偈戒律，以达到控制老挝人民思想的目的。

法国殖民统治者对老挝实行的政治上的严密控制、经济上的残酷掠夺、思想文化上的愚民和同化，势必激起老挝各族人民的反抗，老挝各族人民与法国帝国主义之间的矛盾便发展为老挝社会的主要矛盾。

二　老挝人民的反法斗争

1901年，法国的殖民统治在老挝建立不久，在下寮沙湾拿吉地区就爆发了富巴都领导的反法武装起义。法国殖民当局对老挝征收重税，对当地佬族人与湄公河对岸泰国人之间的传统贸易交往加以限制，并把大批佬族人驱往泰国境内，这些剥削与压迫遭到了佬族人民的武装抵抗。1901年1月，富巴都率领佬族群众袭击了驻坎塔武里县的法国殖民军兵营，揭开了抗击法国殖民者武装起义的序幕。起义军打败了前来镇压的法国殖民军，直接威胁到下寮法国殖民当局和驻军。

1902年4月，起义军一度攻占沙湾拿吉市，但在法国殖民军的强大攻势下，起义军因伤亡惨重而被迫退到更谷地区，法国殖民者在这一地区构筑了漫长而严密的封锁线，他们焚烧民居、粮仓，强行迁走居民，将起义军渐渐围困到东部山区。1903年，法国殖民军抓获并杀害了富巴都，起义被镇压下去。

1911年，继富巴都起义之后，老挝老听族系民族在下寮拉芬族头人昂克欧的率领下开展抗捐抗税斗争。昂克欧发动和组织了沙拉湾和其他地区的拉芬族、阿乐族等支系的群众，袭击前来强行征税的法国殖民当局及其卫队，后发展到对前来"绥靖"的法国殖民者进行伏击，掀起了武装起义。起义军用简陋的武器进行机智勇敢的斗争，常常出其不意地对法国殖民军进行伏击，起义军占领了波罗芬高原。在武力镇压和经济封锁都遭遇失败以后，法国殖民者便采取政治欺骗手段，提出与昂克欧谈判，以豁免拉芬族人的捐税为引诱，骗取昂克欧下山与法国留守使冯德勒谈判。按照老挝人的传统习俗,任何时候都严禁触摸别人的头顶,冯德勒便将手枪藏在帽子里,在谈判过程中拿出手枪将昂克欧杀害。

昂克欧遇害以后,另一位拉芬族头人库马丹继续领导反法斗争。起义军力量不断壮大,其活动范围和影响所及逐渐扩展到下寮的沙拉湾、沙湾拿吉、阿速坡等省及其他地区。由于活动范围广泛,法国殖民军组织了多次扫荡,都未能消灭起义军。直到1936年,在对起义军的主要根据地进行长达两年的封锁包围之后,殖民军开始对当地人民进行大屠杀,逐渐向起义军根据地中心逼近。随后,法国殖民者又从越南、柬埔寨调来三个营的军队,在数十架飞机和一百多头大象的配合下,利用起义军内部的奸细带路,对起义军进行大规模围剿,才将这次长达二十多年的武装起义镇压下去,库马丹等许多起义者被俘和遭到杀害。

在下寮地区老听族系民族起义的同时,1918~1922年,上寮地区川圹、桑怒(现为华潘省)、琅勃拉邦三省的苗族人民在巴寨的领导下,也展开了反对法国殖民统治者的武装斗争。起义的直接原因是苗族人民不满沉重的鸦片烟税和徭役负担。由于苗族人民遭受的殖民剥削和压迫特别沉重,所以,巴寨领导的武装起义一呼百应,很快得到各地苗族人民的广泛支持。1919年,起义军的活动范围已经扩大到包括桑怒、川圹、琅勃拉邦等上寮主要省份以及越南奠边府、莱州一带共约4万平方公里的广大地区,并一度攻占了殖民军控制的川圹市。

法国殖民当局在派遣"游击部队"对苗族起义军进行小股伏击遭遇失败后,于1919年11月,从越南调入大批法国正规军和越南、柬埔寨雇佣军对起义军进行围剿。法军采取步步进逼的"平定战术",即迁走整个村寨,焚烧粮仓,严禁苗族群众与起义军联系,企图孤立、封锁起义军,但未能奏效。1920年以后,法国殖民者利用在老挝的"土人部队"与正规军相配合进攻起义军,同时,采取"以苗制苗"的办法,利用投靠他们的苗族首领,一方面引诱起义军向殖民当局"投诚",另一方面在起义军内部收买苗奸暗杀一些坚持斗争、拥护巴寨的苗族首领。通过一系列的军事镇压和政治分化,1921年2月,起义军据点被攻破。1922年,巴寨被法国特务暗杀,苗族人民的反法武装起义以失败而结束。

上述三次规模较大、持续时间较长的反法武装起义，常常被老挝人民誉为老龙、老听和老松三大族系民族反抗外来侵略斗争精神的代表。这些斗争虽然失败了，但它们唤醒和锻炼了老挝人民，并为以后老挝的民族解放运动培养了一批具有斗争经验和才干的骨干力量，也为后来的革命斗争提供了宝贵的经验和教训。

三　日本侵占老挝和法国重返老挝

第二次世界大战爆发后，陷入中国战场的日本帝国主义认为，扩大侵略进而谋取亚洲和太平洋地区霸权的有利时机已经到来，便公开宣称其对外政策的基本目标是建立包括东南亚在内的"大东亚共荣圈"。1940年6月，法国投降德国，日本乘机侵占印度支那。

1940年9月22日，日法签订了《关于日军进驻印度支那的协定》，12月9日双方又签订了《共同防守法属印度支那地方军事协定》。表面上是日、法共同统治印度支那，但实际的控制权已掌握在日本人手里。

法国向日本屈膝以后，当时的泰国銮披汶·颂堪政府便勾结日本，趁机对老挝和柬埔寨提出领土要求。在遭到法国的拒绝以后，泰法双方不宣而战。在日本和德国的压力下，法国不得不停止军事行动，并在日本的"调停"下与泰国谈判和签订协议，同意以湄公河主航道作为泰国和法属老挝之间的边界线，老挝的沙耶武里和南部湄公河以西地区割让给泰国。第二次世界大战结束以后，法国重返老挝，上述地区才归还老挝。

日本侵占印度支那以后，忙于对同盟国作战，无暇也暂时没有必要赶走法国殖民当局，而是依靠其掠夺资源。到第二次世界大战临近结束时，形势已发生了重大变化。为了解除后顾之忧，1945年2月2日，日本政府秘密制定了将印度支那置于其军事统治之下的方案。

1945年3月9日晚，日本大使松本在西贡向法国总督德古递交了一份最后通牒，要求将法军及其一切军事设施置于日军的统一指挥之下，在两个小时内必须做出答复。此时，日军已包围了法国总督府，在遭到拒绝后，日军攻占了总督府，拘押了法国总督及其他高级官员。3月10日，日军从越南攻入老挝。3月17日，日本通过西贡电台宣布，琅勃拉邦王

老 挝

国以独立王国的名义加入"大东亚共荣圈",老挝附属于法国的法律关系已不存在。但日本独占老挝的局面仅仅维持了5个月,1945年8月15日,日本宣布无条件投降,它在印度支那的统治宣告结束。

日本投降之后、法国殖民统治机构恢复之前,以胡志明为首的印度支那共产党抓住这一时机,发动武装起义,在越南的一些地区建立了自己的政权。越南革命形势的发展影响到老挝,一批从越南和泰国回国的知识分子和部分王室成员组织成立了"伊沙拉"(寮国自由民族统一战线),在国内开展夺权斗争,为老挝的独立做积极准备。1945年8月29日,伊沙拉与琅勃拉邦王国副王和首相佩差拉亲王达成协议。9月15日,佩差拉以琅勃拉邦王国副王和首相的名义,在万象宣布独立。同时,伊沙拉"起义委员会"成立,并起草一部宪法,规定在老挝建立君主立宪制,逼迫国王承认其独立。10月,伊沙拉"起义委员会"更名"国民委员会",随后发动起义,占领了万象,按该宪法成立的伊沙拉政府取代琅勃拉邦政府。10月20日,国民委员会通过决议,废黜国王西萨旺·冯,并计划出兵琅勃拉邦。11月4日,由汶亚伐亲王领导的另一个党派进占琅勃拉邦王宫,迫使西萨旺·冯承认新政府。11月24日,国王遭到逮捕,伊沙拉政府控制了老挝。

日本投降后,根据《波茨坦协定》,中国18万军队进入印度支那北纬16°以北地区受降。与此同时,法军也进入北纬16°以南地区,为法国重返印度支那做好准备。1949年7月19日,老挝王国政府同法国政府在巴黎签约,正式确定老挝为法兰西联邦内的独立国家。虽然法国承认老挝是其联邦内一个独立的国家,但实际上老挝的国防、财政、外交等大权仍掌握在法国人手中,老挝人民反抗法国殖民者的解放斗争仍未停止。

法国重返老挝以后,更加残酷地压榨老挝人民,大肆进行搜刮,在许多地区,税额比1945年以前增加了20倍之多。老挝人民逐渐看清了法国殖民者的真面目,纷纷起来参加抵抗运动组织。1947年底,老挝的反法武装革命力量正式诞生。1950年,寮国抗战政府建立,并组建了以苏发努冯亲王为主席的伊沙拉(意为自由)阵线中央委员会,印度支那共产党老挝支部也积极开展活动。在上述组织的领导下,老挝人民经过了数年艰苦卓绝的斗争，终于在 1954 年结束了法国在老挝的殖民统治，赢得了国家的独立。

第四节　现代简史（1954～1975 年）

随着法国在老挝殖民统治的终结，老挝进入了现代史时期。1954 年日内瓦会议上法国发表宣言，承认老挝为独立和主权国家后，老挝面临着如何建立和平、统一、独立、民主、民族平等的国家和政权的难题，而美国新殖民主义者的从中干涉，更是加剧了老挝国内的政府组织和政权建设的复杂性。直到 1975 年，在老挝人民革命党的领导下，老挝人民民主共和国成立，老挝才真正获得了国家的独立和主权，实现了国家的和平、统一、独立、民主和民族平等。所以老挝人民争取实现国家统一、主权独立与完整的斗争构成了老挝现代史发展的主线。

一　第一次联合政府

在反抗法国殖民统治的斗争中，老挝人民与越南、柬埔寨人民相互支持，并肩战斗，取得了最后的胜利。1954 年 3 月，在中国的大力支持下，越南军民取得了"奠边府战役"的重大胜利。在此次战役中，寮国战斗部队歼灭了从琅勃拉邦前往增援奠边府的法军，并封锁了从奠边府通往老挝的道路，使法军无法从老挝突围而被彻底歼灭，法国在印度支那的统治难以维系而被迫坐到了日内瓦会议的谈判桌前。

1954 年的日内瓦会议是第二次世界大战结束以来第一次关于地区停火的会议，会议从 5 月 8 日开始，历时两个多月。参加会议的有中、美、苏、英、柬、老、越。老挝派出了以王国政府外长培·萨纳尼空为团长的代表团，代表团中没有老挝自由阵线部队（即巴特寮）的代表。会议达成了关于在老挝停战的协定。根据该协定，老挝于 1954 年 8 月 6 日上午当地时间 8 时停战，法国军队和越盟军队在 120 天内撤出老挝；法军可以留下训练王国政府军的军事教官 1500 名和军事设施要员 3500 名，但不得增加新的要员、军队和武器装备；巴特寮部队集结

老挝

在老挝北部的桑怒（今华潘省）和丰沙里两省，老挝王国军队驻扎在其他地区；设立老挝国际监察和监督委员会，由印度、波兰和加拿大等国组成。

1954年7月21日，关于恢复印度支那和平问题的日内瓦会议闭幕，除美国外的与会国都签署了最后宣言。法国等与会国宣布尊重印度支那三国的主权、独立、统一和领土完整，并表示不干涉他国内政。美国拒绝在宣言上签字，为其直接干涉老挝问题和东南亚事务埋下了伏笔。

1954年9月初，即日内瓦会议结束一个多月后，梭发那·富马首相和国防大臣库·沃拉冯开始与巴特寮的领导人、富马亲王的异母兄弟苏发努冯亲王会晤，商谈执行有关日内瓦协定的具体问题。但在9月13日，王国政府中的亲美势力将梭发那·富马首相赶下台，由一贯亲美的卡代·敦萨索里特取而代之。9月18日，库·沃拉冯被代表美国利益的极右分子暗杀，原因是他极力主张老挝政府实现其在日内瓦会议上的宣言和会议的有关规定。这一系列突发的政治事变严重影响了王国政府和巴特寮之间的谈判。

日内瓦会议举行之前，巴特寮已经控制了丰沙里省和桑怒省，并在中寮和下寮的阿速坡等省建立了根据地，其控制区域约为全国面积的一半。卡代上台后的王国政府在与巴特寮谈判的同时，派政府军进攻巴特寮控制区，企图以武力消灭巴特寮，这种行动在受到老挝国际监察和监督委员会的劝告之后才停止。但王国政府并不打算认真执行日内瓦会议的有关协定，1955年12月25日，王国政府举行了除巴特寮控制的两省以外10个省的片面大选，严重违背了其在日内瓦会议上的宣言。其合法性也不为老挝国际监察和监督委员会所认可。

在王国政府忙于大选的同时，巴特寮也加紧了在北部两省的活动。1955年3月22日，现老挝人民革命党的前身——老挝人民党建立。核心成员有中央书记凯山·丰威汉、副书记坎辛、中央委员坎代·西潘敦等。政权工作以西宋喷·洛万赛为首，统一战线工作指导委员会由苏发努冯亲王任主席。同时，还建立了军事武装力量的指挥机构。

1956年1月6~14日，老挝民族统一战线大会在桑怒省召开，并正式宣布成立老挝爱国战线。由于老挝人民党的身份没有公开，所以，直到1975年老挝人民民主共和国成立，巴特寮名义上一直由老挝爱国战线领导。这次大会指出了当时全国人民的任务，通过了为实现这些任务而制定的12条爱国战线纲领，主要内容包括国内和平、独立、统一、民族平等、民主、自由和在和平共处五项原则的基础上同各国建立外交关系，不参加任何军事集团等。

1956年2月21日，老挝举行内阁选举，梭发那·富马再度出任首相，王国政府与巴特寮恢复了谈判。8月初，经过双方交涉，富马首相与苏发努冯亲王确定了建立联合政府、实现国家统一的原则。12月18日，两位亲王在万象发表联合声明，进一步确定了完成老挝统一的愿望和措施：①王国政府和寮国战斗部队组成民族联合政府，使老挝达到民主、和平和统一；②在民族联合政府建立之后，一是承认老挝爱国战线的合法地位，二是在行政、军事方面将丰沙里、桑怒两省置于王国政府的统治之下。老挝的统一原则上得到了认可。

以卡代·敦萨索里特为首的右派势力反对上述协议。富马说服了国民议会中的反对派，同意老挝爱国战线两名成员参加联合政府。1957年11月2日，富马首相和苏发努冯亲王签订了《万象协定》。根据此协定，联合政府于1957年11月19日组成，老挝爱国战线的两名内阁成员是：计划、建筑和城市规划大臣苏发努冯，宗教和艺术大臣富米·冯维希。

二　美国对老挝的干涉和第二次日内瓦会议

第二次世界大战以后，美国极力推行其向外扩张的政策。美国尤为看重东南亚的战略地位及其在抵御共产主义运动中的作用，而老挝在该地区位置重要，甚至被称为东南亚的"瓶塞"，所以，在法国撤出老挝以后，美国的干涉就更加直接和放肆。

1954年9月，日内瓦会议结束后不久，美国便和英、法、泰、菲律宾等国组成了东南亚条约组织集团，并在马尼拉签订了《东南亚集体防务条约》。在该条约的议定书上，老挝也被划入所谓的"保护地区"范围之内。同时，美国积极扶植联合政府中的亲美势力，破坏老挝的和平与统一。1957年11月富马首相和苏发努冯亲王双方达成《万象协定》之后，美国立即派员到老挝进行干涉，组织建立了"保护国家利益委员会"，极力扶植卡代·敦萨索里特和培·萨纳尼空，以阻挠成立联合政府。1958年8月，富马被迫辞职，由亲美的培·萨纳尼空组成新政府，老挝爱国战线的代表被排斥在新政府内阁之外，第一次联合政府宣告破裂。

在第一次联合政府成立时，巴特寮已经按照有关协议，解散了大部分的部队，仅保留了两个营的兵力，第一营驻守琅勃拉邦以南，第二营驻守查尔平原。1959年5月，萨纳尼空政府借口这两个营拒绝接受授予军衔，企图用武力解除其武装，并将苏发努冯等人软禁。5月18日，第二营突破萨纳尼空政府军的包围，撤出了查尔平原。巴特寮不得不再次拿起武器，老挝内战又一次爆发。萨纳尼空政府还以越盟入侵为借口呼吁美国政府给予"紧急援助"，美国借机向老挝派驻大批顾问、专家，把大量的美元、武器和军用物资源源不断地运入老挝，在老挝修建飞机场、射击场和战略公路等军事设施，帮助王国政府扩充军队，建立军官学校、警察学校、别动队学校等，美国驻老挝的军事人员也不断增加。

美国的插手使老挝局势更加紧张和复杂。但美国对老挝内政的干涉和第一次联合政府的解体，使老挝的中立遭遇挫折。

1960年6月，昭·宋萨尼特取代培·萨纳尼空组成政府，但实权仍控制在亲美的富米·诺萨万手中。同年8月9日，第二伞兵营营长贡勒大尉发动军事政变，推翻了昭·宋萨尼特政权。贡勒发动政变的目的是在老挝实现真正的和平与中立。政变成功后，贡勒要求国民议会信任梭发那·富马亲王，随后，富马被邀请出面组阁。富马政府上台后，宣布奉行和平、中立和民族和睦的政策，受到老挝爱国战线的欢迎和支持。同时，富米·诺萨万和文翁·纳占巴塞亲王在沙湾拿吉成立"革命委员会"，企图推翻和取代富马政府。富米·诺萨万右派势力的军队在美国的支持下，攻入万象，富马政府的和平中立路线中断，王国中立政府转移到康开，梭发那·富马流亡柬埔寨，由贵宁·奔舍那代理首相职务。富米-文翁集团的行动严重阻碍了老挝实现真正的和平与中立。

富马流亡柬埔寨以后，立即发表声明，揭露了美国支持下的极右派在老挝造成的混乱。1960年12月底，富马分别致函各国驻金边使节，希望召开一个关于印度支那和平与政治稳定的国际会议，再度重申了老挝政府中立化的主张。1961年元旦，西哈努克建议召开扩大的日内瓦会议，由中、美、苏、英、老、泰等14个国家参加。这一建议得到了许多国家的响应与支持，中国副总理兼外长陈毅也一再致函日内瓦会议两主席，希望会议早日召开。老挝人民的斗争也得到了世界各国爱好和平的人民的声援，1961年3月5日被确定为"声援老挝日"。

在国际社会压力增大的同时，老挝国内的形势也越来越不利于美国支持下的右派势力。爱国战线积极团结中立派力量，孤立右派反动派。在富马流亡柬埔寨以后，贵宁·奔舍那作为老挝王国合法政府的代表，于1960年12月22日前往桑怒与苏发努冯亲王会谈，双方重申老挝王国的合法政府和老挝爱国战线在实现和平中立、真正的民族和睦的共同斗争中将紧密合作。贡勒部队撤出万象以后，在辛加坡领导的巴特寮战斗部队的支持下，于1961年元旦攻下了王宝部队占领的战略要地查尔平原。巴特寮乘富米·诺萨万的部队进攻查尔平原之际，攻占了上寮丰沙里和琅勃拉邦两省的大部分地区、中寮的万象和甘蒙两省的部分地区以及下寮包括9号公路两侧地区在内的大部分区域。

1961年1月31日，富马内阁在川圹解放区恢复执政。2月底，富马从柬埔寨返回老挝，与苏发努冯进行会谈并发表了联合声明。声明主张召开14国会议解决老挝问题。4月24日，作为1954年日内瓦会议主席的苏联外长安·葛罗米柯和英国外交大臣霍姆共同发出老挝三方停火的呼吁。5月3日，王国政府军总司令贡勒和老挝爱国战线战斗部队最高指挥部总司令坎代·西潘敦分别下令所属部队，于当天上午8时停止军事行动。5月13日，老挝三方在位于万荣南面13号公路上的纳门举行会谈，并发表联合声明，确定在老挝已经实现了停火。

由于美国的阻挠，原定于1961年5月12日召开的日内瓦扩大会议推迟到16日才开始举行。会议断断续续延续了一年多的时间，共举行了42次全体会议和43次限制性会议。老挝王国代表团团长贵宁·奔舍那在第三次全体大会（1961年5月17日）发言中宣布了王国政府准备实施的政治纲领，并要求与会国保证在《日内瓦协议》、《万象协定》以及梭发那·富马和苏发努冯亲王联合声明的基础上，承认和尊重老挝当局所确定的老挝的中立，而东南亚条约组织集团必须取消将老挝包括在其"保护地区"之内的决定。老挝爱国战线代表团团长在第四次全体大会（1961年5月18日）发言中，阐释了老挝爱国战线所主张的和平、独立、中立、统一、民主和繁荣的立场，揭露了美国对老挝的侵略和干涉活动。

三 第二次联合政府

1961年6月19日，老挝三方的最高代表，梭发那·富马、苏发努冯和文翁三位亲王在瑞士苏黎世举行会谈。22日，发表了关于通过组织临时民族联合政府的政治纲领和它当前的任务，即根据老挝人民的利益和意愿并按照1954年《日内瓦协议》，遵循和平中立的道路，以求建设一个和平、中立、独立、民主、统一和繁荣的老挝，实现停火并在全国恢复和平，发展生产，实现民主、自由和民族和睦。

在扩大的日内瓦会议举行并有所进展时，美国非但没停止对老挝的干涉，反而加紧活动，阻挠日内瓦会议的顺利进行，同时不断向沙湾拿吉输送军事援助，以充实和扩大富米·诺萨万的部队。富米-文翁集团也多次破坏三方会谈。1961年，老挝三位亲王在万象以北60公里处的欣合村举行会谈，达成了三点协议：①临时民族联合政府由16名成员组成；②首相和副首相各兼任一个内阁成员；③一致同意向国王提名梭发那·富马为将来的临时民族联合政府首相。在此后的数月内，富米-文翁集团多次拖延预定的恢复老挝和平的具体问题的会谈，多次进攻老挝爱国战线控制区，美国也出动飞机参与其中。王国政府和爱国战线的军队不得不进行自卫和反攻，并收复了一些地区。美国和富米-文翁集团的干涉和破坏，加剧了老挝的政治和军事危机。

鉴于此，日内瓦会议两主席多次致函和致电老挝三位亲王，呼吁遵守停火协定，恢复老挝的和平，尽快组成一个临时民族联合政府。同时，富米-文翁集团因在军事上遭到爱国战线的沉重打击而不得不暂时坐到谈判桌前。于是，老挝三方于1962年6月7日重开谈判。11日，三位亲王达成协议，根据该协议，联合政府将包括12个部和7个国务秘书，共由19人组成。梭发那·富马方面占有8个大臣席位和3个国务秘书席位，老挝爱国战线方面和文翁方面各占2个大臣席位和2个国务秘书席位。梭发那·富马任首相兼国防、退役军人和社会行动部大臣，苏发努冯任副首相兼经济计划部大臣，富米·诺萨万任副首相兼财政部大臣，贵宁·奔舍那任外交大臣，方·丰萨万任内务、社会救济部大臣，富米·冯维希任新闻、宣传、游览部大臣。12日，三位亲王在该协议上签字。

1962年6月23日，老挝临时民族联合政府全体成员在万象接受国王的任命，宣誓就职，并公布了《老挝临时民族联合政府的政治纲领》。翌日，老挝临时民族联合政府举行第一次会议，决定由外交大臣贵宁·奔舍那担任出席日内瓦会议的老挝统一代表团团长，并在同一天中午12时实行全面停火。7月9日，老挝王国政府发表中立声明。7月21日，扩大的日内瓦会议举行最后一次全体会议，一致通过关于老挝中立的宣言和议定书。在扩大的日内瓦会议的14个参加国共同签署的《关于老挝中立的宣言》中，老挝王国政府明确指出，执行和平中立的政策，以建立一个和平、中立、独立、民主、统一和繁荣的老挝。该宣言强调尊重老挝王国中立的原则，并要求各签字国承担维持老挝王国的主权、独立、中立、统一的义务。经过多年的斗争和努力，老挝人民坚持走和平中立道路的要求又一次在国际协定中得到承认，同时，老挝王国在国际上的中立地位得到了法律意义上的保证。

根据《日内瓦协议》，外国军事人员和准军事人员必须撤出老挝。美国表面上也遵守协议，撤走了一小部分军事人员，但大部分以大使馆、国际开发署、文化中心等机构官员的身份重新进入老挝。在富米－文翁集团的军事学校、军事基地中，也有不少美国军事人员。同时，美国加紧向富米·诺萨万的军队运送包括战斗机在内的武器、弹药和军用物资，并在下寮的巴色和波罗芬地区修建基地和军用仓库。从1962年起，美国便秘密开始对胡志明小道至老挝北部解放区进行轰炸。因此，第二次联合政府有名无实，各派力量都在扩充实力，老挝内战的再次爆发势难避免。

老 挝

1960年以后，老挝的中立派力量得到进一步的发展，出现了多个中立派组织，主要有以梭发那·富马为首的老挝中立党，以贵宁·奔舍那为首的老挝和平中立党和以坎温·布法为首的丰沙里中立力量等。第二次政府是建立在和平、中立原则基础之上的，政府中的多数和主要成员也是由中立派成员担任的，中立派在老挝政治斗争中的地位也就尤其重要。为了削弱中立派力量，依靠美国支持的富米·诺萨万集团对中立派加以拉拢和控制，进行分化瓦解，拉拢不成则加以杀害。

1963年4月1日，在美国中央情报局的策划下，富米·诺萨万集团暗杀了贵宁·奔舍那。之后，在查尔平原的中立派军队的几十名官兵也被杀害。1963年，老挝中立党开始分化，贡勒转向富米·诺萨万。到1963年年中，老挝的几支中立力量已经完全分化，其中的左翼转向爱国战线，坚持走和平、中立道路，右翼逐渐转向诺萨万集团。这时的老挝已不存在真正的中立派，老挝爱国战线和富米·诺萨万亲美势力之间的矛盾逐渐加剧，老挝的政治形势日益恶化。

第二次联合政府成立以后，美国飞机便开始轰炸爱国战线控制的老挝北部地区。1962年底，由中央情报局经营的美国航空公司进驻老挝，向土匪空投武器和各种急需物资。1963年以后，美国飞机的轰炸次数不断增加。在地面上，美国中央情报局还组织了老挝山民武装，其中以王宝为首的苗族部队的力量最为强大，构成了美国所谓老挝"特种部队"的主力。同时，用美国军事装备武装起来的诺萨万集团的部队和土匪不断发起对原富马首相和老挝爱国战线控制地区的进攻。1964年4月中旬，查尔平原的一些地方已被诺萨万集团占领，诺萨万集团的军队早已越过了1961年的停火线，并以贡勒将军的名义向川圹、腊黄、康开和丰沙湾等地的寮国战斗部队和中立派进步军队发动进攻。老挝内战再次爆发。

第二次联合政府外交大臣贵宁·奔舍那遇害后，万象的政治形势急剧恶化，联合政府中的老挝爱国战线代表苏发努冯和富米·冯维希等人不得不离开万象，回到康开和桑怒，松散的联合政府陷于瘫痪而名存实亡。1964年5月7日，富马在美国和右派集团的扶植下，宣布成立新政府。5月下旬，富马正式决定将苏发努冯负责的经济计划部和富米·冯维希负责的新闻、宣传和游览部交由他人管理，爱国战线方面的代表完全被排斥在新政府之外，新政府的权力已完全被亲美右派集团掌握。至此，第二次联合政府完全解体和崩溃。

四　老挝内战及老挝人民民主共和国的建立

从1964年5月17日起，美国飞机开始对老挝爱国战线和爱国中立力量控制的解放区进行大规模的轰炸。面对美国和右翼集团的军事进攻，老挝爱国战线对内号召全国人民动员起来，为国家的独立、和平而战，并多次采取积极态度与富马接触，力图达成内部和解，共同抵抗外来侵略。爱国战线对外多次发表声明，呼吁有关方面制止美国的侵略，实现老挝的独立、和平和中立。在进行政治斗争和武装斗争的过程中，爱国战线不断扩大和巩固解放区，老挝人民解放军逐渐发展壮大，到20世纪60年代末，老挝人民解放军的各种部队总兵力已经发展到4万余人。

1968年，美国举行第37届总统选举，作为共和党总统候选人的尼克松提出结束越南战争、实现和平。尼克松上台后，面对印支战争的困境，开始减少美国在东南亚的军事力量。1969年，尼克松提出"关岛主义"，宣布美国将鼓励并有权期望亚洲国家自己来处理本国的安全与军事防务问题。1972年2月，尼克松访华，实现了中美关系正常化，这对印度支那局势的发展产生了一定影响。从20世纪70年代初开始，美国从南越、日本、韩国、泰国、菲律宾和中国台湾地区撤出部分军队，提供军援建立当地部队代替美国军队。

1968年3月31日，美国宣布"部分停炸"越南北方地区，5月11日，美国和越南开始会谈。然而，美国对老挝的轰炸有增无减。从20世纪60年代末到70年代初，美国在老挝投下了数百万吨的炸弹，仅在1970~1972年，美国在老挝就投下了300万吨炸弹。美国的轰炸破坏了绝大部分老挝村庄，幸存者被集中在难民营、"复兴区"内。除了指使和利用右派军队进攻解放区外，美国还把南越军队的"特种兵"运入老挝参战，并且在中、下寮地区使用化学武器。

20世纪70年代，老挝人民解放军采取一系列的军事攻势，1970年6

老 挝

月9日，老挝人民解放军解放下寮重镇沙拉湾。1971年底，老挝人民解放军完全收复了查尔平原、芒绥等地。1972年1月，老挝人民解放军攻占了桑通、龙镇等重要城镇。1972年5月，整个波罗芬高原获得解放。1972年7~8月，老挝人民解放军粉碎了美国和"特种部队"在老挝南部发动的"黑狮"战役和对查尔平原的进攻。这一系列的胜利，为老挝抗美救国战争的胜利和老挝内部的和平谈判奠定了基础。

从1972年10月中旬开始，老挝爱国战线和万象方面双方代表团在万象举行正式谈判。1973年1月27日，美国和越南在巴黎签订《关于在越南结束战争、恢复和平的协定》，在该协定中，美、越双方表示尊重老挝和柬埔寨的中立，老、柬两国的内政由该国的人民在没有外来干涉的情况下自行解决。1973年2月21日，老挝爱国战线方面和万象方面签署《关于在老挝恢复和平和实现民族和睦的协定》。该协定规定，从2月22日中午起停战，并准备组成新的临时联合政府，在此之前，双方各自管辖自己的控制区。在万象协定签署的第二天，驻檀香山的美军司令部宣布停止对老挝的轰炸。

1973年9月14日，老挝双方终于签订了《关于在老挝恢复和平和实现民族和睦的协定的议定书》。经过多次会谈和磋商，1974年4月5日，富马和苏发努冯在琅勃拉邦共同签署公报，成立了以富马为首相、以富米·冯维希和仑·英锡相迈为副首相的临时民族联合政府和以苏发努冯为主席的民族政治联合委员会。第二天，上述两政府机构成员在富马和苏发努冯的率领下，在万象翁德庙举行隆重的宣誓就职仪式。

第三次联合政府成立前后，老挝爱国战线已经控制了全国绝大部分地区。虽然战斗仍在进行，但右派势力的军队已无力抵抗老挝人民解放军的强大进攻，老挝的抗美救国战争已进入决定性的胜利阶段。从1975年1月开始，老挝各地群众纷纷示威游行，要求执行万象协议，解散"国民议会"，镇压反动分子。1975年5月，在老挝人民革命党的号召下，全国各地纷纷掀起了夺权运动，大批右派分子逃亡国外，老挝人民解放军也相继进驻各重要城镇。1975年5月底，美国关闭了在老挝的"美援署"，6月底，美国军事人员撤离老挝。1975年8月23日，万象省、市群众举行夺权大会，宣布推翻旧政权，万象省和万象市正式由老挝爱国战线方面接管。全国的夺权斗争胜利结束。

1975年11月29日，老挝国王西萨旺·瓦达纳宣布自愿退位。12月1~2日，老挝爱国战线中央在万象召开老挝全国人民代表大会，接受了国王的退位书及临时民族联合政府和民族政治联合委员会的自行解散书，宣布废除君主制度，建立老挝人民民主共和国。大会通过决议，任命苏发努冯为国家主席和最高人民议会主席，凯山·丰威汉为政府总理，诺哈·冯沙万和富米·冯维希为副总理，西萨旺·瓦达纳为国家主席最高顾问，梭发那·富马为政府顾问。从此，老挝社会进入了一个崭新的发展时期。

第五节 当代简史（1975年至今）

老挝人民民主共和国的成立，标志着老挝历史翻开新的一页。而新的人民民主共和国成立之初，百业待兴，老挝人民面临的主要任务就是医治战争创伤，重建国家政治经济体制，发展生产，巩固新生的人民民主政权，维护老挝人民久经磨难而争取来的国家的主权、独立和和平。

一 建国初期的老挝（1975~1985年）

1975年12月，老挝建立人民民主共和国。在建国后的最初三年中，老挝人民革命党和政府主要进行了建立和巩固人民民主政权、完善各级各类组织、清剿残匪、改造旧职人员和对老挝经济进行社会主义改造等工作。

在经济建设方面，从20世纪70年代末到实施第一个五年计划，老挝开展了"生产关系、科学技术和文化思想三大革命"，实行了农业合作化、工业国有化、商业统购统销、限制商品流通和一系列社会主义计划经济政策和措施。开始于1978年、完成于1985年的农业合作化运动在一定程度上提高了农业生产产量，但对农业发展的推动作用并不明显。在执行

老 挝

计划经济体制的过程中,老挝党和政府不断对相关政策做出调整,包括1980年6月,老挝人民革命党颁布了《关于整顿农业合作化运动中若干问题的紧急指示》;1979年发布《关于管理政策的命令》,宣布对"工业国有化政策进行调整";1982年4月召开的老挝人民革命党第三次全国代表大会决定"要充分利用现存的包括私人资本主义在内的各种经济成分来促进经济的发展"。但是,这些调整仍未超越高度集中的计划经济体制的范畴。

在这种高度集中的计划经济体制下,国营经济成分和农业合作社等对恢复战争创伤、稳定社会、恢复生产、重建家园等方面产生一定的积极作用,从而奠定了老挝社会主义经济基础。但由于缺乏经验,有的措施脱离了老挝的实际,极大地打击了劳动者的生产积极性,从而严重阻碍了老挝经济的发展。

在对外关系方面,老挝政府采取向以苏联为首的"社会主义阵营"一边倒的政策,对西方和东盟各国都保持敌视态度。1978年,老挝政府宣布关闭老挝驻法国使馆,中断两国关系。1977年6月,老挝和越南签订了为期25年的友好条约,确定了两国之间的特殊关系,从此,老挝全面倒向越南,与中国交恶。为支持越南的侵柬战争,老挝和越南、柬埔寨的韩桑林政权签订了军事合作协定,派遣了大约800名军人援助越南扫荡反韩桑林势力在老、柬两国边境地区的根据地。

由于推行过激的经济改造政策和政治上倒向苏越一边以及支持越南侵略柬埔寨,20世纪70年代末至80年代初的老挝陷入了内外交困的境地。为了摆脱困境,老挝开始了政治和经济改革的探索。1979年12月,老挝公布了最高人民议会第七号决议。老挝党和政府公开承认了一些错误,即在进行社会主义改造时期的政策、措施违背了老挝实际,导致了主观主义和急躁冒进,未能真正指导老挝建设事业取得进展,并在进行自我批评的同时开始推行一系列的新经济政策。1985年12月2日,老挝党和政府领导人在庆祝共和国建立10周年大会上的讲话不再攻击中国,并对中国在老挝抗美救国斗争中给予的支持和援助表示"诚挚感谢",希望在和平共处五项原则基础上恢复中老关系,中老关系由此逐步实现正常化。

总之，老挝人民革命党利用抗美救国战争胜利的大好时机夺取政权，废除了统治老挝600余年的君主制，建立起一个人民民主共和国，初步实现了国家统一，维护了国家的主权、独立和和平。在短短的10年时间里，老挝人民革命党领导全国人民不断巩固人民民主政权和发展生产，在农业上实现了粮食自给，在外国援助下逐步建立自己的民族工业，文化、教育、卫生等状况都有了明显的改善，使得老挝这片饱经战争创伤、几乎成为废墟的土地又焕发新的生机。

二 革新开放以来的老挝

1986年老挝开始寻找适合本国国情和顺应国际大趋势的发展道路。

（一）老挝式发展道路的探寻和确立

如前所述，建国初期的老挝深受苏联和越南的影响，无视本国生产力极其落后的实际情况，"盲目抄袭外国模式"的做法严重阻碍了经济的发展。而冷战时期的国际形势和中南半岛形势的影响及外交政策上的失误，更加剧了老挝在政治、经济上的困境。20世纪80年代中期，中国的改革开放取得了显著的成效。苏联戈尔巴乔夫提出"新思维"，开始进行改革。越南在经济领域的改革也在逐步扩大。东盟国家尤其是老挝的近邻泰国的经济发展迅速。在国内危机的压力和国外改革浪潮的冲击下，老挝开始寻求新的发展道路。在这种形势下，老挝人民革命党于1986年11月在万象召开了第四次全国代表大会。

这次大会从国际国内形势变化的实际出发，对1975年以来党的路线、方针和政策进行了认真的总结和反思。总书记凯山·丰威汉代表中央委员会向大会所做的政治报告，对老挝社会经济、国内基本矛盾及党的工作和任务等提出了新的见解。在总结了过去的经验和教训的同时，凯山·丰威汉在报告中强调老挝正处在社会主义的过渡时期，国内的基本矛盾是"极端落后的生产力和日益增长的社会需求的矛盾"。因此，当前老挝的中心任务是"发展生产力"，"逐步实现自然经济和半自然经济向商品经济的转化"。在这一过程中，"要把农业放在首位"。为适应生产力发展水平，必须对经济体制进行改革，在农村建立以家庭承包为主的联产承包制，在工业上实行企业承包制，在分配领域实行按劳分配。为实现党的中心任务，在政治体制上实行改革，"调整、发展和完善人民民主制度"。在外交上实行对外开放、广交朋友的政策，明确提出希望中老关系正常化，改变过去一度向苏联和越南一边倒的做法。

"四大"的召开是老挝寻求新的发展道路的开始。"四大"以后，老挝沿着既定的方向，逐步实施革新开放政策，使经济和政治改革逐步走向深入和具体化。同时，老挝人民革命党一再强调在国际形势不断变化和国内实行革新开放的形势下，必须坚持党的领导。1988年召开的四届五中全会研究了老挝的经济改革政策和经济管理机制问题，并做出了改革决定。1989年1月召开的四届七中全会讨论了从政治上进行改革以保证经济改革顺利进行的问题，强调老挝在从当前的人民民主制度向社会主义过渡的时期，必须继续从事民主建设，保障人民的民主权利，同时确定人民民主制度的基本任务是发展商品生产，国家对经济的管理也要相应地建立新的机制。同年10月，苏联、东欧局势的剧变也影响到老挝。老挝人民革命党及时召开了四届八中全会，强调在实行革新开放的同时，必须坚持老挝人民革命党的领导，坚持社会主义，加强党内和人民群众的政治思想工作。老挝人民革命党采取的这一系列措施，既逐步深化了经济改革，又保证了国内的稳定。在国内改革稳步进行的同时，老挝外交上的自主倾向明显增强，多边外交取得进展，对外经济关系逐步扩大。在继续保持与苏联和越南的友好关系的同时，1988年老挝恢复了同中国的友好关系。积极改善与泰国的关系，发展与发达资本主义国家特别是日本和法国的密切关系。1988年7月，老挝政府颁布了《外国在老挝投资法》，对外国到老挝投资给予优惠政策。这对吸引外资、发展对外经济关系起到了积极作用。

沿着"四大"确定的方向走上了新的发展道路的老挝出现了新的生机和活力。老挝经济获得了较快的发展，革新思想深入人心。1986~1990年，国内生产总值年平均增长率达8%，人均国民收入增长率达10%。1990年与1986年相比，工业和手工业产值增长了44.6%，服务业产值增长了 40.9%，外汇储备增长了 5 倍，通货膨胀率从 42.5% 下降到 19.6%。国民经济结构也因农业比重的下降、工业比重的上升而有所变化。①

20 世纪 80 年代末至 90 年代初，在老挝根据"四大"确定的发展路线，逐步实施革新开放并取得社会经济重大发展的同时，国际形势发生了剧烈变化，苏联及东欧形势的急剧变化极大地触动了老挝，老挝党内外出现了一些对于老挝该走什么样的道路的不同意见，老挝面临着何去何从的抉择。

为解决这一问题，老挝人民革命党于 1991 年 3 月 27～29 日召开了第五次全国代表大会。"五大"肯定了"四大"确定的路线，对"四大"文件中一些过时或已经不适时的提法做了修改，妥善处理了"四大"以后出现的一些新问题，把"四大"确定的路线进一步理论化和具体化。"五大"第一次完整地提出老挝党和全国人民今后的总方针和总任务，即继续进行全面的革新事业，建设和平、民主、统一和繁荣的老挝。"五大"重申在老挝人民革命党领导下进行政治体制改革，提出了深化政治经济改革，对外开放、发展商品经济的方针，强调要继续进行全面革新，并制定了相应的政策。在政治改革方面，"五大"明确提出政治体制改革是为了完善人民民主制度并革新其活动方式，突出强调老挝人民革命党是国家体制的领导核心。在经济改革方面，"五大"提出了使自然经济和半自然经济向商品经济过渡以及建立市场经济新体制的一些政策、方法和步骤，包括鼓励发展各种经济成分、逐步实行股份制、放开物价、完善经济立法等。

1991 年 8 月 14 日，老挝第二届最高人民议会通过了老挝新宪法，即老挝人民民主共和国的第一部宪法，新宪法确立了新的国家体制，并把老挝人民革命党的基本路线体现在国家根本大法上。"五大"确定的路线和新宪法的通过，是老挝独立走符合本国实际发展道路的实践，标志着"老挝人民革命党在独立自主地寻找老挝的出路、确立本国体

---

① 申旭、马树洪：《当代老挝》，第 174 页。

制、探索本国发展道路方面,已经进入了一个更加自觉、更为成熟的阶段"。[1]

老挝人民革命党"五大"以后,老挝保持了稳定的发展道路,政治、经济、外交等方面的改革顺利展开。在政治上形成了以坎代为首的新领导核心,坚持"有原则的全面改革路线"。在政治改革方面,老挝领导人强调,老挝将坚持老挝人民革命党一党领导的原则,从老挝实际出发,以"建设、巩固和发展人民民主制度为目标",把"革新各级组织机构的职能,增强党的领导作用,加强国家机器效能,增强群众组织作用"作为改革的任务。

在经济方面,经济改革的力度加大,市场经济开始发育。在农业改革方面,鼓励农民以家庭为单位发展经济,强调农村承包制是一项长期不变的政策,并于1993年5月颁布了《土地法》。这一法令标志着老挝农村经济改革在至关重要的土地问题上取得重大进展,对调动农民的生产积极性、对老挝土地的开发和利用产生了积极的推动作用。在工商业方面,企业股份化和私营、私有化的进程加快。老挝人民革命党五届六中全会和老挝第三届国会第一次会议通过并制订的1993~2000年老挝社会经济发展计划明确指出,企业发展的方向是股份化和私营化。在商业流通领域,实行"开放、竞争、自由、合法"的政策,并允许私人从事进出口贸易,以促进国内贸易和对外贸易。在金融方面,继续开放外汇市场,允许美元和泰铢合法流通、自由投资,并允许私人银行和外国银行在老挝开设。

在对外关系方面,1993年2月召开的老挝人民革命党五届六中全会和三届国会第一次会议确定了"在相互尊重独立和主权、平等互利的基础上,与各国首先是各邻国建立良好关系"的方针。1993年老挝同中国、越南、泰国的交往明显增多,同时,老挝同日本、西欧国家和国际组织的关系也有新的发展。

---

[1] 贺圣达、王文良、何平:《战后东南亚历史发展:1945—1994》,云南大学出版社,1995,第439页。

总之，沿着"五大"确立的符合老挝实际的发展道路，实施有原则的全面改革路线，老挝实现了政治上的稳定和经济上的稳步增长。1990~1997年，老挝国内生产总值平均增长6.7%，保持了较高的增长速度，国内政局稳定，人民生活有所改善，社会安定。当然，随着改革的深入，老挝也出现了一些不可避免的矛盾和问题，如对老挝人民革命党领导地位的质疑，老挝经济发展对外援、外资的依赖性，包括基础设施和政策法规因素在内的投资环境较差，贪污腐败问题，公民文化素质有待提高，等等。这些问题的存在不仅会影响老挝社会的稳定，而且将影响老挝经济发展的进程。

在老挝的革新开放顺利展开并取得显著成效之际，老挝人民革命党第六次全国代表大会于1996年3月召开。"六大"总结了老挝实施有原则的全方位开放政策以来的经验和教训，进一步修订和完善了老挝实施全方位对外开放的方针、政策和具体措施。重申继续贯彻执行"五大"确定的有原则的全面革新路线，加强党的领导，继续坚持六项基本原则，强调社会主义是老挝始终坚持不渝的目标，"继续巩固人民民主制度，为逐步进入社会主义创造基本条件"。大会还制定了到2020年摆脱不发达状况的奋斗目标，并明确指出党在新时期的任务，即加强党和人民群众的团结，大力发展经济，经济上坚持革新开放路线，鼓励多种经济成分在市场经济机制下全面发展和开展对外经济合作，重视国防和社会治安工作。

（二）东南亚金融危机冲击下的老挝

1997年，正当老挝社会经济的发展步入良好的运行状态时，东南亚金融危机爆发，基础薄弱的老挝未能幸免于难。老挝货币基普急剧贬值，外商投资下降，出口减少，老泰边境问题增多，腐败现象加剧，走私和毒品产销等犯罪活动愈演愈烈。可见，金融危机的影响不只局限于经济领域，而且危及老挝的政治稳定和社会安定。为克服金融危机造成的种种困难，老挝人民革命党第六届中央委员会在1997~1999年，先后召开了八次全体会议，研究制定应对金融危机的具体措施，讨论国民经济年度发展纲要和计划及优先发展农业和开发边远山区等政策。采取的措施主要包括：扩大出口，把林、矿产品和电力等作为主要的出口商品，争取外资，

老 挝

多方求援，扩大借贷，发展股份制，推行私有制，优先发展农业和手工业，加强金融监管，取缔黑市外汇交易，大幅度实行货币贬值等。这些措施在一定程度上减小了金融危机对老挝造成的负面影响，但未能从根本上遏制老挝经济的下滑。与此同时，老挝人民革命党还举行多次全国性的宣传会议，号召全国人民在凯山·丰威汉的领导下团结起来，克服金融危机和自然灾害造成的困难，反对和抵制国际极右势力对老挝的颠覆活动，为建设繁荣昌盛的老挝而努力奋斗。

尽管政府采取了一些措施应对金融危机的冲击，但收效不大，1997～1998年老挝经济恢复缓慢，通货膨胀率居高不下，商品价格波动幅度大，而政府机构臃肿、行政效率低，党和政府内部贪污腐败现象严重，从而引起人民群众的普遍不满，社会的安定受到威胁。1999年底，万象发生了小规模的民众抗议活动，2000年万象又发生了数起针对政府现行政策的学生游行抗议活动。2000年，老挝国内还发生了1975年以来罕见的频繁的炸弹爆炸及爆炸未遂案。而透过这些表面现象，危及老挝国家安全和社会稳定的种种因素非但没有消除，反而有加强之势，这些因素包括民族分裂主义势力、反政府武装、宗教问题的存在和发展及国外极右势力的渗透等，它们是造成老挝社会形势骤然紧张的根源。

严峻的经济形势和社会形势，再一次引起老挝人民革命党内部对革新思想和路线的讨论。为缓和紧张的政治局势，时任国家高级顾问的老挝前国家主席诺哈·冯沙万，分别于2000年7月和8月与党和政府官员举行了有关政府危机的会议，他警告并要求党和政府内部消除分歧，以免造成国家分裂。诺哈还建议身兼老挝党和政府主席职务的坎代考虑通过改革老挝僵化的政治体制，克服老挝目前的政治和经济困境。与此同时，为弥合内部分歧，维持政局平稳，老挝党和政府多次召开会议，以统一思想和行动。2000年3月22日，坎代在建党45周年庆典上做了题为《继续加大党内团结和国内团结》的报告，旨在消除党内矛盾和分歧，加强党内团结和合作。老挝政府还于2000年公布了关于反贪污、反腐败的命令，旨在严厉查处党内贪污腐败现象，打击党内不正之风。通过努力，老挝党和政府内部的矛盾和斗争有所缓解。在力保政局平稳的同时，老挝党和政府也在为原定于2001年3月召开的人民革命党"七大"做积极而充分的准备。

2000年12月2日是老挝人民民主共和国建国25周年的纪念日，首都万象举行了盛大的游行和阅兵式，国家主席坎代·西潘敦发表了国庆讲话，他说党和政府将在2020年时使老挝摆脱低度发展国家的行列。全国各地亦纷纷举行各种庆祝活动。建国25周年一系列庆祝活动的举行，再一次向世人表明，在老挝人民革命党的领导下，老挝人民有信心和决心将自己的国家建设成一个和平、独立、民主、统一和繁荣的国家。通过努力，老挝政局保持平稳，社会紧张局势有所缓和，从根本上保证了人民革命党"七大"的如期召开。

（三）老挝人民革命党"七大"及"七大"以来的老挝

2001年3月12日，老挝人民革命党第七次全国代表大会如期在万象开幕。正如该党总书记兼国家主席坎代·西潘敦在开幕词中所言，"七大"是在老挝国内安定、经济取得显著发展、人民生活水平不断提高的大好形势下召开的，大会也是在包括老挝人民在内的世界各国人民面对经济全球化带来的机遇与挑战、对世界和平与发展满怀信心的时刻召开的。"七大"肯定了执行革新开放政策15年来，特别是1996年"六大"以来老挝在各方面所取得的成就，同时也指出了存在的问题。再次明确老挝实施革新开放政策和所追求的目标，即"使老挝摆脱不发达的状况，将老挝发展为一个政治稳定，社会安定、有序的国家，一个经济上以相对快的速度保持持续、稳步发展的国家"。"七大"决议向全党和全国人民提出了新任务：加强党内和全国人民的团结一致，发扬爱国主义、独立、自主、自立和自强的精神，充分发挥国内的潜力并与积极争取外国的援助及合作相结合，以保卫和建设祖国并继续有力地推动革新，促进发展；全党全国人民要把发展经济建设作为中心任务。

"七大"产生了两个标志性的成果：其一，选举和改组了新的领导班子，坎代·西潘敦再次当选老挝人民革命党总书记；其二，制订了新的五年计划和为期20年的长期发展战略。老挝人民革命党明确提出2001~

老 挝

2005年老挝经济社会发展的核心是继续坚持社会主义方向不变,确保社会安定、政局稳定,并把经济建设作为工作重心,保持经济的持续增长,把解决人民的温饱问题作为首要任务,加快发展,使国家尽快摆脱不发达状况。而在2001~2020年国家长远发展战略中,老挝人民革命党提出到2020年实现人均国内生产总值翻三番,使国家基本摆脱欠发达状态,使人民的物质和精神生活水平明显改善。

"七大"是老挝人民革命党历史上一次具有划时代意义的会议,是一次承前启后的会议,对21世纪老挝社会经济的发展产生了深远的影响。第一,以坎代·西潘敦为核心的老挝人民革命党新一届领导集体的顺利重组,标志着党内团结得以加强,老挝政治局势实现了平稳过渡,社会形势恢复安定。新一届领导集体的顺利产生,也增强了人民对党的领导的信心,加强了全国人民团结一致、艰苦奋斗、克服困难的决心。第二,"七大"确定的新的五年经济发展计划和长远战略目标,为老挝近期和远期的经济社会发展提供了重要的指导,为老挝全党和全国人民提出明确的努力和奋斗目标。第三,新一届领导集体重申以经济建设为中心的原则,强调经济发展与减贫计划紧密结合,体现了老挝人民革命党对改善人民生存状况的重视,并将人民生活水平的根本提高作为老挝经济社会发展的一个重要的衡量标准。第四,新一届领导集体表现出老挝政治上的军人色彩仍然浓重,领导成员年龄结构偏大,这反映了金融危机之后,老挝人民革命党在实施和推进革新政策时,将保持谨慎的态度和稳健的步伐,力求经济社会的平稳发展。

2002年2月24日,老挝全国进行了第五届国会议员选举。选举产生了由109人组成的新一届国会,4月9日,五届国会一次会议讨论并通过了五届国会选举结果、五届国会组织机构及组成人员、五届国会工作路线方针计划。4月22~23日五届政府首次内阁会议上,政府总理本扬·沃拉吉在施政报告中提出以提高工作效率和信誉为本届政府的宗旨。五届政府还进一步充实和完善了老挝人民革命党"七大"提出的"到2020年社会经济发展战略",通过不同阶段的战略的实施,使老挝在2020年实现人均国内生产总值翻三番,摆脱欠发达国家状态,实现老挝经济的持续、稳固发展，创造向工业化和现代化转变的基本要素，建立与世界各国的广泛合作与联系，并自主参与国际事务。

2001年9月发生的"9·11"事件，引起了老挝党和政府对国家安全和社会稳定的极大关注。老挝特别加强了对国防治安工作的领导，强化基层政权建设，提高对敌对势力和平演变阴谋的警惕，并重点加强了城市治安的管理，及时化解国内民族、宗教矛盾，全力维护社会安定。

"七大"的召开保证了老挝政治的稳定，同时也有力地促进了经济的发展。2001年和2002年国家社会经济计划的实施取得了多方面的成绩，宏观经济得以调整并保持平稳。尤其引人注目的是非国有经济特别是私有经济发展较快，2001年非国有经济已占全国经济总量的44%。在对外开放、争取外资外援方面，老挝政府还借鉴中国的经验，通过建立经济特区和商品免税区等措施来扩大对外开放和增强对外资的吸引力。同时，老挝政府还进一步加快东部出海通道及与相邻各国相连接的道路的建设，以期通过改善基础设施和投资环境，使老挝能够更好地融入地区经济发展的进程并保持同步的发展。

由于老挝过去长期遭受战争破坏，经济基础十分薄弱，后来又受到东南亚金融危机的冲击以及世界经济下滑的影响，老挝经济发展中仍面临不少问题和困难。2002年9月召开的老挝五届国会第二次会议对此进行了分析总结，认为老挝经济领域当前存在的问题主要有：宏观经济管理失衡，不能实现社会经济发展计划预定目标；贸易逆差继续扩大；财政赤字增大；不少企业、工厂的生产未得到相应的发展；依法管理社会经济的力度不够；等等。[1] 造成这些问题的原因是多方面的，部分问题也不可能在短期内得以解决，新的问题还会不断出现，所以，老挝党和政府在致力于革新开放、发展经济的前进道路上可谓"任重而道远"，要实现"七大"提出的2001～2005年五年计划及到2020年的社会经济发展战略目标，仍需要老挝全党和全国人民团结一致，共同努力和奋斗。

---

[1] 云鹤、云松：《老挝2002年回顾与2003年前瞻》，《东南亚纵横》2003年第3期。

老挝

在对外交往方面,"七大"制定了"多交友、少树敌"的外交工作方针,体现了老挝在发展外交关系上的务实精神。近年来老挝的外交工作全面发展。2002年正值《老越友好合作条约》签订25周年和老越建交40周年,老挝党和政府对此高度重视并举行了一系列隆重的庆祝活动。5月,坎代率老挝党政高级代表团访问越南并发表了联合公报,进一步强调巩固老越两国战略盟友关系的重要性。老挝人民革命党"七大"仍把中国视为"战略盟友国家",中国成为老挝仅次于越南优先发展全面合作关系的国家,老挝十分重视借鉴中国经济改革和对外开放的经验。在2001年和2002年,老挝主持了东盟警察会议、东盟卫生部长会议、东盟经济高官会议、东盟农林高官会议等一系列的会议,老挝表现出对东盟事务积极主动的态度。此外,老挝还广泛参加地区和国际性的会议,这在一定程度上提升了老挝在东盟、地区性组织及国际机构中的地位,老挝也同时获得了一定的政治与经济实惠。2002年,美国新任驻老大使到任后,老美关系出现新的转机,双方在多个领域进行了合作,美国还明确表示支持老挝加入世界贸易组织。老挝与日本、澳大利亚等国关系的发展也是老挝务实外交的重要内容。日本和澳大利亚是近年来对老挝援助较多的两个国家。政党外交也构成了老挝外交工作的特点。除了大力发展与越、中两党的政治合作,老挝还注重开展与古巴共产党、朝鲜劳动党间的交流互访,并以各种形式增强与俄共、印共等有关国家共产党和左派进步力量的联系。

在老挝人民革命党号召全国人民团结一致的同时,还加强了统战工作,重视并积极争取海外老挝人对老挝政府的认可和支持。在"七大"召开期间,老挝人民革命党向移居法国和澳大利亚等国的老挝人发出邀请,请其列席会议。2002年,老挝通过驻外使领馆和出访代表团积极开展争取外籍老挝人的工作,宣传老挝社会经济的发展和进步,并把广大的海外老挝人同"反政府组织"区别开来。老挝政府的努力以及1975年以来老挝经济社会的发展尤其是革新开放以来的巨大变化增强了海外老挝人的信心,而"七大"以来,老挝政治局面的稳定、社会局势的安定更为海外老挝人回国参加祖国的经济建设提供了根本的保障。

在老挝向社会主义方向前进的道路上，东欧剧变、东南亚金融危机等都对老挝的政治、经济造成了较大的冲击，但是，老挝人民革命党顶住压力，坚定革新开放的决心，带领老挝人民，克服重重困难，不断取得社会经济的发展和进步。

第六节 著名历史人物

法昂（1353~1371年在位） 老挝历史上第一个统一的封建中央集权国家——澜沧王国的创建者。法昂原是老挝北部地区佬族人国王坤披法之子，年幼时随同其父一起流亡吉蔑，被吉蔑国王收留。法昂16岁时，娶吉蔑国王之女娘巧肯雅公主为妻。法昂在岳父的帮助下组建了一支军队，并于1349年率军北征开始重返老挝，先后攻克和征服了川圹、川铜（今琅勃拉邦）。1353年，法昂在川铜登上王位，澜沧王国由此开始。法昂建立澜沧王国后继续扩张领土，于1356年占领了万象、万坎，最终确定了澜沧王国的疆域，法昂统治范围包括现今老挝领土的大部分。法昂依靠强大的军队，统一了老挝各地，建立了澜沧王国，随后便对其亲信、宗室和功臣进行分封，用分封制统辖全国，这一制度为其后代所沿用。法昂引入小乘佛教并将其定为国教。这些措施对处于草创期的澜沧王国的稳定和经济发展都起到了积极的作用，也为澜沧王国的发展奠定了基础。法昂后期因不理政务于1371年被其幕僚废黜流放，1373年死去。

桑森泰（1374~1417年在位） 即法昂长子陶温孟，1374年登基为王。陶温孟统治初期老挝共有30万佬族人，因此陶温孟又被称为"桑森泰"，意即30万佬人。桑森泰时期是澜沧王国的繁荣和发展时期。桑森泰即位后对国家行政和军队进行重新整治，在对全国人口普查基础上，将全国人口分编为战斗编制，从而建立了强大的军队，但他并不滥用武力，在位期间仅派兵征服了企图脱离王国统治的景线。桑森泰继承法昂的等级观念，将国民分为三个等级（贵族、平民和奴仆），并巩固和发展了分封制。桑森泰时期，小乘佛教进一步传播，修建了包括帕巧寺在内的诸多佛寺，授予僧侣职务和爵位，并加以重用。小乘佛教对澜沧王国统治的影响开始显露。桑森泰死后，其长子兰坎登继承王位。

塞塔提腊（1550～1572年在位） 塞塔提腊是老国王波提萨拉腊与清迈公主的儿子。1550年，波提萨拉腊王在向国内外使臣表演驯象时摔伤致死，王位空缺，时任清迈国王的塞塔提腊受命于情急之时，回国继承王位。1560年，鉴于清迈被缅甸人攻占和缅甸人势力的强大，塞塔提腊将首都从琅勃拉邦迁到万象，琅勃拉邦佛留在旧都，而将著名的碧玉佛和赛坎佛带到万象，并在新都兴建了包括塔銮在内的大批佛寺和佛教建筑。塞塔提腊当政时期，缅甸人曾两次入侵，但都被击溃。在塞塔提腊的统治下，澜沧王国经历了一个短暂的繁荣期。1572年塞塔提腊神秘死去。

苏里亚旺萨（1633～1690年在位） 苏里亚旺萨是澜沧王国历史上又一位颇有作为的国王。苏里亚旺萨是前任国王的幼子。1633年，苏里亚旺萨即位，随即采取措施，解决国内纷争，巩固王位。鼓励佛教的传播，使其发展达到了极限，老挝历史上许多文学名著，如《普松兰》等均出自这一时期。制定了一系列法律法令，并加以严格执行。在苏里亚旺萨的统治下，澜沧王国重新获得了和平与繁荣。国家的繁荣和丰富的自然资源吸引了西方人的目光，1641年，荷兰使团前来考察发展贸易的可能性，苏里亚旺萨接见了荷兰使团。1690年，苏里亚旺萨去世，澜沧王国陷入分裂。

赛·翁·顺化（1698年～?） 苏里亚旺萨的侄子，从小在越南生活和成长。1698年借助越南人的帮助攻下万象，宣布万象独立，并自封为万象国王，号称塞塔提腊二世。澜沧王国从此分裂，万象王国由此开始。赛·翁·顺化成为万象国王后，任命其兄弟陶龙统治琅勃拉邦。景基萨腊等率军攻下琅勃拉邦，危及万象。塞塔提腊二世求救于大城国王，1707年，在大城国王的调停下，澜沧王国正式分裂为两个国家，即万象王国和琅勃拉邦王国。赛·翁·顺化（即塞塔提腊二世）的去世时间不明。

阿努（1804～1829年在位） 万象王国国王西里本亚桑之子，1795年被封为万象王国副王，1804年即位为万象国王。阿努在位期间，始终致力于摆脱暹罗统治的斗争。他即位后，立即准备摆脱暹罗的斗争，他在万象大兴土木，修建了两座横跨湄公河的大桥；与越南保持友好关系；命其子训练军队、挖掘战争工事。1824年,阿努王趁英国逼近暹罗之机,加速反抗战争的准备。1826年,阿努王兵分三路进攻曼谷,开始了反抗暹罗统治的战争。1827年,副王提萨叛变,阿努军队节节败退,阿努逃亡越南义安,万象反遭暹罗军队攻破。后阿努在逃亡中国途中落入川圹孟盆王之手,遭囚禁而死。

佩差拉亲王(? ~1959年) 前老挝副国王汶孔亲王之子,苏发努冯亲王的大哥,琅勃拉邦王国副王兼首相。佩差拉亲王是一个致力于老挝统一独立的领袖人物,被誉为"老挝独立之父"。1945年9月7日,当时的老挝国王西萨旺·冯表示愿意继续接受法国的统治。1945年9月15日,佩差拉亲王不顾国王反对,以琅勃拉邦王国副王和首相的名义,在万象宣布老挝统一和独立,并于次月宣布了临时宪法以及组成以坎冒为首相的老挝王国新政府。1945年10月11日被国王西萨旺·冯削去副王爵位和解除政府职务。1959年去世。

西萨旺·瓦达纳(1907年~?) 1907年11月13日生于琅勃拉邦,为前国王西萨旺·冯的长子。1916~1920年在越南河内读书。1925年毕业于法国巴黎大学政治学院,获法学学士学位。1932~1941年任宫廷秘书长。1946年任首相,曾同法国签订老挝"自治"的临时协定。1951年率代表团出席旧金山的对日和会。因父多病,长期代理朝政。1959年11月继承王位,但一直未举行加冕典礼。1975年12月老挝人民民主共和国成立时退位,改任老挝人民民主共和国主席最高顾问。1977年3月因"私通外国"罪被软禁。

苏发努冯(1909~1995年) 老挝人民民主共和国前主席,老挝人民革命党中央政治局委员。1909年7月13日生于琅勃拉邦,前老挝副国王汶孔亲王之子,前首相富马亲王的同父异母弟。早年在河内受中等教育,后在法国巴黎道路与桥梁工程学院学习,获土木建筑工程师文凭。1937年在法国一家造船厂工作。1939年回国后在越南任工程师。1945年5月和老挝一些青年学生成立"老挝人的老挝"抗日组织,为该组织领导人之一;同年8月日本投降后,同其大哥佩差拉亲王组织寮国自由民族统一战线,简称"伊沙拉",进行抗法活动;10月出任以佩差拉亲王为首相的抗战政府国防和外交大臣,并兼寮国自由民族统一战线武装部队总司令。1950年7月,寮国自由民族统一战线在桑怒召开第一次全国代表大会,苏发努冯被选为主席,并任重建的抗战政府总理。1956年1月,寮国自由民族统一战线改组为老挝爱国战线,苏发努冯当选为中央委员会主席。1957年11月担任第一次联合政府计划、建筑和城市规划大臣。1959年7月在万象被捕入狱。1960年越狱成功,回到桑怒寮方控制区。1962年6月任第二次联合政府副首相兼经济计划部大臣。1964年联合政府分裂,离开万象回到解放区。1972年2月起连选连任老挝人民革命党中央政治局委员。1974年4月任第三次联合政府民族政治联合委员会主席。1975年12月老挝人民民主共和国成立,任国家主席、最高人民议会主席。1979年老挝爱国战线改名为建国阵线,仍当选主席。1986年11月由于健康原因辞去最高人民议会主席一职。苏发努冯亲王于1995年1月9日去世,享年86岁。曾多次访问中国。

贵宁·奔舍那(1911~1963年) 前老挝王国政府外交大臣、老挝和平中立党主席。1911年11月18日生于下寮百细市,华裔,华名刘继念。1950年任桑怒省省长。1951年当选为国民议会议员,后被推选为副议长。1955年再度当选为国民议会议员。原属老挝国家党,1956年参加"救国联盟",任秘书长。1957年与彭·苏万努冯组织老挝拥护和平中立政策委员会,1958年任该委员会主席。1960年8月贡勒发动军事政变后,任富马内阁宣传和巩固职员地位部大臣。同年11月,任争取和平中立、民族和睦和统一国家委员会副主席。1962年6月在第二次联合政府中担任外交大臣;8月任老挝监察执行《日内瓦协议》中央委员会主席;11月任老挝和平中立党主席。1963年4月1日遭右派分子暗杀身亡。曾多次访问中国。

凯山·丰威汉(1920~1992年) 老挝人民民主共和国前部长会议主席、老挝人民革命党中央总书记。1920年12月13日生于沙湾拿吉省,其父是越南人。从小在越南读书,曾在河内大学法学院学习。1942年参加反对法国殖民当局和日本占领军的学生运动。1946年加入印度支那共产党,为旅越老侨反法运动领导人之一。1947年为老挝东北地区抵抗运动领导人。1949年在桑怒省组织一支名为"伊沙拉"的人民武装力量。1950年在以苏发努冯为首的抗战政府中任国防部部长。1953年任寮国战斗部队总司令。1955年3月老挝人民党成立（后改名老挝人民革命党），当选为总书记，兼老挝人民解放军总司令。1958年当选为国民议会议员。1959年10月当选为老挝爱国战线中央委员会副主席。1972年、1982年和1986年当选为老挝人民革命党"二大"、"三大"和"四大"总书记。1975年12月老挝人民民主共和国成立，出任政府总理。1982年8月，内阁改名为部长会议，任主席。1989年10月，凯山·丰威汉率老挝党政代表团对中国进行国事访问，促进了中老关系的发展。1991年3月，当选为老挝人民革命党中央委员会主席。1992年11月21日，因病逝世。为纪念这位老挝党和国家创始人，老挝建立凯山·丰威汉纪念馆。

第三章

政　治

第一节　国体与政体

一　国体

1947年以前，老挝为封建君主制国家。1947年老挝王国政府召开制宪会议，同年5月国王西萨旺·冯颁布宪法，确定老挝为君主立宪制国家。该宪法规定，国王为国家元首、国家军队的最高统帅和佛教领袖；决定成立国民议会，由首相和内阁组成责任政府，对国民议会负责；国会议员每4年以普选方式产生，国王有权解散国会；老挝是法兰西联邦中的一员。王国政府由首相、副首相、各部大臣和国务秘书组成，首相由国王任命，各部大臣与国务秘书由首相指定，但必须获议会三分之二的票数通过。1947年11月老挝举行了首次普选，梭发那腊亲王被选为第一届内阁首相。

1975年老挝的国体和政体发生了根本性的变化。1975年12月，老挝全国人民代表大会通过决议，宣布废除君主立宪制度，建立人民民主共和制，建立了老挝人民民主共和国。老挝人民民主共和国的一切权力属于人民，国家为以工人、农民和知识分子为主体的社会各族人民、各阶层人民服务。国会是老挝人民民主共和国的政权组织形式，也是老挝国家的立法机构。

老挝

二 宪法

迄今为止,老挝共出台过四部宪法,即1945年临时宪法、1947年宪法、1956年宪法和1991年宪法。1991年宪法分别于2003年和2015年进行过两次修订。1956年国民议会修改后的新宪法规定:老挝不再是法兰西联邦成员,法文也不再是老挝的正式语言和文字;妇女有选举权;国民议会议员的任期由4年改为5年;王位由国王的太子或男性后裔继承。

1975年12月,老挝全国人民代表大会通过决议,宣布废除君主立宪制度,建立人民民主共和制。国王西萨旺·瓦达纳宣布退位,王国宪法被废除。1976年1月4日,最高人民议会决定起草新宪法,在几经讨论和修改之后,最终在1991年8月14日老挝最高人民议会第二届第六次会议上通过了1975年老挝人民民主共和国建立以来的第一部宪法,确立了新的国家体制,并把老挝人民革命党的基本路线体现在国家根本大法上,阐明了政治制度的权力和责任以及社会经济体系,并在历史上第一次规定了老挝公民的基本权利和义务。1991年宪法共10章80条。

这部宪法规定,"老挝人民民主共和国是人民民主国家,全部权力属于人民","各族人民当家做主权由以老挝人民革命党为领导核心的政治体制的活动加以执行和保障"。宪法赋予国家主席任命、罢免政府总理、高级军官等大权。在经济和社会发展方面,宪法明确规定保护和发展各种所有制,多种经济成分并存,发展生产,扩大流通,将自然经济转变为商品经济,加强国家的经济基础,不断提高人民的精神生活和物质生活水平,各种经济成分在法律面前一律平等。在外交方面,老挝奉行和平、独立和友好合作的外交政策。这部宪法还对公民的基本权利和义务、国会及其职权、国家主席的产生和职权、国务院的组成及职权、地方政府、司法机关和语言、文字、国徽、国歌、首都等做了具体规定。

第一次修宪 2003年5月6日老挝国家主席坎代签发颁布实施首次修订后的宪法的主席令。新修订的老挝宪法共11章98条,修订的内容主要有:新增一章,专门阐述国家国防安全,强调国防安全对老挝的重要意义;对社会经济制度、国会等章节的内容做了更加详细的阐述,突出体现了老挝实行革新开放政策以来政治、经济和社会各方面的发展和变化,以及对开放政策的肯定;明确了国家发扬和保护传统文化、发展科研事业、保护知识产权的权力和责任。

第二次修宪 2015年10月,老挝国会七届十次会议通过了宪法修订案,2015年12月,国家主席朱马里·赛雅颂签发主席令予以颁布实施。新修订的宪法较2003年宪法,更切合快速发展和变化中的老挝国情,新修订的宪法增加了3章21条新条款,内容涉及恢复设置省级议会制度、国家审计署职能和国家选举委员会职能3个部分。新宪法明确限定了国会主席、国家主席、政府总理等国家领导人的任职年限,赋予省级议会更大的权力,强调省级议会对政府职能的监督和保证社会经济良性发展。[1]

三 国家元首

根据新宪法,国家主席是老挝人民民主共和国的国家元首,是老挝国内各族人民的代表。国家主席由国会选举产生,必须获得国会与会人数三分之二选票才能当选,每届任期5年。其主要职权是:根据国会的决定,公布实施宪法和法律;根据国会常务委员会的提议,颁布命令和条例;在国会批准或决定不信任案之后,任命或罢免国务院总理和国务院成员;根据国务院总理的提议,任命、调动和罢免省长和市长;担任人民武装力量的总司令;必要时担任政府首脑;决定大赦;决定全国总动员或局部动员;决定全国或局部地区处于紧急状态;宣布批准和废除同外国缔结的条约和协定;派遣和召回老挝驻外国的全权代表,接受外国驻老挝的全权代表。另外,老挝还设有国家副主席,协助主席工作,并可在国家主席不能履行职权时代理其职务。国家副主席由国会选举产生,获得国会与会人数半数以上选票者才能当选。

1975年老挝人民民主共和国成立以来,老挝共选举产生了8位国家

---

[1] 方芸:《2015年老挝形势及对大湄公河次区域合作的参与》,《大湄公河次区域合作发展报告(2016)》,社会科学文献出版社,2016,第194~195页。

主席。1975年12月2日，老挝人民民主共和国成立之初，经全国人民代表大会决定，任命苏发努冯为国家主席。因苏发努冯身体状况欠佳，从1986年10月起，由富米·冯维希担任国家代主席。1991年8月15日，根据诺哈·冯沙万的提议，老挝最高人民议会第二届第六次会议一致选举凯山·丰威汉为新的国家主席，并接受和批准了自1975年以来担任国家主席的苏发努冯和代主席富米·冯维希的辞职报告。1992年11月21日，凯山·丰威汉病逝，诺哈·冯沙万于同月当选老挝国家主席。坎代·西潘敦于1998年2月接替诺哈当选老挝国家主席，并于2002年4月再次当选国家主席。2006年3月，朱马里·赛雅颂在老党"八大"上当选党中央总书记，6月在第六届国会一次会议上被选举为老挝国家主席，2011年3月在老党"九大"和6月第七届国会一次会议上分别再次当选党中央总书记和国家主席。2016年1月，本扬·沃拉吉在"十大"和4月举行的八届国会一次会议上当选总书记和国家主席。

第二节 国家机构

一 全国人民代表大会

全国人民代表大会是国家的最高权力机关，负责制定国家的纲领路线、内外方针，选举国家领导人。全国人民代表大会为非常设性机构，会期不定。闭会期间，由国会行使其权力。

老挝共召开过两次全国人民代表大会。第一次于1950年8月13～15日在桑怒省（现华潘省）解放区召开，当时老挝的抗法斗争浪潮席卷全国，各地纷纷建立了游击队，革命武装力量不断壮大，但还没有形成全国性的统一抗法组织，大会就是在这样的背景下召开的。来自全国各地的150多名代表出席了大会，大会制定了老挝革命12大政策，即12点政治纲领，主要包括建设武装力量、政治力量、革命政权和革命根据地等。大会选出了以苏发努冯为首相（兼任外交部部长）的寮国抗战政府，并组建了以苏发努冯为主席的老挝伊沙拉阵线中央委员会。从此，全国的抗战运动有了统一的领导和指挥。

第二次全国人民代表大会于1975年12月1~2日在万象召开。大会通过了凯山·丰威汉在政治报告中提出的"老挝前进的路线",主要内容包括:废除君主制度及封建残余,建立人民民主共和国;建立健全各级政权机构,大力发展经济和文化事业,提高人民生活水平;对外奉行独立、和平、友好和不结盟的外交政策,把老挝建设成一个和平、独立、民主、统一、繁荣和社会进步的国家。这次大会接受了国王西萨旺·瓦达纳提交的自愿退位书及临时民族联合政府和民族政治联合委员会的自行解散书,决定老挝各中央政权机构由国家主席、最高人民议会(现称国会)和老挝人民民主共和国政府组成。并通过决议,任命苏发努冯为国家主席和最高人民议会主席,凯山·丰威汉为政府总理,诺哈·冯沙万和富米·冯维希为副总理,西萨旺·瓦达纳为国家主席最高顾问,梭发那·富马为政府顾问。大会通过了确定老挝国旗、国歌、官方语言和文字的决议。

二 国务院

根据1991年宪法,国务院是老挝国家最高行政管理机关,统一管理国家政治、经济、社会、文化、国防、治安和外交等各方面工作。国务院由总理、副总理、各部部长和其他部级委员会的主任组成。国务院总理由国家主席任命,并报经国会批准。

1975年12月,老挝人民民主共和国成立,全国人民代表大会任命了以凯山·丰威汉为总理的政府。1982年7月,老挝最高人民议会常务委员会决定,将政府改称部长会议,由凯山·丰威汉任部长会议主席。1991年8月14日,老挝最高人民议会二届六次会议决定将部长会议改称国务院。1991年8月15日,根据国家主席凯山·丰威汉的提议,老挝最高人民议会二届六次会议任命原部长会议副主席兼国防部部长坎代·西潘敦为政府总理,奔·西巴色和坎培·乔布瓦拉帕为副总理。老挝最新一届政府于2016年4月经八届国会选举产生,通伦·西苏里担任政府总理。

国务院总理是政府首脑,负责主持和指导国务院工作,代表政府指导国务院各部、各委员会和其他部门以及各省、市的工作,任命国务院各部副部长、各部级委员会副主任、各省副省长和副市长及县长。副总理是总理的助手，总理可以在必要时授权某位副总理在某个方面代表总理工作。总理的主要职权是：贯彻执行宪法、法律和国会的决定，执行国家主席发布和颁布的命令和条例；向国会提交法律草案，向国家主席提交命令和条例草案；编制国家社会经济战略发展计划和年度预算计划，并提请国会审查批准；发布有关管理国家社会经济、科学技术、国防、治安和外交等各方面工作的命令和规定；组织、指导和检查国务院各部门和地方政府的工作；组织和检查国防、治安工作；同外国缔结条约和协定，并指导已缔结条约和协定的执行；中止和取消国务院下属各部和其他部级机关及各省市制定的与国家法律相抵触的决定和命令；等等。

当国会常务委员会或国会四分之一以上议员对国务院或国务院的某一成员提出不信任的议案时，国会将对国务院或国务院的某个成员做出不信任的决定。而在国会对国务院做出不信任的决定之后24小时内，国家主席有权建议国会重新审议其决定。国会两次审议的时间应相隔48小时。如果国会第二次审议时国务院仍不能得到国会信任，国务院或某一成员必须辞职。

新一届政府于2016年4月组成，下设21个部门（18个部和3个直属机构）。通伦·西苏里担任总理。总理府更名为政府办公厅，设6名政府办公厅部长（1名兼任办公厅主任）。撤销国家邮电署、科技署、水资源与环境管理署和公务员管理署。新成立邮电通信部、科技部、自然资源与环境部和民政事务部。原教育部和国家体育总局合并为教育体育部，原新闻文化部和国家旅游局合并为新闻文化与旅游部。

老挝历任政府总理或部长会议主席有：

凯山·丰威汉（Kaysone Phomvihane，1975.12～1982.9）、凯山·丰威汉（Kaysone Phomvihane，1982.9～1991.8）、坎代·西潘敦（Khamtay Siphandone，1991.8～1998.2）、西沙瓦·乔本潘（Sisavat Keobounphanh，1998.2～2001.3）、本南·沃拉芝（Boungnang Vorachit，2001.3～2006.6）、波松·布帕万（Bouasone Bouphavanh，2006.6～2010.5）、通邢·坦马冯（Thongsing

Thammavong，2010.12~2016.4)、通伦·西苏里（Thongloun Sisoulith，2016.4至今）。

三 地方政府

老挝人民民主共和国地方政府设置有三级，即省（包括直辖市）、县（包括县级市）和村级地方政府。各级地方政府的行政长官是：省设省长、副省长，市设市长、副市长，县设县长、副县长，村设村长，人口多的村也可设副村长。

省长、市长、县长的职权包括：保证宪法和法律在本地区的执行，执行上级的命令和决定；指导和检查所属各部门和下级的工作；终止和取消所属各部门和下级制定的与法律相抵触的决定；依法处理所属地区人民的申诉和建议。村长的职权是负责在本村组织执行国家和上级的各项法律、法规、决定和命令，维护治安和社会秩序。

第三节 立法与司法

老挝的立法机构是国会，司法机构包括人民法院和人民检察院。

一 国会

老挝国会原称最高人民议会，1991年8月14日，老挝最高人民议会第二届第六次会议决定，将最高人民议会改称为国会。国会既是老挝国家最高权力机构也是立法机构。

根据1991年宪法，国会作为国家的立法机构，有权决定国家各项基本问题，监督国家行政机关和司法机关的活动。在全国人民代表大会休会期间，国会还代行其职权。国会每届任期5年，国会议员由老挝公民根据法律规定的程序选举产生。国会选举产生自己的常务委员会，其主席、副主席由国会主席、副主席兼任。国会常务委员会主要负责筹备国会召开事宜、保障国会预定工作计划的实施、在国会闭会期间负责监督国务院和司法部门的工作、召开国会等。国会每年由常务委员会召集举行两次例会，常务委员会也可根据需要召开国会特别会议。

国会的主要职权是：制定、批准和修改宪法；审查批准、修改和废除法律；规定、改变和修改宪法；审查批准国家战略性社会经济发展计划和财政预算；根据国会常务委员会的提议，选举和罢免国家主席、副主席；根据国家主席的提议，审查批准国务院的组成和解散国务院；根据国会常务委员会的提议，选举和罢免最高人民法院院长和最高人民检察院总检察长；根据国务院总理的提议，决定设立或撤销部或相当于部的国家机构、省和市，决定省和市的管辖地区范围；决定特赦；根据国际法及程序，决定同外国缔结的条约和协定的批准或废除；决定战争与和平的问题；维护宪法和法律的尊严。

国会设立若干专门委员会，负责审议、拟定宪法和法律草案，协助国会和国会常务委员会监督和检查国务院和司法部门的工作。目前老挝国会设立了法律委员会、民族事务委员会、社会文化事务委员会、经济计划财政委员会、国防安全委员会、外事委员会和妇女议员组。为了更好地履行国会议员职责，老挝国会还开通了议员热线，广泛听取社会各界对国家政治建设、经济和社会发展的意见和建议。

2016年3月，老挝举行了八届国会和第一届省市级议会选举，149人当选八届国会议员，其中女性41人；360人当选省市级议会议员。① 同年4月，八届国会一次会议召开，选举产生了新一届国会领导和国家领导人，巴尼·亚陶杜（女）担任国会主席。

二 人民法院

老挝各级人民法院是国家的审判机关，包括最高人民法院、省人民法院、市人民法院、县人民法院和军事法院。最高人民法院是老挝国家的最高审判机关，负责监督和检查地方人民法院和军事法院的判决。根据国会常务委员会的提议，最高人民法院院长由国会选举和罢免，副院长和各级

---

① President Announces March 20 Election Candidates' Numbers, http://kpl.gov.la/En/Detail.aspx? id = 10332.

法官由国会常务委员会任命和罢免。

法官在判决时，必须独立行使判决权，必须遵照法律行事。人民法院在开庭审理案件时，除法律规定的特殊情况外，必须公开进行，被告人有权就被起诉的问题进行辩护，律师有权在法律方面给予被告帮助。社会团体的代表有权依法出席法庭观察审理。对于人民法院做出的已经取得法律效力的判决，党的组织、国家机关、社会团体和个人必须予以尊重，有关团体和个人必须遵照执行。

三　人民检察院

人民检察院是老挝的诉讼机关。老挝设有人民总检察院、省人民检察院、市人民检察院，县人民检察院和军事检察院。

人民检察院的职权是正确、统一监督中央各部门、各社会团体、地方政府、企事业单位和人民群众执行法律的情况以及行使诉讼权。人民总检察院设有人民总检察长和副总检察长，根据国会常务委员会的提议，人民总检察长由国会选举和罢免，副总检察长由国会常务委员会任命和罢免。

省、市人民检察长和副检察长，县人民检察长和副检察长及军事检察长由人民总检察长任命和罢免。在执行检察任务时，人民检察机关必须遵照法律行事，必须执行总检察长的命令。

第四节　政党与团体

老挝是一个多民族、多宗教和多种政治派别并存的国家，20世纪中期以前老挝存在多个宗教组织，中期以后先后出现了多个政党和组织。

随着老挝民族独立和民主运动的发展以及外来势力的干涉，这些组织或不断发展壮大，或联合合并，或分化解体，逐步形成了左、中、右三种政治势力。其中，以人民党（后改称人民革命党）为核心组成的爱国战线为左翼势力，其同盟和支持者有伊沙拉阵线、联合党、爱国工人联合会、民众救国同盟等；中翼（中立）势力有中立党、和平中立党、爱国

老 挝

中立力量联盟、青年路线运动、佛教协会等；右翼势力有民主主义自由党、国家党、独立党、人民联合党等。在老挝反殖、反帝、争取民族解放的斗争中，老挝左翼势力和大部分中立组织逐步在爱国战线的旗帜下形成了统一战线——巴特寮爱国力量，并建立了爱国力量控制区。右翼势力大多以万象政府军政要员为核心，并得到美国政府的支持，逐步成为亲美势力，同爱国力量相对抗。

老挝人民民主共和国成立后，老挝人民革命党成为执政党，右翼党派和团体被宣布为非法组织，有的被取缔和查封，有的转入地下和国外活动。爱国战线仅作为群众团体继续活动，其他党派大多解体。

20世纪70年代末，为反对越南对老挝的控制及政府的现行政策，在老挝又先后出现了各种新的反越反政府的政治组织。其中，老挝人民革命党中的一部分人组成了以拉蒙等为首的老挝独立组织和共产主义组织、以拉达纳和西木达等为首的老挝社会主义党。这些组织被称为老挝左派抗越反政府组织。以贡勒为首的老挝中立救国组织、以本勒·赛戈西为首的老挝统一阵线、以派·维拉潘为首的老挝北方人民联合阵线等，被称为老挝中翼（中立）抗越反政府组织。以富米·诺萨万为首的老挝人民民族解放联合阵线、以王宝为首的老挝民族救国阵线、以巴格·西玛蓬为首的老挝之血阵线和以阿努拉为首的寮国解放阵线等，被称为老挝右派抗越反政府组织。这些组织大多有国外势力的支持和援助，有的在国内秘密活动，有的在国外活动。

20世纪80年代中期以后，由于国际和印度支那形势的发展和变化，世界许多国家均先后宣布不再支持老挝反政府组织，并禁止反政府组织在其国内进行政治活动，大部分反政府组织内部发生矛盾或分裂，已失去了赖以生存和发展的基地和条件，其政治活动已难以继续，组织机构正在逐步削弱和消亡。

一 老挝人民革命党

老挝人民革命党是老挝的执政党，其前身是印度支那共产党的一部分。1930年2月3日，阮爱国（胡志明）以共产国际代表的身份在香港召开会议，将在越南出现的3个共产主义组织合并为"越南共产党"。同年10月，越南共产党在西贡召开第一次会议，决定将"越南共产党"改名为"印度支那共产党"。该党党章规定，党的组织包括越南的南圻、中圻、北圻、高棉（柬埔寨）和寮国（老挝）5个区委员会。之后，在老挝的印度支那共产党基层党小组领导了一系列的罢工等斗争活动，到1934年年中，老挝已有印度支那共产党党员32人。

1935年3月，老挝代表参加了在澳门举行的印度支那共产党第一次代表大会。1936年，印度支那共产党老挝地区支部建立并开始单独活动。1940年日本侵占老挝以后，老挝的革命运动一度受挫。到1943年，他曲、万象、沙湾拿吉等地的党支部相继恢复活动。1945年8月，日本战败投降，越南的"八月革命"成功，老挝区党支部便利用这一时机发动夺权起义，并在10月独立运动中发挥了积极作用。1945年10月12日，老挝独立大会在万象广场隆重举行。在这一盛会上老挝宣布独立，老挝临时政府成立并颁布临时宪法。1946年5月，法国殖民者重返老挝，临时政府解体。

1946年法国重返老挝以后，老挝区党支部提出了"全民、全面、长期抗战"的路线，宣传、教育和动员群众加入革命组织，发展革命武装力量，培训干部，开展游击战，建立革命根据地。随后，老挝出现了一系列由老挝区党支部领导的抗法组织和武装力量，其中包括诺哈·冯沙万任主席的老挝东部抗战委员会，辛加坡指挥的武装力量，苏发努冯指挥的"猜也查卡帕军"和"三千泰军"，富米·冯维希任主席的老挝西北区抗战委员会，凯山·丰威汉指挥的"拉萨翁军"等。这些武装力量后来联合组成了"老挝伊沙拉部队"，由老挝抗法统一战线即"老挝伊沙拉（意为自由）阵线"直接指挥。

1951年2月11~19日，印度支那共产党在越南登光召开第二次代表大会，由凯山·丰威汉率领的老挝区党支部代表团出席了会议。会议决定由越南、老挝、柬埔寨三国分别建党。经过一个阶段的筹备，原印度支那共产党老挝籍党员代表于1955年3月22日在桑怒召开大会，成立了老挝人民党，通过了凯山·丰威汉提出的建党报告和《老挝人民党章程》，选

老 挝

举凯山·丰威汉为总书记。当时，老挝人民党有党员近400人。

1956年1月6日，老挝人民党将"老挝伊沙拉阵线"改组并扩大为"老挝爱国战线"。老挝爱国战线制定的行动纲领是联合全国人民为反对殖民主义者、争取民族独立和解放而斗争。由于老挝人民党此时尚未公开，老挝爱国战线建立后，便以爱国战线的名义领导老挝人民进行抗美救国斗争。至此，老挝人民的抗美救国斗争就有了一定的组织形式，即包括三大子系统的抗美救国组织。这三个子系统分别是：人民党中央执行委员会，由凯山·丰威汉任总书记；寮国战斗部队即后来的巴特寮部队，由汶·蓬马哈赛任军委书记；人民党领导下的老挝爱国战线，由苏发努冯任中央委员会主席。

从1956年起，老挝人民党发展迅速，到1957年底，老挝人民党已拥有4500名党员，党组织已发展到12个省的58个县，武装力量中的党员比例已达到11%。在王国政府的控制区内，老挝人民党也积极发动和领导群众开展斗争，广泛吸收工人、农民、学生、公务员、商人、僧侣乃至王国国民议会的议员参加反美统一战线。

1954年日内瓦会议以后，老挝爱国战线与王国政府方面举行了多次会谈。1957年11月19日，第一次联合政府组成，老挝爱国战线方面的苏发努冯和富米·冯维希出任内阁成员，老挝爱国战线从此以合法政党的身份进行公开活动。

1958年，第一次联合政府宣告破裂。1960年8月9日，王国政府军第二伞兵营营长贡勒大尉发动军事政变，目的是保卫祖国、宗教、国王、宪法，反对美帝国主义的干涉，停止内战，实行真正的和平中立政策。老挝爱国战线立即发表声明表示支持，并提议迅速建立民族联合政府来实现上述主张。

1961年5月16日，关于解决老挝问题的扩大会议——日内瓦会议召开。6月19日，老挝三方的最高代表富马、苏发努冯和文翁在苏黎世举行会谈。1962年6月11日三方达成关于组成临时民族联合政府的协议，12日，三位亲王在协议上签字，第二次联合政府成立。联合政府成立后不久，美国就秘密开始对胡志明小道至老挝北部解放区进行轰炸，并一方面加紧运送军事物资给富米·诺萨万集团，另一方面策划暗杀中立派成员，第二次联合政府名存实亡，老挝内战再次爆发。

进入20世纪70年代，老挝的抗美救国斗争不断取得新的胜利，1972年2月3~6日，老挝人民党召开第二次全国代表大会。大会通过了总书记凯山·丰威汉提出的政治纲领，修改党章，选举了新的中央委员会。大会决定将老挝人民党更名为"老挝人民革命党"。

1975年5月，在老挝人民革命党的号召下，老挝全国各地纷纷掀起了夺权运动。同年8月23日，夺权运动胜利结束，老挝人民赢得了抗美救国战争的最后胜利。12月2日，老挝人民民主共和国建立，老挝人民革命党成为老挝执政党。

在老挝人民民主共和国成立、老挝人民革命党成为老挝国家的领导核心后，老挝人民革命党全国代表大会定期召开，成为老挝社会主义事业建设和发展进程中的阶段性标志。1982年4月27~30日，老挝人民革命党在万象召开第三次全国代表大会，与会代表228人，另有国内来宾105人，国际代表团17个。其时，老挝人民革命党已有党员3.5万人。大会总结了过去的成绩，制定了党的总路线、总方针和总任务。然而从后来的具体实践来看，"三大"制定的路线和目标严重脱离了老挝实际，未起到指导和促进老挝社会主义事业建设和发展的实际作用。"三大"还修改了党章，选举了新的中央委员会，中央委员会选出了由7人组成的政治局和由9人组成的书记处，凯山·丰威汉再次当选总书记。

1986年11月13~18日，老挝人民革命党召开第四次全国代表大会，与会正式代表303人，代表全国4.5万名党员。"四大"总结了建国10年来的经验，重新认识老挝的现状，检讨了党的领导工作，决定进行经济体制和政治体制改革以及调整外交政策。因此，"四大"是老挝人民革命党历史上和老挝社会经济发展的一次重大转折。"四大"修改了党章，选举了中央委员会，其中委员51人，候补委员9人。新的中央委员会选出新的政治局（委员11人，候补委员2人）和书记处（9人），凯山·丰威汉连任总书记。从"四大"开始，老挝人民革命党比较客观地认识本国实际，制定了相应的革新开放政策。

老 挝

1991年3月27～29日，老挝人民革命党在首都万象召开第五次全国代表大会，与会正式代表367人，代表全国6万多名党员。大会总结了过去5年来的经验和教训，进一步强调党在政治、经济、外交、军事等方面的重要地位和作用，对未来党的建设、如何发挥党的领导和核心作用、党组织工作的改革等做了安排。大会选出中央委员55人、候补中央委员4人、中央政治局委员11人。大会一致决定成立中央顾问委员会，在由59人组成的中央委员会委员中，有妇女4人，60岁以上的委员所占比例仅为22%，50～59岁的委员占总数的30.4%，年龄最大的为77岁，年龄最小的仅为35岁，有5名原印度支那共产党党员，具有大学和大学以上文化程度的委员占总数的49.67%。

"五大"从老挝实际出发，第一次完整提出了老挝党和人民今后的总方针、总任务，重申在党的领导下进行政治体制改革，提出了深化政治经济改革、对外开放、发展商品经济的方针，强调要继续进行全面革新并制定了相应的政策。"五大"在加强党的领导、调整中央领导机构、逐步实现中央领导层的年轻化和知识化方面，迈出了重要的一步。"五大"对党中央领导机构做了重大调整，取消了"总书记"一职和中央书记处，改设中央委员会主席，实行主席领导下的集体领导机制，原总书记凯山·丰威汉当选党的主席。另设党中央顾问委员会，由党内德高望重的元老苏发努冯、富米·冯维希、西宋喷·洛万赛三人组成。

本次大会还通过了乌东·卡提雅关于修改党章的报告，在党章中专门增加了"政治体制中党的作用"和"党领导人民军队和人民治安力量"两章，强调党是国家体制的领导力量。除对党中央领导机构做出重大调整外，新党章对老挝人民革命党的性质、宗旨、建设原则、各级党组织等做了一些修改。

党的性质：老挝人民革命党是政治参谋部，是有组织的领导队伍，是老挝工人阶级、各民族劳动人民和全体老挝人民利益的代表。

党的宗旨：老挝人民革命党带领全国人民进行改革，建立人民民主制度，以把老挝建设成为一个和平、独立、民主、统一和繁荣昌盛的国家，为逐步进入社会主义创造基本条件。

党的建设原则：老挝人民革命党以马列主义的普遍原理作为自己的思想理论基础，同时吸收人类智慧的精髓，结合本国的实际条件和实践，运用科学理论和借鉴外国经验，将朴实的爱国主义与纯洁的国际主义相结合。

党的建设指导方针：在政治、思想和组织三个方面进行党的建设，将党的建设与提高政府效率和群众组织的作用相结合。

党的组织原则：民主集中制。

党的组织体系：分中央、省及直辖市、县和基层四级。

中央级党组织：国家机关各部和直属机关设党委，隶属政治局领导。

省（直辖市）、县级党组织：县一级党员大会每5年召开一次，县党委会每3个月召开一次。

基层党组织：包括乡、村、企业、学校、医院、机关办事处、国防保安部队、连队和其他基层单位。若某个基层组织正式党员在25名以上，经上级党委同意，可以成立基层党委和多个党小组，基层代表大会或党员大会每两年召开一次。

老挝人民革命党第六次全国代表大会于1996年3月召开。"六大"总结了老挝实施有原则的全方位开放政策以来的经验和教训，进一步修订和完善了老挝实施全方位对外开放的方针、政策和具体措施。重申继续贯彻执行"五大"确定的有原则的全面革新路线，加强党的领导，继续坚持6项基本原则（即坚持马列主义是党的思想基础、党的领导是一切胜利的决定性因素、坚持在集中原则基础上发扬民主、增强人民民主专政的力量和效力、坚持真正的爱国主义和国际主义相结合、强调社会主义是老挝始终坚持不渝的目标），"继续巩固人民民主制度，为逐步进入社会主义创造基本条件"。大会还制定了老挝至2020年摆脱不发达状况的奋斗目标，并明确指出党在新时期的任务。"六大"选举坎代·西潘敦为党中央主席和新一届政治局委员。

2001年3月12日，老挝人民革命党第七次全国代表大会开幕。"七大"肯定了执行革新开放政策以来，特别是1996年"六大"以来老挝在各方面所取得的成就，同时也指出了存在的问题。再次明确在政治上老挝将继续坚持党的领导和社会主义方向，经济上实行社会主义市场经济、实施革新开放政策，提出了老挝人民革命党追求的目标，即"使老挝摆脱不发达的状况，将老挝发展为一个政治稳定，社会安定、有序的国家，一个经济上以相对快的速度保持持续、稳步发展的国家"。"七大"决议向全党和全国人民提出了新任务：加强党内和全国人民的团结一致，发扬爱国主义、独立、自主、自立和自强的精神，充分发挥国内的潜力并与积极争取外国的援助及合作相结合，以保卫和建设祖国并继续有力地推动革新，促进发展；全党全国人民要把发展经济建设作为中心任务。

"七大"选举和改组了新的领导班子，坎代·西潘敦再次当选党的总书记。制订了新的五年经济发展计划和为期20年的长期发展战略。老挝人民革命党明确提出2001~2005年老挝经济社会发展的核心是继续坚持党的领导和社会主义方向不变，确保社会安定、政局稳定，并把经济建设作为工作重心，保持经济的持续增长，把解决人民的温饱问题作为首要任务，加快发展，使国家尽快摆脱不发达状况。而在2001~2020年国家长远发展战略中，老挝人民革命党提出到2020年实现人均国内生产总值翻三番，使国家基本摆脱欠发达状态，使人民的物质和精神生活水平明显改善。

"七大"会议是老挝人民革命党历史上一次承前启后的会议。以坎代·西潘敦为核心的新一届领导集体的顺利重组，标志着党内团结得以加强，老挝政治局势实现了平稳过渡。新一届领导集体的顺利产生，也增强了人民对党的领导的信心，加强了全国人民团结一致、艰苦奋斗、克服困难的决心。新的五年经济发展计划和长远战略目标的确定为老挝近期和远期的经济社会发展提供了重要的指导，为老挝全党和全国人民提出明确的努力方向和奋斗目标。

老挝人民革命党"八大"于2006年3月18~21日在首都万象召开，出席大会的代表有498名，另有特邀代表400多名。此时，老挝人民革命党党员已发展到14.9万人，比"七大"时增加了4.6万人。

大会审议通过了新的《老挝人民革命党章程》。新党章共十二章四十条，除了再次重申党的性质、宗旨、思想基础、行动指南和战略任务外，还规定了党建设的五项基本原则和三条基本方针。新党章的十二章分别为：第一章党员，第二章党的原则和体系，第三章党的基层组织，第四章党的地方组织，第五章党的中央组织，第六章党领导政府、建国阵线、群众组织和社会团体，第七章党领导人民革命青年团，第八章党领导人民国防和治安部队，第九章党的检查工作和各级检察委员会，第十章党的奖励和纪律处分，第十一章党的经费，第十二章附则。① 新党章用三章的篇幅规定和强调党拥有对政府、建国阵线、各群众组织、各社会团体、青年团和国防治安部队的绝对领导权。

　　大会重申"七大"制定的 2020 年发展战略和奋斗目标，并制订了第六个五年计划（2006～2010 年）的奋斗目标：保证社会稳定与安宁；增强经济实力，充分利用有利时机发展经济，确保经济 7.5% 的年均增长率；完善国家经济结构确保农业稳定增长，提高工业和服务业在国内生产总值中的比重，在一些优势领域实现工业化和现代化；解决现有困难家庭中 2/3 的困难问题；实施全面禁种鸦片作物，禁止毁林开荒，对没有耕地的农户要分给土地或创造就业岗位来替代种植；培养高素质人才以适应国家未来发展的需要。

　　大会强调为实现"八大"的奋斗目标应把握的思路：要以经济发展为中心，以解决家庭困难为重点推进扶贫工作；要加强对市场经济的宏观管理，确保经济社会沿着社会主义方向发展；要加强人力资源开发，以适应新时期经济社会发展的需求；制定和执行与国家财政条件相适应的社会政策；要巩固和完善民主政权，逐步建设在党领导下的法治国家；要在巩固工人、农民和知识分子联盟的基础上，加强在党领导下的全面团结；要执行全民全面国防和治安路线，维护国家主权和领土完整，确保经济社会稳定发展，人民安居乐业；要继续奉行建设性的外交路线，积极主动与国际接轨，在相互尊重独立、主权和领土完整，互不干涉内政，平等互利的基础上，奉行全方位的外交政策；发展同越南的特殊团结友好关系，发展

---

① 《老挝人民革命党章程》，2006 年 3 月老挝人民革命党第八次全国代表大会通过。

同中国的传统友好和全面合作关系。

"八大"取消中央主席一职,设总书记职位,撤销中央顾问的职务,恢复设立中央书记处,以协助总书记和政治局处理中央日常事务。大会选举产生了新一届党中央委员会,朱马里·赛雅颂为总书记。党中央政治局委员11名:朱马里·赛雅颂、沙曼·维雅吉(国会主席)、通辛·坦玛冯(万象市市长)、本扬·沃拉吉(政府总理)、西沙瓦·乔本潘(建国阵线主席)、波松·布帕万(副总理)、通伦·西苏里(副总理)、隆再·披吉(国防部部长)、宋沙瓦·凌沙瓦(副总理兼外交部部长)、巴尼·亚陶杜(国家副主席)等。党中央书记处成员7名:朱马里·赛雅颂、本扬·沃拉吉、阿桑·劳里、隆再·披吉,本通·吉玛尼(中央组织部部长)、亚巴·亚里河(沙耶武里省委书记)、通班·森里昆(公安部部长)。中央委员会委员共55人。

老挝人民革命党"九大"于2011年3月17~21日在首都万象召开,出席大会的代表有576名,此时老挝人民革命党党员发展到19.178万人,比"八大"时增加了4.278万人。

代表全国19万余名党员的与会代表经过5天的会议,选举产生了老挝新一届党的领导集体,确定了新的发展目标。从数量、年龄、资历背景以及换届力度等方面来看,九届中央委员会具有一些突出的特点。首先,委员会成员较上届增加了6名,达到61名,平均年龄58岁,其中60岁以上的委员24人,44岁以下的委员2人。其次,多名八届中央委员退休或落选,被劝退的八届中央委员多达十余人,主要是年龄超过65岁的。最后,九届中央委员会的另一个特点是知识化,20名中央委员拥有博士学位。老挝人民革命党最高领导层朝着年轻化和知识化更进一步。本届中央委员会选举产生了由11名委员组成的老党中央政治局,朱马里·赛雅颂再次当选总书记。老挝人民革命党第九届中央委员会政治局成员包括:朱马里·赛雅颂、通辛·坦玛冯、本扬·沃拉吉、通伦·西苏里、巴尼·亚陶杜、阿桑·劳里、隆再·披吉、宋沙瓦·凌沙瓦、本通·吉玛尼、本邦·布达纳翁、潘坎·维帕万(后两位为博士和新当选者)。中央书记处由9人组成,包括总书记朱马里·赛雅颂,常务书记本扬·沃拉吉,书记本通・吉玛尼、本邦・布达纳翁、通班・盛阿潘、占西・坡西坎、苏干・玛哈腊、盛暖・赛雅腊、征・宋本坎。

老党"九大"提出了党的总方针，即"增强全体人民的精诚团结和党内统一，提高党的领导作用与能力，在组织执行革新路线中创造突破步伐，为国家到2020年摆脱欠发达状况和继续向社会主义目标迈进打下坚实基础"。"九大"在"八大"以来老挝社会经济方针所取得的成就的基础上，总结经验教训，提出了老挝如何在世界政治经济形势多变的背景下，保持稳定发展的五点经验。第一，稳定是党的建设和发展的基础，增强党和全国人民的团结是确保政治稳定、社会安宁和国家安全及实施保卫祖国与建设祖国两大战略任务和国际联系的重要基石。第二，提高党的领导能力是党的建设和发展的必要条件，增强党在各个领域的领导作用与能力，特别是增强对各级政府的领导，将党的总路线和总任务及时化为其计划和规划，发挥各种经济成分和各阶层人士的作用，是贯彻执行党的路线并取得成效的必要条件。第三，发挥党员的先进作用是党的建设和发展的保障，对党的各级机关各部门统一思想，务实求真，重视培养和发挥干部和党员的才能，并督促检查其在执行任务中发扬高度负责精神和带头作用，是取得成效的重要保障。第四，改进作风、深入实际是党的建设和发展的重要举措，结合实际经常持续地深入基层，对工作组织执行的每一个环节进行经常性检查与评价，实事求是地看待问题，下决心并有灵敏性地解决问题，对工作成绩突出者予以表彰和奖励，是党的事业取得成效的重要举措。第五，务实外交，自始至终坚持独立、友好和合作的对外政策与强化内因、努力履行好自身的义务和承诺相结合，增进国际合作伙伴的信心，是争取国际投资、援助和合作的前提。对于如何通过推进政治和经济体制改革，"九大"提出了"四突破"原则。对于人民革命党自身的建设和改革、执政能力的提高，"九大"提出了"六重点"的原则。在外交方面，老挝人民革命党"九大"强调继续奉行多元化、多边、多方位、多层次和多形式的务实外交政策。在坚持和平、独立、友好和合作的基础上，继续扩大对外关系和国际合作。

老 挝

朱马里·赛雅颂在"九大"闭幕时,做出这样的总结:"九大"选出的新一届领导班子经得起考验,有能力、有经验、有影响、有魄力,能够团结一心带领全党全国人民执行党的革新政策,并创造更辉煌的成就。这番评价预示着今后老党的改革和发展将有更大的步履、呈现更多的生机。

老挝人民革命党"十大"于2016年1月18~22日在首都万象召开,出席大会的代表有685名,其中女性68名。2011~2016年五年间,老挝人民革命党的组织规模不断扩大,党员人数比2011年"九大"召开时增加了6万多,全国党员人数达到了25万余人。"十大"强调了国家发展方向和党的引领作用,即"提高党的领导能力和先进性,增强全国人民大团结,坚持全面及有原则的革新路线,坚定地捍卫祖国,并使国家沿着社会主义目标永续方向发展"。① 大会在总结"九大"决议5年来经验教训的基础上,制定了老党和老挝未来五年、十年的发展目标。政治方面,要"打牢基础并创造新步伐,带领国家沿着社会主义方向前进"。经济社会方面,提出第八个五年社会经济发展计划(2016~2020年)、十年发展战略(2016~2025年)以及十五年展望(2016~2030年)。短时期内,即未来五年的发展思路是确保宏观经济稳定、政治稳定、国家安全、社会有序、实现绿色可持续发展,到2020年,实现人均GDP达到3190美元,使国家最终摆脱不发达国家行列,最终要在2030年达到中等收入国家水平。②

"十大"选举产生了新一届老挝人民革命党中央领导集体,即由69人组成的老党十届中央委员会,其中政治局委员11人和中央书记处书记9人,增设了8名候补中央委员。③ 为应对中央领导集体可能发生的人事变动,本次大会恢复了在1996年老党"六大"上取消的候补中央委员,

---

① 陈定辉:《老挝:2016年回顾与2017年展望》,《东南亚纵横》2017年第1期。
② Parliament Approves Development Plans,http://www.vientianetimes.org.la/FreeContent/FreeConten_Parliament.htm.
③ Tenth Party Congress Wraps up with Great Success,http://kpl.gov.la/En/Detail.aspx?id=9936.

以便为保证党的领导集体的持续稳定发展培养更多的后备人才，表明了老党在组织制度建设和人才培养上日趋完善。

二 老挝建国阵线

老挝建国阵线是老挝的统一战线组织，于1956年1月6日成立，当时名为"老挝爱国战线"，1979年2月改为现名。

"老挝爱国战线"的前身是"老挝伊沙拉阵线"。1950年8月13～15日，第一届寮国全国人民代表大会召开。大会宣布成立"老挝伊沙拉阵线"及中央委员会，委员会由14人组成，苏发努冯任主席。大会制定了老挝革命的12点政治纲领，任命了由5人组成的寮国抗战政府。从此，老挝的抗法战争有了统一的领导和指挥。老挝伊沙拉阵线将当时各地的游击队联合起来，组成"老挝伊沙拉部队"，并取得了抗法战争的最后胜利。1956年1月6～14日，老挝人民党在桑怒省召开大会，决定根据法国败退、美国插足老挝的新形势，将"老挝伊沙拉阵线"扩大组建为"老挝爱国战线"，并通过了战线的纲领，选举以苏发努冯为主席的47人中央委员会。老挝爱国战线是当时老挝人民党领导下的公开组织，党的一切方针、政策都是通过它去指导、发动群众实施的。同时，爱国战线还担负着解放区的内政和外交职责。

1957年11月19日，老挝爱国战线的代表参加了第一次联合政府。11月26日，为适应王国政府法律和老挝局势的需要，爱国战线改名为爱国战线党。在1962年和1974年的第二次和第三次联合政府中，都有老挝爱国战线的代表参加。

1975年12月1～2日，老挝爱国战线中央在万象召开老挝全国人民代表大会，宣布废除君主制度，建立老挝人民民主共和国。1976年以后，老挝人民革命党的身份公开，并成为老挝的执政党，老挝爱国战线就不再充当党的公开组织。

1979年2月16～20日，老挝全国民族统一战线召开全国代表大会，会议决定将老挝爱国战线改名为"老挝建国阵线"，并制定了阵线的"工作纲领"（10条）和章程，选举了由76人组成的新的中央委员会和由7

人组成的常务委员会。中央委员会主席为苏发努冯。根据建国阵线的章程规定，阵线的组织系统是中央、省、县、乡及其同级单位组织。阵线的最高领导机构是建国阵线全国代表大会，每5年召开一次。

2016年6月8~9日，老挝建国阵线第十次全国代表大会在首都万象举行，与会代表469名，代表了全国各族人民、遍布世界各地的海外老挝侨胞。老挝人民革命党中央政治局委员赛宋蓬·丰威汉（Saysomphone Phomvihane）当选新一届建国阵线中央委员会主席，同时会议选举产生了6名副主席。新一届建国阵线中央委员会由224名委员组成，从民族构成来看，其中180名属于老泰语族，59名属于孟-高棉语族，40名来自苗瑶语族，9名来自藏缅语族。[①] 会议回顾总结了建国阵线过去五年的工作，肯定了建国阵线在过去五年取得的突出成就：团结各族人民，维护了工人、农民和知识分子各阶层的联盟；在革新开放政策的实施中，巩固了工人阶级的领导地位，支持占人口大多数的农民发展生产，推动农产品商业化和粮食安全。老挝实施革新开放政策以来，建国阵线发挥统战职能，为维护老党在建设社会主义事业中的领导地位、保证党和国家的革新开放政策的顺利实施等发挥了积极的作用。

三 老挝人民革命青年团

老挝人民革命青年团成立于1955年4月14日，是老挝人民革命党的青年组织，也是老挝唯一的全国性青年组织。其前身是民主革命时期建立的青年联合会。

1988年7月13~15日，老挝第二届全国青年代表大会在万象召开，来自全国的300多名青年代表和14个国家的代表团参加了大会。会议听取了通云·丰威汉所做的工作报告，制定了青年团的工作章程，选举产生了由35人组成的新的团中央委员会。团中央第一书记为通云·丰威汉。

[①] President Advises Lao Front to Serve as National Spiritual Centre, http://www.vientianetimes.org.la/Video_FileVDO/June16_President_advises.htm.

老挝人民革命青年团的主要职责包括：对青年进行政治思想教育、爱国主义教育和国防教育；开展扫盲运动，开办技术培训学校及修路等活动。老挝人民革命青年团还与时俱进，积极开展与其他社会主义国家的青年组织的交流和学习，鼓励和支持青年参与国家的政治改革和经济社会的发展。该组织还积极创造条件，开展青年文化体育活动，如举办民族服装表演、体育比赛、音乐会、选美等。

四 老挝妇女联合会

老挝妇女联合会成立于1955年7月20日，其前身是老挝爱国妇女协会。1962年，该联合会设立了中央领导机构——老挝妇女联合会中央委员会，随后，中央及各省、县机关、工厂、学校和农村也先后成立了各级委员会或支部。1984年4月，老挝爱国妇女协会在万象召开第一次妇女代表大会，大会把老挝爱国妇女协会改名为老挝妇女联合会。它是老挝人民革命党领导的唯一的全国性妇女组织。

其宗旨是在老挝人民革命党领导下，加强工农联盟，广泛团结国内外各民族各阶层妇女，维护妇女和儿童权益。其主要任务是加强对妇女的宣传、教育、培养，提高她们的政治、文化、科学技术水平，使之积极参加社会主义建设，完成党在新时期的政治任务。近年来，老挝妇女联合会鼓励各族妇女积极应对国家的发展战略和开放政策，在促进妇女就业与创业、开展多种经营、脱贫致富等方面发挥了积极作用。在对外交流方面，加强与国外妇女团体的交流，积极融入世界妇女发展的潮流。

五 老挝佛教协会

1950年，老挝成立了以僧王为首的佛教协会，这个协会由各省佛教联席大会推选，政府议会审议，并由国王颁布诏谕委任，协会成员需要出家10年以上并持有高等佛学的文凭，得到礼仪部的承认。佛教机构有从中央到地方的各级组织。1960年老挝佛教协会成立，会址设在万象塔銮寺，由马哈坎丹·堤帕布里法师任主席。老挝佛教协会成立后，在老挝人民抗美斗争中发挥了积极作用，1965年3月，老挝佛教协会参加了由西哈努克倡议举行的金边印度支那人民会议。

老挝人民民主共和国建国初期，佛教活动一度陷入低落状态。从20世纪90年代开始，老挝人民革命党开始倡导佛教，提升佛教地位，以期依靠传统的民族主义主体寻求其执政地位的合法性。[①] 老挝佛教协会的地位随之逐步恢复和提升。

六　其他政党和团体

除以上主要政党和团体外，老挝还先后出现了一些小的政党和团体。这些政党和团体大都在老挝人民民主共和国建立以后停止了活动，有的现在已经不存在了。

（一）老挝国家党

原名进步党，1947年成立，党员大多是政府官员与职员。1956年4月28日改为现名，是1975年以前的老挝执政党。原党中央委员会主席是梭发那·富马，1954年由卡代·敦萨索里特接任。1955年12月25日，老挝王国政府举行片面大选，在39名国民议会议员中，进步党占有15个席位。1956年4月，该党召开代表大会，选出新的中央委员会，卡代·敦萨索里特连任主席，方·丰萨万为副主席，梭发那·富马和坎冒为顾问。1958年，该党与独立党合并成为老挝人民联合党，机关报为《民声报》。

（二）老挝独立党

又称老挝自由党，1948年成立。党员多数是下级官吏，主席是培·萨纳尼空。机关报是《大众报》。1955年12月25日，王国政府举行片面大选，在39名国民议会议员中，独立党占有10个席位。1958年，该党与老挝国家党合并成为老挝人民联合党。

（三）老挝人民联合党

1958年6月由老挝国家党和老挝独立党合并而成。主要党员是买办

---

① 〔英〕格兰特·埃文斯：《老挝史》，郭继光等译，东方出版中心，2011，第198页。

阶级、官僚、封建地主、商人和知识分子。该党为当时的亲美右派组织。其党章规定："要致力于巩固国防，团结国内一切力量和进行反对共产主义与颠覆活动的斗争。"

（四）老挝民族主义自由民主党

1970年10月成立。当时，老挝人民的抗美救国斗争不断取得胜利，而美国则对老挝实施有史以来最猛烈的轰炸，同时采取"老挝人打老挝人"的战略，该党就是在美国的支持下以王宝的武装力量为支柱建立的。党魁是昭索·赛萨内，总书记是西苏潘·奔巴迪，顾问是王宝，机关报是《自由之声报》。

（五）老挝中立党

1961年5月26日由梭发那·富马和方·丰萨万在康开成立。该党的纲领以"提高国家福利、发展经济、保持民族习俗和奉行中立政策"为目的。当时，老挝的中立运动正在蓬勃开展，贡勒又在1960年发动政变，之后，富马的中立政府宣告成立，富马试图以该党的名义执行他主张的中立路线。

中立党成立以后，采取中立政策，并与老挝爱国战线方面合作，所以，在当时发展很快，党员达数万人。1962年6月，第二次联合政府成立，中立党总部迁至万象。1963年初，贡勒与巴特寮发生冲突，中立党开始分化。党中央社会委员坎苏·高拉、副秘书长亨·蒙昆维莱和青年委员敦·逊纳拉等人相继转向老挝爱国战线方面。1963年9月，富马改组了党中央委员会，撤销了上述几人的党内职务。

1965年，中立党军人集团再度内讧，党中央执行副主席贡勒被迫出走，该党严重分化。1966年初，富马宣布中立党停止一切活动。1972年，老挝抗美救国战争胜利在望，为重振势力，提高政治地位，富马又宣布中立党恢复活动，同年9月8日，富马召集原党的骨干组成临时中央委员会。1973年9月18日，中立党召开代表大会，选举正式的中央领导机构。富马任主席，副主席为方·丰萨万和苏干·维莱山。但不久以后该党便自行解体，原中央委员坎苏·高拉等人加入爱国中立力量联盟。

（六）老挝和平中立党

成立于1958年7月，主席是贵宁·奔舍那，副主席是帕雅班扎·洛维吉。党员人数不多，只从事政治活动，没有武装力量。1963年4月1日，贵宁·奔舍那遭到暗杀，和平中立党内部又因领导权问题发生矛盾，该党名存实亡。1969年，该党的一部分骨干分子贵宁·奔舍那夫人、陶鲁等加入爱国中立力量联盟。

（七）老挝爱国中立力量联盟

1969年4月由川圹中立力量、丰沙里中立力量和中立派的成员组成。川圹中立力量以敦·逊纳拉为首，敦·逊纳拉原是老挝中立党的青年委员，参加过贡勒发动的政变。1963年4月，中立党军人集团发生分裂，敦·逊纳拉率其部独立出来，于1969年参加爱国中立力量联盟，敦·逊纳拉担任联盟中央副主席。

丰沙里中立力量以坎温·布法为首，坎温原是丰沙里军区司令兼丰沙里省省长，1960年贡勒发动政变以后宣布支持中立政策。1962年，丰沙里中立力量发生内讧，坎温最终获胜，控制了这支力量和丰沙里北部地区。1969年，该派加入爱国中立力量联盟，坎温·布法担任联盟中央副主席。此外，原老挝中立党中央委员坎苏·高拉和亨·蒙昆维莱于1979年加入爱国中立力量联盟，分别担任联盟中央主席和委员职务。加入该联盟的还有原老挝和平中立党的部分成员。

老挝爱国中立力量联盟是中立左派组织，在抗美救国斗争中与老挝爱国战线相配合，是当时的爱国武装力量。1975年，老挝人民民主共和国成立，爱国中立力量联盟加入政府，以后活动甚少。

（八）老挝联合党

1947年成立，又称老挝民族统一党或国家联合党，党员多为知识分子和下层职员。在抗法斗争期间，联合党采取与法国不合作态度，并同老挝伊沙拉阵线保持密切联系。1957年，联合党主要领导人放弃原来主张，加入了培·萨纳尼空的亲美右派内阁，党内发生分裂。1962年，第二次联合政府成立，该党停止活动。党主席为彭·苏万努冯，机关报为《新寮报》。

（九）老挝民主党

1948年成立，党员多为工商业者。该党主张着重发展国家工业，其口号是"为了坚强的统治，为了人民的统治"和"民治民意"。领袖为努因·腊塔纳冯（司法国务秘书），机关报为《寮声报》。

（十）老挝伊沙拉阵线

老挝伊沙拉阵线又叫老挝抗法统一战线，成立于1950年。1950年8月13~15日，根据当时抗法斗争形势发展所需，遵照印度支那共产党中央的策略指示，在越南召开了老挝抗法统一战线大会，来自老挝各抗战区和敌占区的150多名代表出席会议。大会宣布成立"老挝伊沙拉阵线"（"伊沙拉"意为"自由"），选举产生了以苏发努冯为主席的阵线中央委员会。大会制定了老挝革命的12点政治纲领，包括建设武装力量、政治力量、革命政权和根据地等。大会还选出了以苏发努冯为总理（兼任外交部部长）、凯山·丰威汉负责军事、昭苏·冯萨负责经济和教育、富米·冯维希负责内务、诺哈·冯沙万负责财政的老挝抗战政府。从此，老挝全国的抗法斗争有了统一的领导和指挥。

（十一）老挝爱国工人联合会

这是老挝工人的群众性组织，成立于1964年10月5日。设有中央、省、县三级组织，至1975年年中，共有会员近2万人。

（十二）老挝爱国者俱乐部

1969年5月成立，该俱乐部声明支持当时富马的和平、中立政策。1970年2月，该俱乐部举行第一次会员大会，选举了领导机构。因丙·苏里亚泰任主席，洪潘·费西亚、本添·翁维苏任副主席。

（十三）老挝民众救国同盟

1956年3月由联合党、独立党和民主党联合组成。其纲领主要内容包括：保卫君主制度下的民主制度，反对个人独裁；在独立和中立中寻求维持和平；采取和平协商办法统一解决问题。该同盟当时在议会中所占的席位仅次于国家党。中央委员会主席为彭·苏万努冯（联合党），副主席为培·萨纳尼空（独立党）。

(十四) 老挝记者协会

1976年9月3日在原"老挝爱国记者团"的基础上成立。

第四章

经　济

第一节　概述

老挝是一个贫穷落后的农业国，由于长期受封建君主制度的束缚和殖民主义者的剥削和掠夺，经济发展受到严重制约。老挝人民民主共和国建立之前，其丰富的自然资源基本上未能得到有效的开发利用，老挝一直处于自发的自然经济状态。近代和现代外患内乱不断，使贫困落后的老挝雪上加霜。依赖外国工业品满足市场所需，依赖外国援助和贷款维持财政，依赖外国资金和技术从事基本建设，是近代和现代老挝经济的基本特点。老挝人民民主共和国建立后，其经济有所发展，但由于基础薄弱，加之一段时期政策失误和东南亚金融危机的冲击，其贫困落后的经济状况至今仍未改变。2000年以来，老挝加大对外开放力度，多次修订鼓励外来投资政策和实施办法，在大量外来投资的带动下，老挝经济持续、快速增长，成为东南亚经济增长较快的国家之一。

一　经济的发展

战后老挝经济的发展经历了殖民地经济→半殖民地经济→战时经济→社会主义计划经济→市场经济的发展历程。

1975年12月2日老挝人民民主共和国成立后，经过了5年的社会经济恢复时期，但由于推行了农业合作化、工业国有化和商业统购统销等政策，未能充分调动人们的积极性，严重影响了社会经济的恢复和发展。20世纪80年代，老挝政府在进行经济体制改革、经济政策调整和对外开放的同时，制定和实施了社会经济发展五年规划。

第一个五年计划（1981~1985年）。计划GDP年平均增长率为7.5%~8.5%，至1985年人均GDP达到120美元。实施结果是GDP年平均增长率仅为5.5%，1985年人均GDP仅为114美元。

第二个五年计划（1986~1990年）。计划GDP年平均增长率为7.0%~7.5%，至1990年人均GDP增至250美元。实施结果是GDP年平均增长率仅为4.5%，1990年人均GDP仅为211美元。

第三个五年计划（1991~1995年）。计划GDP年平均增长率为7.5%~8.0%，至1995年人均GDP增至400美元。实施结果是GDP年平均增长率仅为6.4%，至1995年人均GDP仅为380美元。

第四个五年计划（1996~2000年）。计划GDP年平均增长率为8.0%~8.5%，至2000年人均GDP增至500美元。实施结果是GDP年平均增长率仅为6.2%，2000年人均GDP仅为350美元。

第五个五年计划（2001~2005年）。计划GDP年平均增长率为7.0%~7.5%。其中，各部门的年均增长率分别为：农林业4.0%~5.0%、工业和手工业10.0%~11.0%、服务业8.0%~9.0%、外贸8.6%（出口和进口同步增长）。到2005年人均GDP增至500~550美元。实施结果是GDP年均增长6.24%，各部门的年均增长分别为：农林业3.4%、工业和手工业11.3%、服务业6.7%、外贸5.9%（出口7.0%、进口4.9%）。2005年的人均GDP为491美元，除工业和手工业超额完成计划指标外，其他部门均未完成计划指标。

第五个五年计划的各项增长指标比第四个五年计划较低，但实施结果较好，各项实际增长率均超过第四个五年计划。这一期间的外国援助达9.35亿美元，外国直接投资28亿美元，投资项目585项。共新增就业岗位50.5万个，超出计划招标0.5万个。新建一批工业区，一批工厂企业也建成投产。

第六个五年计划（2006~2010年）。老挝第六个五年计划的发展目标包括：GDP 年均增长率为 7.5%~8.0%，外贸年均增长率为 13.5% （出口 18.1%、进口 8.8%）。到 2010 年人均 GDP 达 700~750 美元， 各部门产值占 GDP 的比重分别为：农林业 36.0%、工业和手工业 36.4%、服务业 27.6%。计划投资总额 739000 亿基普，其中，政府预算投资 231000 亿基普，占总投资额的 31.26%，国内外私人投资 508000 亿基普，占总投资额的 68.74%。争取外国直接投资每年 6.0 亿美元，外国官方援助每年 4.69 亿美元。计划的国家财政预算收入 346000 亿基普，年均增长 19.9%，预算支出 496000 亿基普，赤字 150000 亿基普。这些赤字国家将通过争取外援和贷款来弥补。计划的总出口额为 34.80 亿美元，年均增长 18.1%，进口额为 45.00 亿美元，年均增长 8.8%，外贸逆差为 10.20 亿美元，相当于出口总额的 29.3%。国家将控制外币在老挝市场上的流通量和供应量。争取从 2005 年占货币总量的 65% 降至 2010 年的 30%。争取老币在保持稳定的基础上逐步升值。

第五个五年计划与前四个五年计划相比，各项计划发展指标都较符合老挝的国情，因此完成情况均较好，但也有不少项目未能完成计划指标。

第六个五年计划与第五个五年计划相比，各项发展指标都有较大提高（见表 4-1）。老挝政府称这是一个具有突破性的计划，它将过去较小较慢的发展速度变为快速稳定的发展速度。老挝党和政府对完成这一计划充满信心，认为能实现这一计划的主要条件如下：

①我们已在多年实施经济社会发展计划中吸取了经验教训；
②国家拥有可开发利用的丰富资源；
③国家位于次区域的中心位置，便于与其他国家的经济联系；
④国家的文化和生态环境能够促进旅游、贸易和投资等活动的发展；
⑤劳动力充足且廉价，丰富的水能资源能吸引外资；
⑥区域经济一体化为国家带来大量发展机遇；
⑦政治和社会稳定，为发展提供了保障。

表4-1 第五个和第六个五年计划期主要经济发展指标

单位：%

序号	发展项目	"五五"计划(2001~2005年) 指标	实施结果	"六五"计划指标 (2006~2010年)
1	GDP年均增长	7.0~7.5	6.24	7.5~8.0
2	农林业年均增长	4.0~5.0	3.4	3.0~3.4
3	工业和手工业年均增长	10.0~11.0	11.3	13.0~14.0
4	服务业年均增长	8.0~9.0	6.7	7.5~8.0
5	外贸年均增长	8.6	5.9	13.5
6	出口年均增长	8.6	7.0	18.1
7	进口年均增长	8.6	4.9	8.8
8	赤字占GDP比例	6.0	9.4	5.0
9	通货膨胀	10.0	9.6	6.0~6.5
10	预算收入占GDP比例	18.0	13.6	14.8
11	预算赤字占GDP比例	6.0	7.4	6.0
12	总投资占GDP比例	—	27.8	32.0
13	社会投资占GDP比例	12.0~14.0	12.3	10.0
14	私人投资占GDP比例	—	15.5	22.0
15	每年新增就业岗位(万个)	10.0	10.1	13.0
16	总GDP(亿美元)		28.0	
17	人均GDP(美元)	500~550	491	700~750

资料来源：老挝计划投资委员会编制《老挝国家经济社会发展计划（2006~2010）》（老文版）。

"六五"计划期间，老挝还根据区域发展的差异和特点，确定实施北、中、南三大区域同步发展战略。

北部的发展重点是开发和发展一个工业区、四个经济特区、四条经济走廊。一个工业区为万象—川圹—乌多姆赛工业区。四个经济特区分别为：琅南塔—磨丁黄金域经济特区、博胶省敦逢"金三角"经济特区、川圹省农赫经济特区和沙耶武里省更陶经济特区。四条经济走廊分别为：中老边境—万象经济走廊，越南代章—丰沙里省孟夸—乌多姆赛省孟赛—琅南塔省班香果经济走廊，越南那苗—南绥—华潘省万赛—川圹省丰沙湾—琅勃拉邦—沙耶武里省洪沙、更陶经济走廊，R3公路（昆曼公路老挝段）经济走廊。

中部的发展重点是把万象平原、波里坎塞平原、甘蒙平原和沙湾拿吉平原建成国家粮仓和粮食出口基地。把8号、9号、12号和13号公路干线建成经济走廊，改善机场和其他运输及服务基础设施，将中部建成经济、服务和国际连通区。

南部则侧重发展旺岛—占巴塞经济走廊、沙拉湾—越南边境经济走廊、占巴塞—公河—越南边境经济走廊、占巴塞—温坎—柬埔寨经济走廊、占巴塞—阿速坡—越南经济走廊，把波罗芬高原建成无公害工农业生产基地，使南部逐步成为次区域和发展三角连通中枢。

经过上述五年计划的实施，老挝经济已取得了明显的发展，特别是第五个五年计划后，经济增长较快，年GDP增长率达5.8%~8.0%。其中GDP从1990年的6121.8亿基普增长到2001年的11193.7亿基普，2011年达340337.4亿基普。人均GDP从2001年的329美元增长到2011年的1281美元。

2011年，老挝开始实施第七个五年计划（2011~2015年），"七五"计划期间的发展目标包括以下一些。GDP年均增长率为8.0%以上，其中农林业年均增长3.5%，占GDP的23.0%，工业和手工业年均增长15.0%，占GDP的39.0%，服务业年均增长6.5%，占GDP的6.5%。到2015年人均GDP达1700美元。到2015年贫困家庭要减至占全国总家庭数的10.0%以下。"七五"计划期间通货膨胀率要低于经济增长率，即在8.0%以下，保持汇率稳定，老币的升值或贬值均不超过5.0%。确保预算赤字每年占GDP的3.0%~5.0%，财政收入占GDP的19.0%~21.0%。保持储蓄率年均增长25.6%。

第七个五年计划的实施，使老挝社会经济有所发展，但部分计划指标没有完成，有的超额完成。"七五"计划期间，GDP年均增长率为7.9%，人均GDP达到1970美元。减贫领域成果显著，2015年，全国有23个贫困县，比2011年减少30个县；有1736个贫困村，比2011年减少1439个村；有76604户贫困家庭，比2011年减少122074户。2011~2015年共争取到外国援助33.68亿美元，其中无偿援助22.7亿美元，贷款10.98亿美元，年均6.74亿美元。

上述五年计划的实施使老挝的产业结构发生了较大变化,农林业产值从 1990 年占 GDP 的 60.7% 下降到 2015 年的 17.59%,工业和手工业产值从 1990 年占 GDP 的 14.4% 上升到 2015 年的 27.69%,服务业产值从 1990 年占 GDP 的 24.1% 上升到 2015 年的 44.17%。1990~2015 年老挝经济发展和产业结构变化具体数据见表 4-2、表 4-3。

表 4-2 1990~2015 年老挝 GDP 增长数据(按当年价格计算)

单位:亿基普

年份	1990	1995	2000	2005	2010	2015
农林业	3718.35	7675.64	71273.71	135933.64	10628.6	206220
工业	881.05	2653.31	31055.53	89370.72	156182.9	324710
服务业	1473.75	3623.00	33297.89	78002.07	207450.5	517890
合计	6073.15	13951.95	135627.13	303306.43	374262	1048820
税收	53.64	352.44	1067.72	2692.39	32778	123690
GDP	6126.79	14304.39	136694.85	305998.82	407040	1172510

资料来源:老挝计划投资委(现为计划投资部)编制《老挝年鉴》,1975~2005 年、2005 年、2010 年、2015 年、2016 年各卷。

表 4-3 1990~2015 年老挝产业结构变化

单位:%

年份	1990	1995	2000	2005	2010	2015
农林业	60.7	53.7	52.1	44.4	30.0	17.6
工业和手工业	14.4	18.5	22.7	29.2	36.4	27.7
服务业	24.1	25.3	24.4	25.5	27.6	44.2
税收	0.9	2.5	0.8	0.9	6.0	10.6
总计	100	100	100	100	100	100

资料来源:老挝计划投资委(现为计划投资部)编制《老挝年鉴》,1975~2005 年、2005 年、2010 年、2016 年各卷。

"七五"计划期间,老挝政府实施税制改革,完善税收体系,取得显著成效。五年总税收共计 995490 亿基普,达到 GDP 的 24.6%,超额完成"七五"计划预定的目标(19%~21%)。2010~2011 财年,全国总税收为 143100 亿基普,占 GDP 的 23%;2014~2015 财年,总税收为 244680 亿基普,占 GDP 的 23.9%。五年的国内税收总额是 766480 亿基普,占

GDP 的 18.9%。2010~2011 财年的国内税收为 106010 亿基普，占 GDP 的 17.10%；2014~2015 财年的国内税收为 199230 亿基普，占 GDP 的 19.50%。五年间的政府总支出为 1186390 亿基普，占 GDP 的 29.30%，超出了"七五"计划的预期。"七五"计划期间，公务员、军人和警察加薪，按期偿付国内外债务等导致政府支出持续增加。2010~2011 财年为 159970 亿基普，占 GDP 的 27.52%；2014~2015 财年为 290970 亿基普，占 GDP 的 28.40%。五年间总的财政赤字为 190900 亿基普。2010~2011 财年财政赤字为 16870 亿基普，占 GDP 的 2.7%；2014~2015 财年财政赤字为 46290 亿基普，占 GDP 的 4.60%（见表 4-4）。

表 4-4 2010~2015 年老挝财政收支统计

单位：10 亿基普

年份	2010~2011	2011~2012	2012~2013	2013~2014	2014~2015	合计
总税收	14310	17263	20176	23331	24468	99549
国内税收	10601	12698	15264	18161	19923	76648
总支出	15997	19115	26269	28160	29097	118639
财政赤字	1687	1852	6093	4829	4629	19090

资料来源：Ministry of Planning and Investment: 8th Five-year National Socio-economic Development Plan(2016-2020), June 2016, p.11。

"七五"计划期间，老挝政府积极推动贸易便利化，促进贸易发展。2001~2015 年老挝外贸额统计如表 4-5 所示。

表 4-5 2001~2015 年老挝外贸额统计

单位：万美元

年份	2001	2005	2010	2012	2013	2014	2015
总额	85315	114164	640864	378972	446206	586508	783379
出口	32488	45562	482176	151679	198638	190491	342607
进口	52827	68602	158688	227293	247568	396017	440772
差额	20339	23040	323488	75614	48930	205526	98165

资料来源：老挝工业和贸易部外贸统计资料。

老　挝

二　经济体制改革

（一）对商品、价格政策和工资制度的改革

1979年12月19日，老挝政府发布《关于管理政策的命令》，宣布废止"国家垄断贸易"和"禁止私商进口、收购和贩卖商品"等政策，决定开放市场，允许农民在自由市场上出售粮食、农副产品和手工艺品。之后又宣布放宽对商品流通的限制，废除各省市之间的税收壁垒和商品检查站，并逐步取消商品流通的中间环节、价格双轨制和各种关卡，建立和扩大了商品网络和流通渠道。1980年1月，老挝政府实施新的物价政策，把国家对大米、家畜、家禽和其他农副产品的收购价格提高了4~5倍，对国家经营的基本商品也进行了不同程度的提价，同时宣布取消国家对外贸的垄断政策，把外贸权下放到各省市，并允许私商经营进出口贸易。20世纪90年代开始，老挝政府逐步取消了商品定价制度，采取了由市场自然调节和浮动的政策，并在大中小城镇兴建了商品交易市场和集市贸易中心，鼓励私商租赁各种门市、店铺或柜台从事商贸活动，同时在广大乡村建立和实行定期集市制度，鼓励城镇商贩下乡推销商品和收购农牧林产品。

为了充分调动干部和职工的积极性，老挝政府制定了新的工资政策和分配制度，决定提高政府职员工资170%，同时取消以补助价格向政府部门负责官员提供商品的特殊商店，采取生活补贴、艰苦工作补贴和加班补贴等措施，还允许国家干部在完成自己工作任务之余从事第二职业，对企业职工实行基本工资和计件工资相结合的制度和多劳多得、奖勤罚懒的政策。

（二）调整农业政策

1980年6月，老挝人民革命党发布了《关于整顿农业合作运动中若干问题的紧急指示》，决定废除1976年发布的《农业条例》，调整1978年颁行的《关于农业合作化的暂行规定》和《在全国开展农业合作化运动的决议》中的过激条款，对农业合作社进行整顿和合并，并在农业合作社中推行家庭承包制，将土地、牧场、鱼塘和果园等由农

户承包,还提出了增加农业投入、改善农田水利设施、建立农业实验中心等措施。同年8月,老挝政府发布了《关于农业税规定的通告》,决定废除多产多征税、少产少征税的政策,把1976年《农业条例》中规定的按农户收成征税的政策改为按土地优劣征税,并规定新垦荒田免税3~5年。

1984年以后,老挝政府逐步解散了国营农场,将土地和其他生产资料分给各个家庭经营,鼓励他们因地制宜,发展多种经营或专业化生产。

1986年开始,老挝党和政府逐步推行了从家庭承包制转为土地私有化的政策,实行"分田到户、家庭经营"。1989年2月老挝人民革命党发布第51号决议,规定"各部门要面向农村","推广集约化经营",以"提高农业产值"。1990年政府向农户颁发了土地证,规定农民对土地拥有经营权、转让权、继承权和出售权。1992年政府制定了《农业发展规划》,把全国划分为四大农业经济区。

(三) 改革工业管理体制

1984年8月召开的老挝人民革命党三届六中全会,提出废止"工商业国有"、"工商社会主义改造"和"政府统包制"等政策,通过了工业体制改革的方针和新的经济管理体制,其内容主要是"要把经济管理机制与生产经营机制分开,把生产经营权下放到企业,实行企业核算,自负盈亏",并在部分企业中试行。同年10月,政府颁发了《关于国营企业管理的暂行条例》,提出"要使利润动机合法化",要"提高私营企业的地位","企业可以直接与外商进行经贸活动"。

1986年11月召开的老挝人民革命党"四大"提出了实施新经济管理体制的如下具体措施:取消企业补贴,企业除了把产值的20%上交国库作为政府税收以外,生产规划、产量目标、招工、产品分配和积累等都由企业负责;允许私人投资办企业,允许雇工,允许自由出售产品。

1988年召开的老挝人民革命党四届五中全会进一步制定了深化经济体制改革的具体措施:①调整部门经济结构,灵活运用各种经济成分,扩大对外交流与合作;②分开两种管理职能,实行国家机关和企业分开管理;③取消指令性的管理方式,减少国家机关对企业的干预,实行企业责任制；④把自给自足的自然经济逐步改造成市场商品经济。同年2月，凯山·丰威汉在老挝人民议会全体会议上做《关于调整经济结构》的报告，提出"要用经济的手段管理经济"，以"促进各种经济成分的发展"，"企业可以根据自身条件、能力和市场情况自行制定经营规划，自行安排生产，并有权决定同其他企业进行合作和联营"。

从20世纪80年代后期开始，老挝政府逐步采取了企业租赁制、股份制和私有化。1990年3月老挝部长会议（现改为国务院，下同）发布《关于把国营企业转为其他所有制形式的决定》，"把不需要保留的国营企业以租赁、出售、股份或承包经营等形式，转为其他所有权形式"。从1991年开始全面推行"国有企业私有化改革"（又称转变所有权改革），中央和各省市都建立了"国有企业租赁和拍卖委员会"，负责对现有企业和工厂进行财产评估和登记，划分类别，分出保留企业、租赁企业、拍卖企业和实行股份制的企业，具体指导和实施招标、洽谈、租赁和拍卖活动。至1992年6月中央所属的150余家企业和其他国有企业就有1/3以上实现了租赁、拍卖和股份制。目前，98%的中央企业实现了私有化或股份制，地方企业100%实现了私有化。

（四）发展家庭经济

发展家庭经济是老挝经济私有化进程中的重要环节。1988年召开的老挝人民革命党四届五中全会做出了发展职工家庭经济的决定。该决定提出：一是要发展党政军机关和企事业单位干部职工的家庭经济，二是要发展农民的家庭经济。

发展干部职工家庭经济的政策主要是允许和鼓励干部职工利用业余时间从事家庭手工业生产、农副业生产、商贸活动，以及兴办各种企业。决定强调"家庭经济是社会主义经济的组成部分，是对社会主义经济的维护和补充"。家庭经济主要依靠自己劳动和家庭成员的辅助劳动获取收益。它与私有化的区别是后者主要靠雇工进行生产活动。

由于发展干部职工家庭经济政策的实施，部分干部职工逐步走上了富裕之路。20世纪90年代初，老挝中央和省级干部的平均工资每月仅50万基普左右，其他干部职工月工资仅20万~40万基普，均很难维持家庭生活。发展家庭经济后,一批干部职工开始盖起了小院,买了汽车、高档家具和电器。一批人先富起来了,富得最快的是从事种植业的职工。

随着市场经济的发展,干部职工家庭经济很快从种植、养殖、手工业发展到经商、流通、服务、科技和对外合作等领域。拥有资金或有能力获取银行贷款的干部职工开办了小工厂、小作坊、商店、食馆、酒楼、舞厅和宾馆等。一些人到外资企业从事"第二职业",一些懂外语的人开办了外语补习班,有的科技人员办了科技培训班,还有的利用自己的工作条件与外商合作,进口汽车、摩托车和电器等商品在家里销售。

老挝"家庭经济"经过二十多年的发展,已出现一批"百万富翁"和"新型资本家"。但整个国民经济发展水平仍很低,国家依然十分贫困落后。家庭经济的发展虽然大大提高了部分干部职工的生活水平,丰富了商品,繁荣了市场,降低了物价,但也产生了诸多负面影响,特别是两极分化现象开始出现,贫富差距越来越大。

三　经济政策调整和对外开放

老挝经济政策的调整和对外开放经历了逐步扩大、逐步完善和逐步深化的过程。1986年11月召开的老挝人民革命党"四大"决定实行革新开放政策,提出"我们随时准备扩大与各国的经济合作,在平等互利和相互尊重独立与主权的基础上,首先考虑与泰国和东南亚各国发展经济贸易关系"。1988年老挝人民革命党四届五中全会提出,"要吸引外国来老挝投资,学习和借鉴外国先进的管理经验和科学技术,逐步走向国际市场"。

1991年3月老挝人民革命党召开的"五大"制定了"全方位对外开放"政策,决定"在相互尊重独立、主权和平等互利的基础上,不分政治制度和意识形态,与各国进行广泛合作。同世界各国一道为独立、和平、社会进步和人民民主做出贡献。在新时期我们将加强同越南和柬埔寨的特殊关系及全面合作,并逐步调整合作的形式和方法,使之日益完善和卓有成效,以符合目前和长远的利益和各自利益。我们党和政府将关注并竭尽全力发展同苏联和中国及其他兄弟国家的友好关系和全面合作"。

老 挝

"老挝将始终如一地奉行与泰国和这一地区各国的睦邻友好关系。老挝将继续扩大与世界各国和国际机构的经济、科技和文化等方面的全方面合作。"

1996年3月召开的老挝人民革命党"六大"总结了老挝实施革新开放政策以来的经验和教训,进一步修订了老挝革新开放的方针、政策和具体措施。决定"努力开展积极的国际合作,吸引外国公司到老挝投资直接开发重大项目。借助外来的技术和资金增强老挝今后的发展力量,要创造一个更加良好的环境来吸引外国的投资者。同时必须严肃法纪,不断总结各阶段的经验和教训"。"要采取多种形式扩大与外国的经济技术合作关系,在合作中确保国家得到相应的利益,主动参与世界性和区域性及次区域性的各种经济合作,使我们的经济发展逐步与国际经济接轨。将先进的管理科学、应用科学和生产技术应用于我国的经济建设中。"

老挝人民革命党"六大"对加强中老合作关系给予高度重视,强调要在继续维护和加强老、越、柬特殊关系的同时,加强同中国的全面合作关系,并视中国为其战略盟友和后方。

2001年召开的老挝人民革命党"七大"提出"要深化和扩大与各国、各方、各界各种形式的国际经济合作"。"要按我们的实际能力和条件开展国际政治、国际交往和国际经济合作,要进一步增进和越南的特殊友好和合作关系,进一步扩大同中国的兄弟友谊和全面合作关系。"

"七大"还提出要同其他东盟国家和亚洲国家建立睦邻互信关系,扩大经济技术合作,扩展同联合国各个机构、国际组织及发达国家、发展中国家和不结盟国家的经济合作关系,开辟良好的国际经济合作环境。

为了更好更有效地实施对外开放政策,老挝政府制定并不断深化和完善了有关法规。1988年7月老挝政府颁布了《外国在老挝投资法》,以灵活和优惠的条件吸引外商到老挝投资兴办各种企业。对投资于农业、林业、加工制造业、能源、矿业、交通运输业、建筑业、旅游业和服务业的外商投资给予优惠,外商可以采取独立、合资、联营和合作等方式向老挝投资。同时还明确规定了外来投资者的权利和义务。

1989年3月老挝部长会议颁布了《外国在老挝投资法实施细则》。对外来投资者所投资的行业、标准、范围、投资程序、管理机构、投资方式、技术、计划、经营、财务会计、外汇和出入境等做了具体规定。此后,老挝政府对《外商投资法》进行多次修订,分别于1994年、2004年、2009年、2011年和2016年进行5次修订和完善,从1988年的4部分32条增加到2016年的12部分93条,各版名称也略有不同。1994年3月,老挝国会三届三次全会对外资法做了修订和完善,审议并通过了《老挝人民民主共和国促进和管理外国在老挝投资法》。1999年1月18日,老挝正式成立了"外商投资管理委员会"。这些经济法规仍有不健全和不完善之处。2001年召开的老挝人民革命党"七大"和2002年4月9日召开的老挝国会五届一次全会都提出,一方面要继续制定新的法规,另一方面要对现有的法规进行修订和完善。2009年版则把外国投资法和国内投资法合二为一,称《促进投资法》。2016年11月,老挝八届国会二次会议审议通过新的《促进投资法(修正案)》,新法共12部分93条,较2009年版增加了1部分、减少了6条。其中,新增加19条,撤并25条,修改56条,其中对内容进行实质改动的有27条,简单修改的有29条。

经济法规的制定和完善,保障了老挝逐步从计划经济走向市场经济,逐步形成了国家经济、集体经济和私人经济等多种经济成分并存及国家资本、私人资本和外国资本并存的经济格局。

老挝对外开放政策的实施对其经济社会的发展起了重大作用。

其一是外商在老挝的投资迅速增长。老挝政府批准的外商投资总额累计至1994年7月为11.71亿美元,至1995年10月为55.74亿美元,至2001年12月为71.12亿美元,至2002年12月为72.22亿美元。投资项目累计至1994年为544项,至2001年为860项,至2002年达962项。外资已成为老挝基本建设的主要资金来源,占老挝国民经济建设总投资的70%以上。2015年,老挝吸引外国直接投资达10.11亿美元,项目19项。

其二是外国援助不断扩大。自老挝实行革新开放政策以来,每年都获得1亿~2亿美元的外国援助。2001~2002年共争取到外国援助3.15亿美元，人均达70多美元。这些外援已成为老挝政府弥补财政赤字和外贸逆差的重要财政来源。

其三是外国贷款连续不断。自实施革新开放政策以来，老挝每年平均争取到1亿美元左右的贷款，这些款项主要用于公路、航空、航道、邮电、旅游和其他基础设施建设。

其四是商品进口额逐渐减少。外来的投资、援助、贷款和合作，使老挝的自然资源得到有效的开发利用，民族工业有了一定的发展，完全依赖进口维护市场供应的局面有了一些改变，其进口商品额1996年为6.86亿美元，1998年为5.93亿美元，2000年为5.41亿美元，2002年降至1.95亿美元。

四　新的经济发展规划

（一）第八个五年计划（2016~2020年）

老挝"八五"计划的主要任务包括：加快和完善经济基础建设，为经济的稳固和持续发展创造条件；加快农村开发，解决贫困问题；建立工业基础，形成工业发展雏形；开发人才资源，更好地为工业发展和现代化服务；到2020年摆脱不发达国家行列。

第八个五年计划总体目标包括：确保有质量的持续增长和宏观经济的稳定；确保经济发展、社会文化发展和环境保护并重的可持续发展；加强人力资源开发，提高劳动力素质，提高劳动者的纪律性和毅力；提高专业技术人员和专家的数量；增强公务员、私人部门和企业工作人员的技术和职业能力，提高他们的国内外的竞争力；保持政治稳定、社会安宁有序；促进社会团结、民主、正义和文明；开展广泛的、形式多样的、互利共赢的国际合作，创造加入地区和国际一体化的有利条件。

目标具体包括以下几个方面。

①到2020年，全国贫困率降到10%；实现千年目标，摆脱不发达国家行列；到2020年人均GDP达到3190美元，人均国民收入达到2520美元。

②到2020年，实际GDP年均增长率不低于7.5%；农林业年均增长

目标是32%，到2020年农林业生产总值达到GDP的19%；工业和手工业年均增长目标是9.3%，到2020年达到GDP的32%；服务业年均增长目标是8.9%，到2020年达到GDP的41%；非资源部门的贡献要比"七五"计划有所增长。

③税收达到GDP的19%~20%，政府财政收入达到16%~17%，政府支出少于25%，财政赤字不超过GDP的5%。

④为实现这一增长目标，老挝政府在5年内需要270亿美元或相当于GDP的30%的资金，其中，政府投资将达到总投资的9%~11%，私人投资和外国投资将达到54%~58%，借款和援助将达到12%~16%，贷款将达到19%~21%。

⑤每年出口额达到GDP的15%，贸易赤字处于控制范围内。

⑥通货膨胀率不超过6%，保持汇率稳定。

⑦1岁以下婴儿死亡率降低至30‰，孕产妇死亡率降低至2‰。小学净入学率达到99%，15岁以上公民的识字率达到95%。[①]

（二）十年发展战略（2016~2025年）

2016~2025年十年发展战略包括到2020年摆脱不发达国家行列战略、摆脱不发达国家行列后到2025年的过渡期发展战略。十年发展战略具体包括以下七个子战略：

① 实现有品质、包容性、稳定、可持续的和绿色经济增长；

②到2020年摆脱不发达国家行列的战略和向发达国家水平发展的战略；

③人力资源开发战略；

④建设可持续和绿色环境、有效利用自然资源的战略；

⑤在保证法律效力的前提下加强政府社会管理职能的战略；

⑥融入区域一体化和国际一体化的战略；

---

① Ministry of Planning and Investment, 8th Five-Year National Socio-Economic Development Plan (2016-2020), June 2016, pp. 87-92.

⑦工业化和现代化战略。①

(三) 2030 年愿景

老挝人民革命党根据老挝国家发展的特征和定位、国际环境和国家优先发展的需要，提出了2030年愿景。到2030年实现的目标包括以下内容。实现创新、绿色和可持续的经济增长，达到中等收入国家水平；形成可行的支柱性产业、完善的基础设施系统，推动国家工业化和现代化；形成社会主义市场经济体系；实现社会正义、和平和有序；稳步提高人民生活水平；逐步缩小城乡发展差距；促进人的发展，确保所有人都能享有有质量的社会服务；保证法律效力，维护人民的权利；贯彻落实"三建"方针，强化行政管理；实现自然资源开发利用的有效性和可持续性，保护环境；保持政治稳定和维护党的领导；积极参与区域一体化和国际一体化。②

第二节 农业

农业是老挝的支柱产业，在国民经济中一直占有主导地位。农业在老挝GDP中的比重20世纪70年代为70%~80%，80年代为60%~70%，90年代为50%~61%，2000年为52.1%，2005年为44.4%，2010年为30%，2011年为27.4%，2015年为17.59%。老挝农业资源很丰富，可耕地面积达400多万公顷，草原和低山丘陵广阔，牧草常青，是优良的天然牧场，森林覆盖率高达60%左右，林木生长繁茂。因此，老挝农业的发展潜力很大。

一 种植业

(一) 土地资源

老挝国土面积23.68万平方公里（2368万公顷），可耕地面积500万

---

① Ministry of Planning and Investment, 8th Five-Year National Socio-Economic Development Plan (2016 – 2020), June 2016, p. 86.
② Ministry of Planning and Investment, 8th Five-Year National Socio-Economic Development Plan (2016 – 2020), June 2016, p. 86.

公顷左右，超过全国面积的1/5。老挝可以大量开发利用的土地为六个平原、两个谷地、十个盆地区和山地丘陵区。

1. 六个主要平原

（1）沙湾拿吉平原（亦称更谷平原）。位于老挝中部的湄公河东岸。南北长150公里，东西宽140公里，面积210万公顷。海拔100~200米。湄公河、色邦非河、色邦亨河及其数十条小支流川流其间。多为冲积土、沙质土和腐殖土，间有部分沼泽地。沙湾拿吉平原是老挝第一大平原。现有80%左右的可耕地还未开发利用。

（2）巴色平原。位于老挝南部的湄公河东岸，南北长250公里，东西宽10~80公里，海拔50~100米。湄公河、色敦河及其众多支流川流其间，多为沙质土、腐殖土和潜育土，间有一些小山丘。巴色平原是老挝第二大平原，现有70%左右的可耕地尚未开发利用。

（3）万象平原。位于老挝中部万象省的湄公河东岸，东西长120公里，南北宽80公里，面积约96万公顷，海拔200米左右。湄公河、南俄河和从长山山脉流下的多条小河川流其间。以冲积土和沙质土居多。间有部分小湖泊和沼泽地，是老挝第三大平原。

（4）北汕平原（亦名波里坎塞平原）。位于老挝波里坎塞省西侧，东西长40公里，南北宽30公里，面积约12万公顷，海拔150米左右。湄公河、南森河和南涅河纵贯其间。以沙质土和潜育土居多，尚有80%以上的可耕地未开发利用。

（5）查尔平原（亦名石缸平原）。位于老挝北部的川圹省。南北长30公里，东西宽20公里，面积约6万公顷，海拔1100米。大部分是草地，间有低山和丘陵地。有4条小河川流平原区，以黏土和沙石居多。小河沿岸多冲积土和腐殖土。还有80%以上的可耕地未开发利用。

（6）班班平原。位于查尔平原东部，东西长30公里，南北宽20公里，面积约6万公顷，海拔600米，是一个群山环绕的盆地，地势波浪起伏，不太平坦，以沙质土和腐殖土居多。还有80%左右的可耕地未开发利用。

2. 两个谷地

（1）琅勃拉邦谷地。位于老挝西北部的琅勃拉邦省，长14公里，最宽处 2.5 公里，最窄处 1.5 公里，面积约 30 平方公里，海拔 190 米，间有几座山丘，湄公河、南乌河和南坎江川流其间，还有众多小溪从琅勃拉邦山脉流经谷地汇入湄公河，土质肥沃，水源丰富，开发利用条件良好。现未开发利用的可耕地面积尚有 2/3 左右。

（2）他曲谷地（亦名甘蒙平原）。位于老挝甘蒙省西部，长 130 公里，最宽处 20 公里，最窄处约 10 公里，面积 19.9 万公顷。海拔 100～120 米。湄公河和从山间流入湄公河的众多小溪川流其间，以沙质土和冲积土居多。谷地稻田较多，约占可耕地面积的 20%，其他耕地较少。尚有 70% 左右的可耕地未开发利用。

3. 十个盆地

（1）孟新盆地（亦称孟新平原）。位于老挝北部琅南塔省境内，长 17 公里，宽 8 公里，面积约 1.4 万公顷，海拔 685 米。盆地被群山环抱，南润河和从群山中流下的众多小溪川流其间，水源丰富，土质良好。现已种植了大量橡胶树，并有不少稻田，约占可耕地面积的一半，还有一半可开发利用。

（2）南塔盆地（亦称南塔坝）。长 7 公里，最宽处 6 公里，最窄处 5 公里左右，面积 3800 公顷。海拔 590 米，盆地被群山环抱，南塔河、南元河和众多小溪川流其间，水源丰富，土质肥沃。现中部地区有部分稻田，四周已种植了大量橡胶树，约占可耕地面积的 1/3，还有 2/3 的可耕地可以开发利用。

（3）孟赛盆地（亦称孟赛坝）。位于老挝北部乌多姆赛省境内，长约 8 公里，最宽处 4 公里，最窄处 1 公里，面积约 2500 公顷。海拔 660 米，有南果河、南班河和南敖河川流其间，土质肥沃，现只有少量稻田，不到可耕地面积的 20%，80% 以上的可耕地还可以开发利用。

（4）孟洪盆地（亦称孟洪坝）。位于北部乌多姆赛省境内，长 28 公里，最宽处 8 公里，最窄处 3 公里，面积 1.8 万公顷，海拔 490 米。南本河及其数条小支流川流其间，土质肥沃，开发条件良好，现只有少量稻田和柚木林，尚有 80% 以上的可耕地可以开发利用。

（5）孟洪沙盆地。位于乌多姆赛省西南部，长 25 公里，最宽处 5 公里，最窄处 3 公里，面积 10000 公顷，海拔 550 米，会仑河及其小支流川流其间。现只有少量稻田和旱地。可以开发利用的可耕地在 80% 以上。

(6) 万荣谷地。位于万象省中部，长 30 公里，宽约 1 公里，面积 3000 公顷，海拔 210 米，南松河纵贯其间，土质肥沃，除万荣城郊有成片稻田外，其他地区耕地很少，尚可大量开发利用。

(7) 孟乌太盆地（亦称孟乌太坝）。位于丰沙里省北部。长 4.5 公里，宽 3 公里，面积 1350 公顷，海拔 708 米，南乌河纵贯其间，土质以冲积土和灰化土居多，现仅有少量稻田和旱地，可开发利用的可耕地还很多。

(8) 孟乌怒盆地（亦称孟乌怒坝）。位于丰沙里省西北部，长 5.5 公里，最宽处 4 公里，最窄处 2 公里，面积约 2000 公顷，海拔 795 米，南乌河纵贯其间，现稻田较多，约占可耕地面积的 1/3，尚有 2/3 左右的可耕地可以开发利用。

(9) 本怒盆地（亦称本怒坝）。位于丰沙里省北部，长 4.5 公里，宽 1.5 公里，面积约 700 公顷，海拔 960 米，盆地中有 5 座小山丘，其余为平地。南奔河纵贯盆地，以红壤土和沙红土居多，现南奔河沿岸有部分稻田，其余大多还在荒废，可以大量开发利用。

(10) 孟拉盆地（亦称孟拉坝）。位于乌多姆赛省东部，长 5 公里，宽 2 公里左右，面积 1000 公顷左右，海拔 400 米，南拉河纵贯其间。土质以黑色沙壤居多。现南拉河沿岸已有大量稻田，盆地边沿有一些旱地，可开发利用的可耕地还较多。

4. 山地和丘陵

老挝山地丘陵众多，但大多是森林和植被覆盖，还有少部分是石山峭壁，可开发为耕地的相对较少。从经济价值而论，如果将森林植被覆盖的土地开发成耕地，所能创造的价值要比林木价值少得多，一般都不列入可耕地范畴。石山峭壁要开发为耕地更为困难，所以也不宜列为可耕地。虽然如此，老挝居住在山地丘陵地区的农民，特别是山地民族也在这些地区不断毁林开荒，把山地丘陵作为可耕地。随着老挝经济社会的发展和森林法规的实施，山地和丘陵地区定居的山地民族逐步迁移到平原、河谷和平坝地区定居，改种水田，山地丘陵也将排除可耕地范畴。

随着老挝全国农业用地调查工作的逐步深入，截至"七五"计划期末，全国 137 个县已经完成农业用地的分配工作，全国农业用地的功能划分越来越详细，包括稻谷种植、蔬菜种植、家禽养殖等不同的功能，在最新农业土地规划中包括7个大平原、16个中型平原和12个小平原，并以沙湾拿吉平原和甘蒙平原作为农业开发的示范区域。北部一些小的平原将种植专供出口中国和其他国家的稻谷。

（二）耕地面积

老挝的耕地面积从20世纪70年代中期到90年代中期，基本没有变化，更没有扩大，即每年的总面积保持在60多万公顷到70多万公顷。进入21世纪后耕地总面积迅速扩大。老挝耕地面积及其扩大概况如下。

1. 总面积

耕地总面积包括旱田、水田、旱地和烧荒地（烧毁林地垦种的土地）。根据《老挝社会经济统计资料》和《老挝年鉴》的数据，老挝每年耕地的总面积分别为：1980年81.15万公顷，1985年84.03万公顷，1990年99.77万公顷，2000年98.59万公顷，2005年99.36万公顷，2010年134.29万公顷，2011年134.58万公顷。

从以上数据中可以看到老挝耕地面积从1980年到1995年基本上没有发展，从1995年到2010年迅速发展，增加0.5倍左右。

根据老挝的土地资源，尚未开发利用的可耕地还很多，加之老挝要将粮食进口国变成粮食出口国和扩大经济作物出口的需要，在21世纪的第二个10年（2010~2020年），老挝耕地面积将会继续扩大。

2. 粮食作物种植面积

老挝的粮食作物主要有稻谷（包括单季稻、双季稻和旱稻）、玉米、薯类、蔬菜和豆类。一般是旱田种植单季稻，水田种植双季稻，旱地和烧荒地种植玉米、薯类和豆类。这些作物的年总种植面积分别为：1980年77.46万公顷，1985年80.31万公顷，1990年83.84万公顷，1995年73.32万公顷，2000年92.07万公顷，2005年90.81万公顷，2010年123.49万公顷，2011年121.81万公顷，2015年152.05万公顷。

老挝2015年的粮食作物种植面积中，单季稻居首位，约占粮食种植面积的一半。玉米居第二位，约占17%。1980~2015年老挝各种粮食作物种植面积见表4-6。

表4-6　1980~2015年老挝粮食作物种植面积

单位：万公顷

作物	1980年	1985年	1990年	1995年	2000年	2005年	2010年	2015年
单季稻	42.69	38.31	39.24	36.73	48.68	56.97	62.79	76.92
双季稻	0.77	10.60	11.00	13.60	10.20	4.10	10.84	9.90
旱稻	29.74	26.99	26.02	17.90	15.80	10.52	11.88	11.67
玉米	2.83	2.69	4.81	2.83	4.79	8.60	21.27	25.40
薯类	0.91	1.02	1.98	1.40	1.63	2.05	4.08	10.19
蔬菜、豆类	0.52	0.70	0.79	0.86	10.97	8.57	12.63	17.97
总计	77.46	80.31	83.84	73.32	92.07	90.81	123.49	152.05

资料来源：老挝计划投资委（现为计划投资部）编制《老挝年鉴》，1975~2005年、2006年、2010年、2015年、2016年各卷。

3. 经济作物种植面积

老挝的经济作物主要有绿豆、黄豆、花生、烟草、棉花、甘蔗、咖啡和茶叶。这些作物的年总种植面积分别为：1980年3.69万公顷，1985年3.72万公顷，1990年5.96万公顷，1995年5.79万公顷，2000年6.61万公顷，2005年8.55万公顷，2010年11.30万公顷，2011年12.67万公顷。

老挝经济作物比粮食作物的种植面积增长要快得多，从1980年到2010年增长了约2倍。其中咖啡种植面积增长最快，增长了近7倍。黄豆和甘蔗等的种植面积也有较大的增长。

老挝2015年的经济作物种植面积中咖啡居首位，相当于经济作物总种植面积的1/2。其次是甘蔗，相当于经济作物总种植面积的1/5。1980~2015年各种经济作物的种植面积见表4-7。

表4-7　1980~2015年老挝经济作物种植面积

单位：万公顷

作物	1980年	1985年	1990年	1995年	2000年	2005年	2010年	2015年
绿豆	0.29	0.24	0.46	0.33	0.24	0.29	0.32	0.30
黄豆	0.48	0.32	0.56	0.58	0.33	0.95	0.72	1.19
花生	1.07	0.67	0.85	0.83	1.21	1.67	2.36	2.09
烟草	0.40	0.37	1.20	0.74	0.51	0.54	0.84	0.64

续表

作物	1980年	1985年	1990年	1995年	2000年	2005年	2010年	2015年
棉花	0.70	0.56	0.69	0.96	0.35	0.21	0.22	0.20
甘蔗	0.09	0.29	0.40	0.27	0.66	0.55	1.54	3.61
咖啡	0.65	1.26	1.76	2.02	3.22	4.26	5.06	9.34
茶叶	0.01	0.01	0.04	0.06	0.09	0.08	0.24	0.51
总计	3.69	3.72	5.96	5.79	6.61	8.55	11.30	17.88

资料来源：老挝计划投资委（现为计划投资部）编制《老挝年鉴》，1975~2005年、2006年、2010年、2015年各卷。

（三）农作物产量

老挝的农作物产量与其耕地面积一样，从20世纪70年代中期到90年代中期变化不大，在120万吨到195万吨徘徊。进入21世纪后迅速增长，2000年首次超过300万吨，近年来已超过600万吨。老挝农作物产量及其增长概况如下。

1. 总产量

根据《老挝社会经济统计资料》和《老挝年鉴》的数据，老挝农作物（包括粮食作物和经济作物）的年产量分别为：1980年126.75万吨，1985年166.82万吨，1990年201.01万吨，1995年174.24万吨，2000年346.94万吨，2005年415.96万吨，2010年678.51万吨，2011年794.64万吨，2015年1238.03万吨。

从以上数据中可以看到老挝的农作物产量从1980年到1995年增长幅度很小，从1995年到2000年增长近1倍，从2000年到2010年又增长了近1倍，经过"七五"计划的实施，2010~2015年农作物产量增幅明显，增长了82.46%。

农作物产量增长的主要原因有四个方面：一是农作物种植面积有较大的增加；二是老挝政府把山区进行刀耕火种的山地民族大量迁移到坝区改种旱田或水田；三是有关部门积极推广田间管理、施肥和间作套种技术；四是老挝农田水利设施不断改善。

2. 粮食作物产量

老挝的粮食作物主要有单季稻、双季稻、旱稻、玉米、薯类和蔬菜、豆类等。这些作物的年总产量分别为：1980年120.44万吨，1985年156.12万吨，1990年181.28万吨，1995年162.10万吨，2000年317.85万吨，2005年386.63万吨，2010年576.51万吨，2011年649.79万吨，2015年达到了1006.89万吨。

从上述数据中可以看到，老挝的粮食作物产量从1980年到1995年增长幅度很小。从1995年到2000年增长幅度很大，增长了近1倍。从2000年到2010年增长幅度又有所减小，增长不到1倍。"七五"计划期间，老挝政府加大对粮食作物生产的支持，到"七五"期末，粮食作物的产量有了明显的增长，从2010年到2015年增长了75%。1980~2015年老挝各种粮食作物的产量见表4-8。

表4-8 1980~2015年老挝粮食作物产量

单位：万吨

作物	1980年	1985年	1990年	1995年	2000年	2005年	2010年	2015年
单季稻	70.50	102.33	108.85	107.13	161.91	208.21	233.13	335.76
双季稻	1.11	2.75	3.91	5.04	43.62	27.11	51.24	52.00
旱稻	33.70	35.23	37.99	29.61	27.86	21.48	22.69	22.44
玉米	2.84	3.33	8.19	4.83	11.32	37.26	102.09	151.63
薯类	8.03	8.54	16.27	9.92	10.08	18.12	72.59	276.72
蔬菜、豆类	4.26	3.94	6.07	5.57	63.06	74.45	94.77	168.34
总计	120.44	156.12	181.28	162.10	317.85	386.63	576.51	1006.89

资料来源：老挝计划投资委（现为计划投资部）编制《老挝年鉴》，1975~2005年、2006年、2010年、2015年、2016年各卷。

3. 经济作物产量

老挝的经济作物主要有绿豆、黄豆、花生、烟草、棉花、甘蔗、咖啡和茶叶等。这些作物的年总产量分别为：1980年6.31万吨，1985年10.70万吨，1990年19.73万吨，1995年12.14万吨，2000年29.09万吨，2005年29.33万吨，2010年102万吨，2015年231.14万吨。

从上述数据中可以看到老挝经济作物产量的增长幅度是很大的。

其中 1990 年比 1980 年增长了约 2 倍，2000 年比 1990 年增长了近 50%，2010 年比 2000 年增长了约 2.5 倍，2015 年比 2010 年增长了 1 倍多。

在老挝的各种经济作物中，产量增长最大的是甘蔗，2010 年与 1980 年相比产量增长了 33 倍。其次是咖啡，2010 年与 1980 年相比产量增长了 9.5 倍，而 2015 年与 2010 年相比，增长了近 2 倍。花生和黄豆产量也增长较快，2015 年与 1980 年相比，产量分别增长了 6.8 倍和 4.7 倍。1980~2015 年老挝各种经济作物产量见表 4-9。

表 4-9 1980~2015 年老挝经济作物产量

单位：万吨

作物	1980 年	1985 年	1990 年	1995 年	2000 年	2005 年	2010 年	2015 年
绿豆	0.16	0.15	0.26	0.23	0.28	0.37	0.45	0.48
黄豆	0.33	0.21	0.45	0.46	0.30	1.11	1.14	1.87
花生	0.79	0.52	0.80	0.84	1.68	2.70	5.09	6.20
烟草	1.66	1.57	5.84	2.66	3.01	2.81	8.38	6.30
棉花	0.49	0.29	0.50	0.88	0.34	0.20	0.16	0.19
甘蔗	2.41	7.30	11.19	6.13	20.86	19.61	81.89	201.87
咖啡	0.44	0.61	0.53	0.86	2.58	2.50	4.63	13.60
茶叶	0.03	0.05	0.16	0.08	0.04	0.03	0.26	0.63
总计	6.31	10.70	19.73	12.14	29.09	29.33	102	231.14

资料来源：老挝计划投资委（现为计划投资部）编制《老挝年鉴》，1975~2005 年、2006 年、2010 年、2015 年、2016 年各卷。

（四）果类和药类作物

老挝热带和亚热带果木很多，主要有椰子、菠萝、香蕉、橘子、橙子、黄果、杧果、葡萄柚、木瓜等。菠萝年产量 3 万~4 万吨，优良品种有大圆菠萝和新加坡无眼菠萝。香蕉年产量 2 万~3 万吨，优良品种有牛角蕉、矮脚蕉和小型蕉。牛角蕉和矮脚蕉均为高产香蕉，一般第二年可收获 50 公斤，第三年新株增多可收获 100~200 公斤。小型蕉产量较低，但香味浓郁，非常可口。橘子年产量 3 万吨左右，优良品种为法国橘。黄果和橙子产量与橘子不相上下,老挝人经常把这三种果木混合栽种,称其为大橘、中橘和小橘。杧果年产量1万~2万吨,产量很高,被老挝人称为"果中之王"。葡萄柚是老挝的名产水果,因其味如葡萄而得名,年产量2万~3万吨。木瓜是老挝的高产水果,栽种后一年便开花结果,一年四季果实累累,月月均可采收,每株年产量可达数百公斤,全国年产量10万吨以上。

上述热带和亚热带果木在老挝全国各地均有种植。老挝的气候、土壤等地理条件又很适宜这些果木的生长,成活率高,生产期短。老挝土地广大,空闲地很多,村旁、路旁、地旁均可种植,这都是扩大果木栽种、发展果木生产的良好条件。果木生产是一项可以大量开发并用于出口的产业。

老挝人特别是老松族系诸民族有不断迁徙的习惯,常常举村搬迁,人们搬走后,所种的果木仍继续生长繁殖,久而久之便成了无主果木林。在上寮山区的森林里常常可以看到成片的香蕉、橘子和其他果木林,这些果木已经成了野生果木。如果有人去认真管理,其产量将是很可观的。

老挝的药材种类很多,主要有砂仁、金鸡纳、肉桂、沉香、檀香、阴香、安息香、苏木、杜仲、何首乌、黄连、美登木、莱木、鸡血藤、大血藤、紫胶等。其中,砂仁是防治胃病和其他肠道疾病的良药,除人工种植的砂仁外,老挝的野生砂仁也很多。下寮的老岸地区是砂仁的主产区。与中国接壤的丰沙里、琅南塔和乌多姆赛三省也产砂仁,全国年产量1000吨左右,可出口800吨以上,但由于种种原因,现在的出口量不大。

金鸡纳是防治疟疾的药材,是提炼奎宁的原料,以下寮生产居多,中、上寮地区也常见,年产量可达10吨左右,最近几年每年出口3~5吨。肉桂是一种滋补药,具有舒筋活血、祛寒止痛之功能,除人工种植外,在中、上寮的森林中也常见。有些地方成片生长。据说这是很久以前人工种植的,后来,种树的人们迁走,肉桂树自行生长,逐渐与其他树种一起繁殖成了混合林。"野生"的肉桂比人工种植的高大得多,每棵产桂皮可达数百公斤。沉香也称伽南香或奇南香,其味香浓,有镇痛、健胃等功能,中、上寮的原始森林中常见,现已进行人工种植。檀香是制造乐器、高级家具的珍贵木料,也是提炼成药的原料,为万象地区的特产,现已人工种植。安息香是老挝的主要特产,其产量占世界总产量的70%以上。安息香是安息香树所分泌的树脂，有防腐、消毒、祛痰等功能，是主要的化工和医药原料，现已有人工种植，年产量达50余吨，每年可出口30~40吨。紫胶是由黄檀木等植物枝叶上所寄生的紫胶虫的分泌物加工而成的，为老挝的特产之一，是电器、化工和医药的重要原料，每年生产150吨以上，可出口100~150吨。老挝的黄檀木生长很普遍，也可进行人工种植。

阴香、苏木、杜仲、何首乌、美登木、莱木、鸡血藤、大血藤均为野生药类植物，储量均很丰富，也可以大量进行人工种植。发展药类植物生产，也是将来老挝扩大出口商品、增加外汇收入的重要渠道。

二 养殖业

老挝地广人稀，山地、草场广阔，气候湿润，竹叶、牧草终年常青，饲料极其丰富，加之江河纵横、水库、水田众多，所以具有发展家畜、家禽和水产等养殖业的极好条件。按人均占有量计算，老挝为东南亚地区畜禽最多的国家之一。

（一）畜牧业资源

老挝畜牧业资源十分丰富。从开发和发展家畜生产的有利条件来看，全国拥有150多万公顷的天然牧场，其间生长着灌木、竹类和牧草，这都是家畜的天然饲料。由于老挝没有冬季，木、竹、草终年青绿，很适宜家畜放养，特别是大牲畜的放养。过去老挝的大牲畜大多是在野外放养，不用饲料，也不用建盖牛棚、羊舍和猪圈，现在也没有多少改变。所以老挝发展家畜生产投资较少，成本较低，收益较高，前景美好。老挝可以大规模发展家畜生产的牧场主要集中在如下高原和低山丘陵地区。

1. 川圹高原

位于老挝东北部南侧，面积2000余平方公里，东西长50余公里，南北宽40余公里，海拔1200~1400米。高原中间有许多大小不同的低山和山间平地、小盆地和河谷。耕地很少，疏林、竹丛和灌木丛较多，草、竹、木常青。

川圹高原上还有低山、谷地和平原（平坝）。主要低山有普农碧山（海拔最高处1872米）、普岷山（海拔最高处2455米）、普差汶山（海拔最高处1630米）、普米扬山（海拔最高处2300米）。主要谷地有康开谷地、川圹谷地和万荣谷地。主要平坝有查尔坝和班班坝。

川圹高原大部分地区都未开发，是一片广阔的天然牧场。可以用于大规模的家畜放养。

2. 虚实高原

位于老挝东北部北侧，面积约10000平方公里，东西长110余公里，南北宽90余公里。这一高原是中国无量山山脉的余坡。自然条件与川圹高原相近。

虚实高原是南乌河、南坎江和南森河等的源头或上游地区。高原上有琅勃拉邦河谷、南乌河河谷、南坎江河谷和南森河河谷，还有少数山丘。高原地区竹草丛生，林木众多，生长繁盛，终年常青，发展家畜生产的条件十分优越。

3. 甘蒙高原

位于老挝中部东侧，面积10000余平方公里。南北长200余公里，东西宽50余公里，海拔500~800米，少数山脊海拔1000余米。主要低山有娇诺山、绕戈山和幕夜山等。主要河谷有南通河河谷和南顿河河谷等。主要平坝有拉骚坝和坎格坝。其余地区是山地山脊，大都较为平坦。

甘蒙高原气候湿热，雨水充沛，竹草常青，小河小溪众多，很适宜家畜的放养。

4. 波罗芬高原

位于老挝南部，面积7000余平方公里，东西长120余公里，南北宽60余公里。平均海拔1000米，最高山脊海拔1720米。高原西南主要是灌木林，木、竹、草混生。东部森林居多，其他地区为草原，地势平坦。

波罗芬高原西起湄公河，东至公河，有许多小支流流入湄公河或公河，水源丰富，气候湿热，雨量丰富。牧草生长繁茂，终年常青。

该高原小平坝众多，主要有阿速坡坝、孟梅坝、菲亚发坝、巴生坝和班塔登坝等。这些地区一度成为老挝大牲畜饲养和皮革出口基地，牧业发展的条件更为优越,潜力很大。

5. 西北低山丘陵

位于老挝西北部,总面积65000余平方公里,南北长560余公里,东西宽70~250公里,海拔1000~1500米,最高山顶海拔2300米。这一地区为亚热带雨林区,有山地疏林、竹木混交林、竹林和草地。

西北低山丘陵区江河纵横,水源丰富,湄公河、南塔河、南巴河、南本河和南拉河等川流其间。这一地区平坝和盆地众多,有孟新盆地、南塔盆地、孟赛盆地、孟洪盆地、孟拉坝、班那莫坝、本怒坝、孟乌太坝和孟艾坝等。除此以外大多为低山丘陵地,其坡度不大,顶部较为平坦。

西北低山丘陵地区,一年无春夏秋冬之分,只分为雨季和旱季,牧草生长更为茂盛,终年常青,是老挝最大的天然牧场。

老挝开发和发展家禽生产的资源也很丰富,老挝尚有广阔的空闲地,可供大量开垦种植杂粮和加工饲料。据有关资料,这些空闲地或者说可耕地在200万公顷以上。如果将其中的1/4进行开发利用,按较低产量2吨/公顷计算,最少可生产100万吨粮食,加工成100万吨饲料。这为开发和建设大型家禽养殖场提供了基本条件。

老挝的竹木林、草场和其他园林,为家禽的放养提供了广阔的天地。过去和现在老挝农村的家禽大多是放养的,但对这些广阔天然场地的利用率还很低,还可以大量开发利用,家禽的放养还可以成数倍甚至数十倍增长。

(二) 畜牧业的发展

老挝民间的畜禽养殖已有悠久的历史,几乎家家户户都从事家畜和家禽饲养。其中,佬族、泰族主要养殖猪、鸡、鸭、鹅,也有不少家庭养殖水牛、黄牛、绵羊等大牲畜,水牛、黄牛主要用于耕地,其他畜禽供食用和上市交易。蒙(苗)、瑶、佤、佧等民族主要养殖黄牛、山羊、骡、马和驴等大牲畜,也有一些家庭养殖猪、鸡、鹅等。黄牛、骡、马和驴主要用于驮运,其他家禽供食用和上市交易。

老挝人民民主共和国建立以后,政府很重视牧业的发展。一是大力鼓励农户从事畜禽的养殖,减免养殖税;二是支持有关单位、企业和公司建立和发展养殖场,如养牛场、养猪场、养羊场和养鸡养鸭场等;三是积极引进外资、外商与老挝有关单位或私人合作建立和发展以畜禽养殖、加工和营销为一体的企业。

由于政府的重视并采取了一系列发展牧业生产的政策和措施,老挝的牧业生产已取得重大发展。各种家畜和家禽的存栏数额都有了迅速增长。1976~2015年老挝家畜和家禽的存栏数额发展概况见表4-10。

表4-10 1976~2015年老挝主要家畜和家禽存栏数

单位:万头或万只

年份	水牛	黄牛	猪	羊	家禽	合计
1976	64.14	32.59	76.42	3.10	407.59	583.84
1980	86.23	44.70	111.11	4.86	462.06	708.96
1985	93.94	62.65	118.98	8.15	674.08	957.80
1990	107.18	84.19	137.21	13.94	788.43	1130.95
1995	119.14	114.59	172.36	15.29	1133.84	1555.22
2000	100.67	98.66	101.10	10.03	1202.82	1513.28
2005	109.70	127.20	182.70	19.00	1980.20	2418.80
2010	117.80	142.60	294.70	36.70	2252.10	2843.90
2015	116.5	182.8	325.8	53.3	3442.2	4120.60

资料来源:老挝计划投资委(现为计划投资部)编制《老挝年鉴》,1975~2005年、2006年、2010年、2015年、2016年各卷。

另外,老挝有关单位和企业还从事大象、野牛、虎、豹、鹿、麂、孔雀等野生珍稀动物的驯养,并初步形成产业,发展也较快。

(三)水产

老挝是内陆国家,没有海洋水产,但江河、水库、池塘和农田均可发展水产业。湄公河及其20余条支流是老挝的主要产鱼区,主要有鲤鱼、鲶鱼、鲻鱼、攀鲈鱼、鳅鱼和巴勒鱼等。巴勒鱼为湄公河特产,以鳞薄、肉嫩著称。湄公河的沙湾拿吉至巴色段产鳄鱼。

从20世纪60年代开始,老挝政府就很重视发展渔业生产,积极鼓励农民挖塘或在水田里养鱼。但由于长期战乱,政府无法制定渔业资源的保护措施,人们滥肆捕捞,甚至用炸药、手榴弹和毒剂捕杀,丰富的水产资源受到极大的破坏。老挝人民民主共和国成立后,曾多次发布公告,严禁用炸药和药物捕鱼。近几年来，老挝的水产业有了恢复和发展。政府还在琅勃拉邦、万象、沙湾拿吉和巴色等地建立了水产养殖场，在许多水库建立了水产养殖站，计划每年培育250万~500万尾鱼苗发各地池塘放养。各地水库鱼产量均有很大提高，仅万象北部的南俄河水库年产鱼就达1500~2000吨。但老挝目前的水产养殖设施还比较落后，加之受无海条件的制约，其水产的发展将是有限的。

三 林业

林业是老挝经济中的优势产业，在森林资源，林木种类，木材储量，植树造林，培植优良树种和木材采伐、加工、出口等方面，均具有极其优越的条件。

（一）林业资源

老挝的林业资源十分丰富，森林面积达1400万~1500万公顷，20世纪60~70年代约占全国总面积的60%，80年代约占50%。木材总蓄积量在20世纪80年代为16亿立方米，现已有较大幅度的减少。储量较大的有柚木、乌木、檀香木、沉香木、红豆杉、紫檀木、黄檀木、双叶黄松、双翅龙脑香木、铁力木、纯叶婆罗双木、油楠木、红木、楸木、花梨木。老挝是世界各国中森林面积所占比重最大、珍贵木材最多的国家之一，主要林木种类和木材储量如下。

常绿密林面积约540万公顷，主要经济树种有红龙脑香木、泰国油楠木、缅甸紫檀木、铁力木、坡垒木、紫薇木、野桐木、棕榈木，每公顷材积量约150立方米。

落叶、常绿混交林（季风林）面积约430万公顷，主要经济树种有柚木、紫檀木、油楠木、木棉、莱木、阴香木、紫薇木、黄檀木，每公顷材积量约100立方米。其中柚木林约7万公顷，主要分布在从北礼至琅勃拉邦的湄公河右岸和从琅勃拉邦至会晒的湄公河左岸地区，每公顷材积量约300立方米。

竹林有混生竹林和纯竹林两类，混生竹林分布在各类森林中，纯竹林主要在万荣和老越边境地带，面积比混生竹林少。经济价值较高的有篱竹、头穗竹、硕竹和实心竹等，材积量非常高。

龙脑香疏林面积约 420 万公顷，主要经济树种有檀香木、缅甸铁木、双翅龙脑香木、多穗紫檀木、纯叶婆罗双木、毛榄仁木、缅茄、椿木、楸木、马来西亚漆木和藤条等，每公顷材积量约 45 立方米。

山地矮林和疏林总面积约 30 万公顷，主要经济树种有安息香木、苏木、樟木、肉桂木、松木、柏树、乌桕、金龟木、油杉、黄杞木，每公顷材积量约 15 立方米。

针叶林总面积约 40 万公顷，其中松林约 20 万公顷，主要树种有南亚松、海岛松、鸡毛松、双叶黄松、油杉和红胶木，每公顷材积量约 200 立方米。

老挝人均占有林地面积约 4 公顷，人均木材蓄积量 400 立方米。林业资源最多的省份是沙湾拿吉省、甘蒙省、沙拉湾省和占巴塞省，分别为 160 万公顷、156 万公顷、150 万公顷和 100 万公顷。

（二）林木采伐和加工

由于工业基础薄弱，资金、技术、劳动力缺乏和交通不便，老挝的林业资源还未很好地开发利用。根据老挝政府 1989 年调查统计，老挝有成熟林 800 余万公顷，其中开发价值较高的经济林 400 余万公顷，即人均为 1 公顷。1995~2015 年老挝的木材产量和藤竹产值见表 4-11。

表 4-11　1995~2015 年老挝木材产量和藤竹产值

年份	1995	2000	2005	2008	2009	2010	2015
板材（万立方米）	28.98	20.0	12.5	14.96	15.14	16.95	24.1
层板（万块）	206.90	210.0	132.0	99.63	100.9	364.5	153.2
地板条（万立方米）	22.0	—	21.0	96.63	103.4	259.9	204.7
藤竹产值（亿基普）	66.2	136.6	50.0	221.6	222.08	408.85	291.7

资料来源：老挝计划投资委（现为计划投资部）编制《老挝年鉴》，1975~2005 年、2006 年、2010 年、2015 年各卷。

老挝林业资源的破坏情况十分严重。1989年，老挝有关部门对此做了较全面的调查，估计每年有20万公顷森林的木材毁于刀耕火种和乱砍滥伐，老挝的森林面积在逐渐减少。为保护林业资源，老挝政府除了动员山区农民下山种水田，提高林木采伐费和出口税外，还制定了采种同步的方针，即林木采伐者必须采伐多少种植多少，采种并举。在申报林木采伐时必须同时上交林木种植规划和保证。同时还决定，今后的林木采伐和林木种植都必须同时纳入国家计划，国家必须对林业资源进行立法保护。规定6月1日为植树节，这一天，全国各地要开展全民植树活动。政府在万象等地建立了苗圃中心，培育经济林木树种，分发各地栽种。现在刀耕火种、毁林开荒和乱砍滥伐的现象正在逐步减少，植树造林特别是经济林木的种植面积正在逐步扩大。

1987年老挝政府宣布禁止圆木出口，同年老挝部长会议颁布的《关于税收制度的决议》大幅度提高了林木采伐税的税率。此后老挝的林木采伐量和出口量有所减少。但不久，老挝商人与外商合作在主要林区大量兴办锯板厂，将圆木加工成板材出口，致使老挝木材的出口量依然较高。1997年爆发的东南亚金融危机对老挝经济的冲击很大，为了确保外汇来源，老挝木材的采伐和出口又有所增加。

2000年以来，老挝政府建立自然保护区，兴建了大量珍稀林木和其他林木培育（育苗）基地，大力发展植树造林。"七五"期末，老挝拥有51个国家级自然保护区，总面积达310万公顷。老挝政府又规划了324个次级保护区，截至2016年初，其中276个完成了调查、数据收集和规划，覆盖面积总计220万公顷；再生林面积达到16.4万公顷；"七五"期间完成植树造林43.77万公顷。[①]

第三节　工业

老挝工业基础十分薄弱，科技落后、资金匮乏、人才奇缺，是当今世界

[①] Ministry of Planning and Investment, 8th Five-year National Socioeconomic Development Plan (2016–2020), June 2016, p. 16.

上最不发达的国家之一。工业产值在 GDP 中所占比重 1976～1985 年为 15% 以下，1986～1995 年为 20% 以下，2000 年为 22.7%，2010 年为 36.4%，2015 年为 27.7%。四十余年来，老挝现代工业经历了从无到有、从小到大的发展，特别是矿产、电力、建材等工业企业取得了突破性的发展。"七五"计划期间，老挝出台具体政策措施，力促小企业发展，包括简化企业登记审批程序，通过"一县一品"政策（即大企业采购小企业的产品和服务），建立起大企业与小企业的合作。"七五"计划期末，老挝全国注册的企业已达 100653 家，总资产达 1680 万亿基普（2000 亿美元）。其中，工业企业占 86.52%，农业企业占 1.62%，建材企业占 3.14%，服务业企业占 8.72%。从企业所属性质看，国有企业 131 家，占 0.13%；私营企业 100473 家，占 99.82%；集体企业 29 家，占 0.03%。私营企业中，本国企业 96531 家，占 95.90%；外资企业 2758 家，占 2.74%；合资企业 1184 家，占 1.17%。[1]

一　电力工业

老挝的电力工业主要是水电。水电是老挝发展最快和最具发展潜力的产业，也是国际投资和合作的主要部门，也是老挝经济的支柱性产业。

（一）水电资源

老挝的水能储量很丰富。湄公河委员会测算的数据为可开发的装机总容量达 3500 万千瓦。老挝的水能除储量丰富外，还有水能集中、沿岸植被优良、河谷深窄、隘口众多、河床稳定等特点。江河流经之地小盆地和小平坝很多，可建大量人工湖和水库。

湄公河有"东方多瑙河"之称，流经中、缅、老、泰、柬、越 6 国。从中老边境至老柬边境落差 484 米，其中，从中老边境至会晒段，落差达 134 米。其他河段虽落差较小，但河水流量很大。如万象河段年平均高水流量为 7470 立方米/秒，年平均低水流量为 3540 立方米/秒，总平均流量为 5198 立方米/秒，年总流量达 168300×10^6 立方米。巴色段年平均高水

---

[1] Ministry of Planning and Investment, 8th Five-year National Socioeconomic Development Plan (2016–2020), June 2016, p. 46.

老 挝

流量为 10457 立方米/秒，年平均低水流量为 4470 立方米/秒，总平均流量为 7740 立方米/秒，年总流量达 233590×10^6 立方米。

从以上数据和地理情况可以看到，湄公河老挝主流河段水能储量巨大，可以建设若干大型和超大型水电站。

湄公河在老挝境内的支流共 100 余条，总长 6000 余公里，其中长 300 公里以上的有 4 条，总长 1394 公里；长 100~300 公里的有 14 条，总长 2102 公里。与主流相比，支流的水电开发条件更为优越。

其一是落差大。这些支流都是发源于被称为东南亚屋脊的锡朴乌台山和长山山脉，从"屋脊"流入湄公河谷地，海拔高差最大的达 1100 米，最小的也有 300 米以上。

其二是河谷的山间小盆地和小平坝较多，在其河流的出口处修建水电站大坝，库容量会很大。

其三是河谷深窄，岸边石崖峭壁众多，沙石和木材丰富，修建水电站大坝工程量和耗费相对较小。

其四是沿岸森林密布，植被良好，因此河床稳定，河道上水电站大坝和其他设施不易损坏。

其五是适宜建设水电站大坝的河段没有城镇，没有厂矿企业，农村和农田也很少，可以大量减少淹没损失和搬迁费用。

其六是这些支流枯洪两季流量变率很大，建设水电站大坝可以有效地调节流量，既能减少洪旱灾害和方便农田灌溉，又能给下游城市、厂矿和居民用水及航运带来便利。故支流水电的开发可以获得综合性的社会经济效益。老挝境内湄公河主要支流简况见表 4-12。

表 4-12 老挝境内湄公河支流简况

河流	河长 （公里）	集水面积 （平方公里）	落差 （米）	平均落差 （米）
南乌河	448	25800	1100	2.82
公河	320	15700	1100	3.11
南俄河	354	16500	1000	2.86
色邦亨河	338	14900	400	1.33

续表

河流	河长（公里）	集水面积（平方公里）	落差（米）	平均落差（米）
南通河	103	14310	700	2.64
南塔河	325	7950	500	2.27
色敦河	192	7160	700	3.59
色邦非河	239	8560	400	2.11
南坎江	90	6100	500	2.85
南利河（南里河）	155	5500	500	3.23
南森河	150	5500	400	2.66
南涅河	140	4770	400	2.86
色占蓬河	140	4500	300	2.14
南欣本河	130	3500	350	2.69
南本河	251	3500	350	2.80
南桑河	115	3000	500	4.35
色嘎南河	115	3000	350	2.18
色诺河	110	3000	300	2.72
合计	3715	153250	—	—

资料来源：老挝教育部社会科学研究所编《老挝地理》，1989；老挝计划投资委（现为计划投资部）编制《老挝年鉴》，2002年卷。

（二）水能开发的历史

老挝的水能资源开发利用始于20世纪60年代末期，但在20世纪90年代以前发展进程很慢，直到80年代末期，才修建了两座小型水电站和少数超小型水电站。一是南俄河电站，装机容量为15万千瓦，年发电量6亿~9亿千瓦时，由日、澳、荷等国企业合资兴建，电力主要出口泰国和供万象使用。二是色敦电站，由法国援建，装机容量为1500千瓦，年发电量600万~900万千瓦时，电力主要供巴色地区使用。另外还修建了8座超小型水电站，年总发电量3000万~4000万千瓦时，主要供当地使用。

老 挝

20世纪90年代开始兴建中大型水电站。其中,波里坎塞省的南通河(南嘎丁河)一级电站是最大水电站,装机容量40万千瓦,年发电量17亿~19亿千瓦时。修建的其他水电站均是超小型的,主要有北部地区的南塔河上游电站、南拉河电站和南本河电站等。

20世纪80年代末,湄公河委员会和老挝政府合作勘测并制定了湄公河干流老挝段水能开发规划和老挝湄公河支流水能开发规划项目。其中湄公河干流老挝段开发规划项目主要有11项,分别规划了高坝和低坝两种建设方案。按低坝方案修建,总装机容量1360万千瓦,年总发电量665.2亿千瓦时,计划总投资额为125.5亿美元(按规划时的不变价计算)。按高坝方案修建,总装机容量1665万千瓦,年总发电量814.4亿千瓦时,计划总投资153.6亿美元(按规划时的不变价计算)。老挝湄公河支流开发规划分北部、中部和南部三个子规划项目。其中,北部.湄公河支流水能开发规划项目主要有10项,总有效库容265.6亿立方米,总装机容量177.85万千瓦,年总发电量88.06亿千瓦时,计划总投资额为24.93亿美元;中部湄公河支流水能开发规划项目主要有22项,总有效库容231.97亿立方米,装机容量597.5万千瓦,年总发电量336.73亿千瓦时,计划总投资额为73.07亿美元;南部湄公河支流水能开发规划项目主要有26项。总有效库容193.89亿立方米,总装机容量292.91万千瓦,年总发电量153.93亿千瓦时,计划总投资额为66.66亿美元。自20世纪90年代以来,这一规划中的部分项目陆续建成发电。此后,老挝国家以将老挝建成东南亚的蓄电池为目标,加大电力开发力度,引进外国资金和技术,鼓励多种形式的水电开发和经营。

(三)水能开发的现状

进入21世纪后,老挝水电开发力度加快,先后修建了南利河(南里河)一级电站、南利河二级电站、南蒙河二级电站、南蒙河三级电站、南功河一级电站、南功河二级电站、南俄河二级电站、南通河二级电站、色塞河二级电站、色干河电站等。

老挝的年总发电量1985年仅9.30亿千瓦时,1990年8.44亿千瓦时,

1995年也仅10.85亿千瓦时，2000年增长到12.91亿千瓦时，2005年为34.48亿千瓦时，2008年为37.28亿千瓦时，2009年为34.27亿千瓦时。2010~2011年为37亿~40亿千瓦时。截至七五（2011~2015）期末，建成或建设中的、装机容量在1兆瓦以上的电站有38座，总装机容量为6258.95兆瓦，每年发电量为333.246亿千瓦时。其中，政府控股（国有企业性质）的13座，装机容量总计681.5兆瓦，独立电力发展商开发的有25座，装机容量为5577.45兆瓦，其中26个项目已经建成投产，发电量总计233.427亿千瓦时。截至2016年，老挝建成投产的水电站有42座，总装机容量为3673兆瓦，每年发电量为338亿千瓦时。2012~2016年老挝新增发电站（厂）及装机容量情况见表4-13。

表4-13　2012~2016年老挝新增发电站（厂）及装机容量变化情况

年份	装机容量（兆瓦）	新增投产发电站
2012	2973.15	南俄5水电站,南莫水电站,南松水电站,南涧水电站
2013	2980.24	南隆水电站,达撒楞水电站,南卡水电站
2014	3058.48	南萨水电站,南萨那水电站,南椰3A水电站,塞南浓水电站,达兰水电站
2015	6264.80	洪沙火电厂,南坎2水电站,南欧2水电站,南欧5水电站,南欧6水电站,会兰庞雅水电站,南椰2水电站,塞卡曼3水电站,南伞3A水电站,南伞3B水电站,会兰潘亚水电站,生物质能发电厂
2016	6373.18	南奔水电站,南欧9水电站,南普水电站,南送水电站,南梦1水电站,南钧水电站,塞南浓6水电站

资料来源：Electricite Du Laos：*Electricity Statistics 2017*。

老挝电力除满足国内生产生活所需，大部分用于出口，主要销往泰国、柬埔寨和越南，泰国是老挝电力出口的主要市场。老挝的广大农村还没有电力供应，边远地区和山区均处于无电状态。截至2015年，老挝约有85%的家庭连接上公共电网系统，约9%的家庭没有用上电，约6%的家庭则使用其他电力来源或蓄电池等。老挝的国家电网系统正在逐步完善,老挝部分地区缺电的问题将得到解决。

七五期末,全国输电线路总长52377.56公里。老挝电网输配电分为三类。超高压输电线回路总长6855.32公里,其中227公里的500千伏超高压输电线回路是连接到邻国。连接国家电网和邻国的230千伏超高压输电线回路长度为1371.4公里。连接到中压输变电站的115千伏高压输电线回路长5257.18公里。中压输电线(35千伏、34千伏和22千伏)总长27397.5公里;0.4千伏的低压输电线长18124.99公里,主要是通往农村,实现千年目标之一的农村通电计划。[1]

二 矿业

老挝由于长期受到外国殖民者的侵略、控制和掠夺,国力十分薄弱,经济贫困,资金短缺,技术落后,不但没有对其丰富矿藏资源实施有效的开发利用,让地下宝藏千年沉睡,未能发挥其应有的作用,而且未能对其矿藏资源进行勘查和测算,大量的珍稀矿藏未能被发现。因此,要对老挝的矿藏资源实施有效的开发利用,首先要对老挝的矿藏资源进行全面系统的勘查,制定综合开发的翔实规划和措施。

(一)矿藏开发的有利条件及其作用

如前所述,老挝的矿藏资源虽还未进行全面勘查,但从已发现的部分矿区中,已可以肯定其矿藏资源是丰富的,特别是有色金属矿多种多样,具有极高的开采价值。

老挝的矿藏资源具有优越的开发条件。从能源来看,水能是老挝最大的能源,如前所述,湄公河及其在老挝的100多条分支的水电装机总容量可达到3000万千瓦,年发电量可达1600亿千瓦时。老挝政府已在联合国开发计划署、湄公河委员会和亚洲开发银行的协助下制定了11项湄公河主流水电站和58项支流电站的开发规划,这些项目的总装机容量和年总发电量已经接近老挝的水能总储量。老挝已加入东盟,东盟将会把大量的

---

[1] Ministry of Planning and Investment: 8th Five-year National Socio-economic Development Plan (2016 - 2020), June 2016, pp. 20 - 22.

建设资金投向老挝，逐步实施老挝的水电开发规划，从老挝大量进口电力，以满足东盟各国的电力需求。老挝水电的开发将为其矿业开发创造条件，为其高耗电的开采和冶炼提供能源保障。

煤是老挝又一重要能源，老挝的煤矿分布在其东、西、南、北各地，有些煤矿与金属矿相距不远，如孟班煤矿距普洛安铁矿很近，附近还有丰富的石灰石山丘，水源也充足。万荣煤矿与万荣铅矿分别位于13号公路的左侧和右侧。丰沙里地区的煤矿、铜矿和盐矿紧靠在一起。琅勃拉邦北部的煤矿、铜矿、铁矿和金矿几乎相连在一起。水电和煤为矿业开发提供了能源保障，相反，矿业的开发又为水电和煤的开发提供了广阔的市场，起到相互促进的作用。

从矿业的国内和国际市场来看，老挝的金属建材、农器具、家具和其他金属材料几乎都靠进口。矿业开发将可以使老挝的矿产品占有国内市场的大部分，逐步替代进口，节约大量外汇支出，矿产品在国内市场上将具有广阔的发展前景。在国际市场上，锰、锌、铅、锡、钨、锑、金、玉石等是走俏商品，这些矿产品在一些国家正在逐步减少，有的已濒临枯竭，而老挝正待开发和出口，可以逐步扩大其在世界市场上的占有率和销量，增加老挝的外汇收入，矿业开发在国际市场上也将有广阔的发展前景。因此，国内和国际市场都为老挝的矿业开发提供了良好的机遇和条件。从中也可以看到矿业开发对老挝经济发展的巨大作用。

矿业开发将是老挝发展农机工业、建材工业、机械工业及其他制造业和加工业的基础，矿业可以为这些工业部门和厂商提供所需的原料和材料，促进老挝工业的发展，逐步提高老挝工业产值在国民经济总产值中的比重和改变老挝工业品主要依靠进口的局面。

煤、石油和天然气等的开发将会改变老挝的能源和燃料结构。老挝从古到今所使用的能源和燃料主要是木材，每年要烧掉1000万立方米左右的木材，平均每人2~3立方米，这是一种巨大的损失和浪费。20世纪中期老挝建设了少量水电站，但至今电能在老挝的能源中所占比重仍很小。20世纪90年代老挝与外国合作建设了一些煤矿，但煤在能源中的比重仍微不足道，老挝现在的主要能源还是木材。要改变这种能源结构，就必须开发新能源，这种新能源除水电外，还有煤、石油和天然气。老挝现已查明有丰富的煤矿床，这些煤矿如能进行有效的开发利用，将可以取代木材作为老挝民间的主要燃料，同时可大量用作冶金、化工和制造业的能源和原料。现老挝燃油还全部依赖进口，天然气和煤气在老挝还是一个空白。90年代初，英法石油公司对老挝南部的石油和天然气进行了勘探，证明老挝南部的沙湾拿吉平原和巴色平原有石油和天然气。如能进行有效的开发利用，将可以改变老挝燃油全部依靠进口和天然气空白的局面，同时也会促成老挝化工产业的兴建和发展。

总之，矿业开发将是老挝工业发展的基础，既可以为工业的发展提供充足的原料和材料，又可以为工业的发展提供必要的能源。矿业开发也将是老挝发展出口商品和进行替代产品的重要渠道，既可以扩大商品的出口量，又可以提高商品在国内市场上的占有率，为老挝的经济建设和发展提供外汇和资金。

（二）矿藏开发现状

老挝矿藏资源丰富，种类众多，已进行开采的主要有锡、白云石、褐煤、无烟煤、石膏、铅、锌、金和铜等矿藏。其中，锡矿早在法国殖民者占领时期就进行开采，大部分被运往法国。石膏从1984年开始开采，主要由越南投资，产品大部分运往越南。盐开采较为久远，主要由民间在各地矿点自行开采，产量很低。钾盐矿主要由中国企业与老挝政府合作开采。金矿开采时间久远，在部分有金砂的江河河段，民间很早就有许多淘金点，20世纪70年代末期，由苏联与老挝政府合作开采色崩金矿，现由老挝军方接手开采。铜矿开发时间较晚，主要由老挝政府与中国公司合作开采。煤矿的规模化开采也较晚，主要由老挝政府与泰国公司和中国公司合作开采。

从20世纪80年代末期开始，老挝党和政府实行了政府投入、企业参与和外来合作相结合的政策举措，并主动引进外国科技人才，积极培训本国科技人才，以适应资源勘查和开发的需要。资源勘查的力度开始逐年增强。对矿藏资源的勘查采取了由点到面、由勘查到勘探、逐步扩大、逐步深化和细化的方法。矿藏资源的勘查初见成效。

进入21世纪后，老挝对矿藏资源勘查和开发的力度进一步加强。到2005年已有22家外国公司和37家老挝公司和企业参与了老挝矿藏资源的勘查和开发。投资矿藏勘查和开发的项目达81项。其中，有27家国内和国外公司在金矿、煤矿、石膏矿、宝石矿、盐矿、磷矿、铅锌矿、锡矿、钾盐矿、铝土矿和铁矿等的勘查和开发中获得了收益。

在第五个五年计划（2001～2005年）期间，老挝政府对矿藏勘查和开发的投资为40000亿基普，外商总投资为3.707亿美元，勘查和开发项目78项。老挝私人投资为3020万美元，项目95项。越南援助300亿越南盾，用于矿藏勘查。这促成了矿藏勘查和矿业开发的快速发展，这一期间的矿业产值年均增长率达33.87%。

在第六个五年计划（2006～2010年）期间，老挝对能源和矿业的总投资为1177.4亿基普。其中对矿业的投资比例大大增长。外商对老挝矿藏资源勘查和开发的投资也大大增长。

"六五"计划期间，老挝主要的矿藏资源勘查和测绘项目为23项。

（1）老挝北部地区62285平方公里的1:200000地质图的勘测和绘制。由越南援助实施。

（2）甘蒙省农博县博达斯石膏矿勘测。由越南援助实施。

（3）老挝南部地区铝土矿和相关矿藏的勘测。由越南援助实施。

（4）老挝矿业评估和管理问题。由世界银行援助。

（5）老挝与泰国边境25670平方公里的1:200000地质图勘查测绘。由泰国援助。

（6）乌多姆赛省黄铜矿和红铜矿勘测。由中国私人投资。

（7）甘蒙省锡矿和石灰石勘测。由老挝和外商合作，采用股份制。

（8）万象省赛宋奔铁矿勘测。由中国私人投资。

（9）波里坎塞省矿藏资源勘查。由越南私人投资。

（10）万象省孟梅县铅锌矿勘测。由泰国私人投资。

（11）万象省和川圹省2637平方公里金矿和铜矿勘测。由老挝政府投资。

（12）琅南塔省5平方公里金矿勘测。由中国私人投资。

（13）万象省沙拉坎县金矿勘测。由中国私人投资。

（14）万象市桑通县300平方公里金矿勘测。由老挝和俄罗斯合作投资，为股份制项目。

（15）公河省777平方公里金矿勘测。由意大利私人投资。

（16）占巴塞省苏库玛县590平方公里铜矿勘测。由中国私人投资。

（17）丰沙里省20平方公里铜矿勘测。由中国私人投资。

（18）川圹省铁矿勘测。由加拿大私人投资。

（19）华潘省铁矿勘测。由越南私人投资。

（20）公河省和占巴塞省铝土矿勘测。由中国私人投资。

（21）沙拉湾省、占巴塞省和乌多姆赛煤矿勘测。由老挝和中国合资。

（22）乌多姆赛纳莫县锌矿勘测。由中国私人投资。

（23）甘蒙省石膏矿勘测。由越南私人投资。

"六五"计划期间，老挝主要的矿业开发和发展项目为10项。投资者大都为国内外私人企业或公司。

（1）万象省万威杨20平方公里铅锌矿开采。由私人投资。

（2）甘蒙省欣奔锡矿开采。由私人投资。

（3）沙湾拿吉省占盆县石膏矿开采。由私人投资。

（4）沙湾拿吉省威拉布里县2851平方公里金矿和铜矿开采。由私人投资。

（5）甘蒙省他曲18835平方公里石膏矿开采。由私人投资。

（6）甘蒙省色邦非县石膏矿开采。由私人投资。

（7）万象市78平方公里钾盐矿开采。由私人投资。

（8）万象省赛宋奔金矿开采。由私人投资。

（9）琅南塔省圆普卡煤矿开采。由私人投资。

（10）万象省、甘蒙省和沙拉湾省石灰石开采。由私人投资。

"六五"计划期间，老挝在充分发动和利用国内外私人企业公司资本加大矿业开发投入的同时，也加大了矿藏资源勘查的力度。主动与外国矿业界、金融界和私人企业合作，分批分期查清各种矿藏分布、储量和品位，分批分期测绘和制作全国各地地质结构图和矿藏分布图。新发现了矿源和矿床550多处，并对其中的50多处矿床和矿点进行了重点勘探和测绘。

1995~2015年老挝各种矿产品的产量见表4-14。

表 4-14 1995~2015 年老挝矿产品产量

矿产品	1995 年	2000 年	2005 年	2008 年	2009 年	2010 年	2015 年
锡（吨）	634.0	470.0	787.0	551.3	489.7	925.0	1024
白云石（吨）	220.0	300.0	14400.0	1000.1	12500.0	1750.0	32150
褐煤（万吨）	77.0	25.3	32.0	35.0	76.1	55.3	446.40
无烟煤（万吨）	23.0	30.0	—	39.1	46.6	50.2	10.60
焦炭（万吨）	—	—	—	10.47	10.14	21.17	—
石膏（万吨）	12.4	15.0	23.9	33.7	76.1	55.3	98.95
铅锌（吨）	—	—	—	7900.0	5000.0	5000.0	—
石灰石（万吨）	—	—	50.5	50.67	73.22	119.49	118.41
金（公斤）	—	—	10134.0	5809.9	5463.4	5105.8	40560
粗铜矿（万吨）	—	—	—	10.27	25.42	29.87	37.69
精铜矿（万吨）	—	—	—	6.25	7.67	6.43	8.93
钢（吨）	—	—	3100.0	3549.9	2287.0	3793.0	3384.0

资料来源：老挝计划投资委（现为计划投资部）编制《老挝年鉴》，1975~2005 年、2006 年、2010 年、2015 年各卷。

三 建材工业

老挝的建材工业主要是在外国的帮助下建立的，各种建材厂家规模都不大，且大部分设备较落后。主要有水泥厂、砖瓦厂、高岭土碾末厂、大理石加工厂、花岗石加工厂、瓷砖厂、镀锌波型瓦厂、钢筋加工厂、水泥构件厂、石棉瓦厂、木材加工厂和纤维板厂、双飞粉厂、石灰厂和水泥电杆厂等。

万象市北部的万荣水泥厂是老挝最大的水泥厂，20 世纪 90 年代中期兴建，设计年产量为 10 万吨。之后进行了扩建，设计年产量达 20 万吨。其他的水泥厂主要有万象市的东纳索水泥厂和苏卡坊水泥厂、沙湾拿吉的两家水泥厂及巴色的一家水泥厂。

老挝木材加工厂较多，各个林区大都设有锯木厂，主要生产各种板材和方木。大中城镇几乎都建有木料厂，主要生产层板、地板条、装饰条和其他建筑用材。竹藤加工厂商也较多，几乎遍及老挝南北，主要制作各种竹材和竹器及藤材和藤器。

砖瓦厂遍布老挝城乡，较大的有万象砖瓦厂和沙湾拿吉砖瓦厂，由越南援建。其他砖瓦厂规模都不大，大都采用土法生产。

瓷砖厂主要在沙湾拿吉和巴色等城镇，主要由当地政府和泰国厂商合作兴建，采用股份制经营。

石棉瓦厂和镀锌波型瓦厂主要建在万象地区，与其他建材厂相比较为先进，规模也相对较大。

石灰厂遍布老挝各地，均为民间自行兴建，采用土法生产和营销。

老挝电力几乎都是水电，主要由老挝政府与外国公司合作兴建，采用股份制或 BOT 方式经营。

1995~2015 年老挝主要建材和电力产量见表 4-15。

表 4-15 1995~2015 年老挝主要建材和电力产量

	1995 年	2000 年	2005 年	2010 年	2015 年
板材（万立方米）	28.89	20.00	12.5	16.95	24.1
层板（万张）	206.90	210.00	132.0	364.51	153.2
地板条（万平方米）	22.0	—	21.0	259.92	13336.9
竹材（亿片）	66.22	136.60	—	354.50	412.55
藤材（亿片）	—	—	50.0	54.35	96.47
水泥（万吨）	5.94	4.80	40.0	170.00	309.88
砖（亿块）	5.64	6.60	13.5	7.71	31.59
瓷砖（万片）	39.10	73.00	135.0	650.60	9507.99
石棉瓦（万块）	13.32	—	28.0	305.8	218.7
石灰（吨）	—	600.0	1250.0	3140.0	3975
镀锌玻型瓦（万块）	—	200.00	300.0	305.78	218.7
电力（亿千瓦时）	—	36.73	34.92	84.49	167.29

资料来源：老挝计划投资委（现为计划投资部）编制《老挝年鉴》，1975~2005 年、2006 年、2010 年、2015 年各卷。

四　日用品工业

老挝目前能生产的日用品有纺织品、床上用品、洗涤用具、塑料制品、厨房用具、文具、教学用具、手工工具和电工工具等。

老挝的纺织品有丝织品、棉织品、针织品和刺绣品等种类。丝织是老挝有较长历史的产业，各地都有一些能工巧匠。其中，万象市郊的班勃是老挝最负盛名的丝织村，有能工巧匠100余人。琅勃拉邦市郊班帕隆的丝织品也很著名，有工匠100余人。两地的丝织品以做工精细、质量上乘和具有民族特色而著称，在老挝市场上占有一定的比重，是外国游客的主要选购商品之一。沙湾拿吉、巴色、他曲和北汕等城市也有一些丝织作坊，大多是手工土法生产，产品以"土"获得外国游客的喜爱，也是畅销商品之一。

棉织在老挝相对发达，也较为普遍。万象市有劳永织布厂和坤达织布厂等厂家，各有自动织布机20余台，工人200余名。桑怒中央织布厂也有20余台自动织布机，工人200余名。其他地区的织布厂规模较小，以手工织布为主，也有部分自动织布机，工人100人左右。此外，各地区还有一些专门从事生产妇女披巾、筒裙和土布的小作坊，产品主要供应当地市场。农村妇女多用传统手工纺织方法，将自种的棉花和麻纺成线，织成花裙、花布和其他棉麻土布，一部分自用，一部分在市场上交易，这种家庭棉麻纺织品几乎各地农村都有。

20世纪90年代中期，老挝政府与外商合作分别在沙湾拿吉和万象兴建了较现代的纺织厂，其产品可供军用和加工出口。

服装业是20世纪90年代发展起来的日用品工业，也是老挝发展较快的产业之一。发展快的主要原因是一些外国公司利用老挝没有出口配额的有利条件，到老挝投资开办服装加工业，将其产品作为老挝的出口商品运到国际市场上销售。这种服装厂在万象、巴色和琅南塔等城市已具有一定的生产规模。一般的服装加工小厂、作坊和店铺，每座城市都有几家到几十家，产品主要是衬衣、西服和部分内衣。

老 挝

铁器和家具的生产在老挝日用品工业中占有较大的比重，除万象市塔勒农具厂、塔温农机修理厂和万象农机厂生产农具和铁器外，各地都有一些打制农具的手工作坊和店铺。丰沙里省的本赛县就有打制农具的作坊450 余个，年产锄、刀、斧、铲、镰及其他农具和铁器 4 万 ~ 5 万件，其他地区的铁器和农具作坊数量也不少，所生产的农具和铁器一般都可以满足当地市场所需。

洗涤用品也是发展较快的日用品工业之一，主要厂家在万象和沙湾拿吉两城市，主要产品有肥皂和洗衣粉等。

塑料制品工业是老挝发展较快的产业之一，主要厂家在万象、沙湾拿吉、巴色和琅勃拉邦。

鞋类厂主要在万象和巴色等城市，以生产皮鞋为主。1995 ~ 2015 年老挝主要日用品产量见表 4 – 16。

表 4 – 16　1995 ~ 2015 年老挝主要日用品产量

日用品	1995 年	2000 年	2005 年	2010 年	2015 年
布匹（万米）	36.5	56.0	145.0	288.56	284.1
成衣（万件）	2046.0	2100.0	3850.0	6113.8	5665.5
氧气（万瓶）	1.74	2.00	2.50	50.27	18.0
硫酸（升）	2100	3500	5500	68400	73400
酒精（升）	35000	50000	68000	97100	128000
洗衣粉（吨）	877.0	750.0	880.0	211.2	2178
肥皂（万块）	45.9	30.0	46.0	335.65	258.6
皮鞋（万双）	15.0	30.0	52.0	124.0	100.7
药品（亿片）	28.40	38.00	50.00	265.73	164.82
疫苗（万支）	500	700	900	1300	1200
塑料（吨）	500.0	4200.0	6000.0	11270	13751
电风扇（万台）	—	40.0	35.0	49.63	36.7

资料来源：老挝计划投资委（现为计划投资部）编制《老挝年鉴》，1975 ~ 2005 年、2006 年、2010 年、2015 年各卷。

五　食品和卷烟工业

老挝的食品厂主要有糕点、面条、卷粉、方便面、米线、制糖、制盐、饮料、碾米、磨面、屠宰、罐头、卷烟、制酒、味精、咖啡、奶制品、鱼露和酱油等厂家。这些厂规模都比较小，产品较单一，且大都是供应附近市场和进行来料加工。

万象市的食品加工厂规模较大。卷烟业相对发达，年产量达4000万~5500万条，在老挝市场上有较大的占有率（约1/2）。啤酒生产发展很快，万象市塔勒路的老挝啤酒厂除供应老挝市场外，还销到越南和泰国。咖啡加工也发展较快。万象市的其他食品加工厂还有现代化屠宰场、碾米厂、造酒厂、面包厂、鱼露厂、鱼露酱油厂、制冰厂、糕点厂、面包厂、米线厂、制糖厂、盐厂、磨面厂、面条厂、方便面厂和糖果厂等。

其他省市也有不少食品加工厂。这些食品加工厂大都是自产自销和现产现销，只能供应当地市场。1995~2015年老挝主要副食品产量见表4-17。

表4-17　1995~2015年老挝主要副食品产量

副食品	1995年	2000年	2005年	2008年	2009年	2010年	2015年
糕点（吨）	680.0	950.0	500.0	3012.5	3412.5	5207.0	98744.0
鱼露酱油（桶）	1316.0	4000.0	3800.0	3700.0	3900.0	6300.0	331990.0(Hl)
素食品（吨）	3019.0	1300.0	1200.0	7700.0	7500.0	12800.0	13800.0
食盐（吨）	10625	19000	19000	25100	27700	32200	351000
咸鱼（吨）	280.0	550.0	650.0	811.3	844.3	1252.5	15270.0
冰（吨）	2900	6800	125000	23130	24930	38160	304150
白酒（箱）	1450	3000	3500	7100	7400	9000	181.98(Th. hl)
汽水（万箱）	14.51	11.50	19.40	27.01	27.28	42.98	2611.23(Th. hl)
啤酒（万箱）	15.13	48.00	92.7	136.25	139.13	239.11	5164.56(Th. hl)
咖啡（吨）	48.0	210.0	250.0	525.0	541.3	612.5	61833.0
面条（吨）	22.5	560.0	800.0	2625.0	2912.5	6665.0	100432.0
白糖（吨）	—	256.0	—	1612.5	3025.0	8436.0	16532.0

资料来源：老挝国家统计中心编《老挝经济社会统计资料》，1995年、2000年卷；老挝计划投资委（现为计划投资部）编制《老挝年鉴》，2008~2011年、2016年卷。

第四节　商业与外贸

20世纪90年代以来，老挝的商业和外贸均有了迅速发展。1991年老挝人民革命党"五大"提出"以商业为桥梁，利用各种经济成分大办商业，大力发展商业"。1996年和2001年召开的"六大"和"七大"也将发展商业、服务业提到发展国民经济的日程上。目前，老挝人民革命党提出的政策已初见成效，市场已呈现初步繁荣的景象。

一　商　业

老挝的国内贸易有商场贸易、商店贸易和集市贸易等形式。20世纪90年代老挝最大的交易场所中市场最多的是万象市，有早市场、塔銮市场、果坡市场和晚市场等10多家。这些市场多则拥有店铺和摊位上千个，少则也有上百个，分为百货市场、副食品市场和农贸市场三大类。在湄公河沿岸较大的城市琅勃拉邦、他曲、沙湾拿吉和巴色等有3~5家市场，其他省城和县城也都兴建了市场。各城市的市场大都建在城市中心或较繁华的街道旁，由政府投资或集资兴建，出租给商户使用。

"七五"计划期间，老挝食品流通值约为1461480亿基普，年均增长率为13%。"七五"计划期末，老挝全国有批发和零售商场733个，比"七五"计划初期增加了200个。其中大型商场53个，中型商场115个，小型商场378个，还有187个临时的商品交易展览场馆。全国已兴建了市场近500家，分布在县以上城市。

老挝的商场占地面积和规模都较大，采用主要商品集中在一起分区经营的方式，如万象的早市场集中了近百家金银首饰店铺在一起经营，进入金银首饰区可看到一片金光闪闪的景象。民族工艺品区集中了数十家民族工艺品店铺，该区陈列着具有老挝民族特色的各种商品。其他如电器、服装、布料、文具、家具、食品和图书等店铺也都集中在一起经营。这样既可以相互合作和相互竞争，又可以相互监督。在老挝市场经济快速发展的潮流中，早市场依然保持其传统的经营模式和风格，成为老挝传统市场的代表。与此同时，国际化的商场也逐步进入老挝。与早市场比邻的万象中心，是一座以国际顶级专利技术玻璃幕墙设计建造的现代建筑，配备老挝本土顶级的硬件设施和专业商场管理团队，为品牌商家和消费者提供良好的商场环境和专业级品质服务。自2015年3月开业以来，万象中心吸引了当地居民和外国游客前来购物、休闲娱乐，成为首都万象的"商业中心、办公中心、金融中心、会展中心"，为当地居民和外国游客购物、娱乐和休闲提供了更多选择。

商店贸易在20世纪80年代后期开始发展，90年代发展更为迅速，现在商店已遍及老挝城乡，但规模均较小，大多数商店经营商品种类不多，最多是从泰国进口的商品，马来西亚和新加坡商品次之。在西北部，中国商品占有较大的比重，而在东南部，越南商品占有较大的比重。

老挝实施开放政策之前，老挝的商店主要集中在万象市和湄公河沿线城市，因为这些城市与泰国仅一江之隔，进货十分方便，店主大都有自己的小机动船，在泰国又有一些亲友和其他关系。老挝政府实施开放政策后，湄公河沿线城市的商业迎来了新的发展机遇，焕发新的生机和活力，商品的数额在近几年都以50%左右的速度增长。其他地区商店的商品数额也在逐年递增，增长速度在20%左右。

老挝正在实施市场经济和私有化政策，国营商店和公私合营商店逐年减少，私营商店迅速增多，目前全国共有各种商店2.16万余家，其中，国营商店150家，公私合营商店450家，私营商店2.1万余家，国营和公私合营商店也大部分实行了承包和租赁经营。

集市贸易是老挝传统的贸易方式，主要在乡村进行。集市贸易点随民间交往的增多而自然形成，一般每日一小集，五日一大集。北部地区多用干支历法择定大集的日子，中部和南部地区多采用公历择定大集之日。

参与农村集市贸易的乡村居民多携带粮食、土特产品和手工艺品等到集市进行交易，城镇商贩则从城里贩运日用工业品、电器和其他工业产品到集市进行交易。在集市里还有些城市商贾专门收购土特产品运回城市销售、加工或出口。这种集市贸易活跃了乡村经济和城乡物资交流，既给群众带来了方便，又促进了经济的发展和人民生活水平的提高。

老 挝

1996年以后，老挝商业几乎实现了私有化，国家有关部门很难统计商品零售额的具体数字，《老挝社会经济统计资料》和《老挝年鉴》等没有公布有关数据。根据老挝报刊的报告，每年增幅在15%~20%（按1996年的不变价格计算）。

1997年的东南亚金融危机对老挝商业的冲击很大，泰国等东南亚国家商品大量涌入老挝，这些商品大都是走私入境的，老挝政府对此无法控制。这场金融危机还导致基普大幅度贬值。同时以基普计算的商品价格也提高了10多倍，湄公河沿岸城市的商品标价不少改用泰铢。中老边境地区有些商品也用人民币标价。大多数商家都认为收外币才保险。

进入21世纪后，老挝党和政府全面深化和发展市场经济体制，大力推行承包制、租赁制和股份制。实施企业自主经营、自负盈亏政策。私商拥有自行采购原材料、自行生产和出售产品、自行与外商合作、自行经营进出口业务等权利。老挝相继加入东盟自由贸易区和东盟-中国自由贸易区，并于2012年加入世界贸易组织，老挝商界已走出国门进入国际市场。

二 外贸

20世纪90年代以来，老挝的对外贸易有了较大发展。主要贸易对象从苏联、越南和一些社会主义国家转向泰国、新加坡、日本、美国和一些西方国家。出口商品在原来的单纯资源和电力的基础上增加了服装、啤酒、工艺品和木竹藤器等产品。

进入21世纪以来，老挝主要出口商品是电力、木材及其制品、竹藤及其制品、咖啡、畜产品、农产品、林产品、安息香、砂仁、矿产品、石膏、金和锡等。主要进口商品是交通工具及其配件、建材、石油、天然气、电器、布料、日用百货、农牧用具、药品、医疗器械、办公用品、体育用品等。

老挝主要出口市场是亚洲，其次是欧洲、大洋洲和美洲。其中，电力主要出口泰国、柬埔寨和越南，服装主要出口欧盟和美国，金主要出口澳大利亚，铜主要出口泰国和马来西亚，锡和铅锌主要出口泰国、越南和中国，石膏主要出口越南，木材及其制品主要出口泰国、中国大陆、越南、日本和中国台湾地区。

老挝的主要进口市场是亚洲。其中,泰国、中国和越南为主要商品进口国,从欧洲、美国、澳大利亚等国家和地区进口商品极少。

2005~2015年老挝进出口情况见表4-18。

表4-18 2005~2015年老挝进出口额

单位:万美元

年份	2005	2006	2007	2008	2009	2010	2015
总额	114164	180941	184192	267227	219020	450900	783379
进口	68602	93141	91636	136482	106580	207600	440772
出口	45562	87800	92556	130745	112440	243300	342607
差额	-23040	-5341	920	-5737	5860	35700	-98165

资料来源:老挝计划投资委(现为计划投资部)编制《老挝年鉴》,2005~2015年各卷。

第五节 交通与通信

老挝的交通运输主要依靠公路,其次是内河航运,再次是航空和畜力,随着老泰铁路的开通、中老铁路的开工,铁路运输将在老挝经济社会发展中发挥重要的作用。老挝的通信业虽然落后,但发展较快,通信网络和设施不断更新,"老挝一号"通信卫星的运行实现了老挝通信事业的跨越式发展。

一 公路

老挝的公路运输约占全国运输总量的60%,在老挝经济中起着重要作用。1975年老挝人民民主共和国建立以来,共兴建了公路5700余公里,整修和扩建了公路11200余公里,兴建了公路桥400余座,桥面总长16000余米。国家用于公路建设的投资达3000余亿基普,外国援助、贷款和合建的公路建设资金总额累计4亿美元。

老挝的公路建设在其经济建设中占有很大比重,也是外国援助、

老 挝

贷款和合作的最大项目之一,所以发展较快。1980年公路总长为12220公里,其中,沥青路1935公里,碎石路4171公里,泥土路6114公里。1990年的公路总长为13971公里,其中,沥青路3346公里,碎石路4775公里,泥土路5850公里。1994年公路总长达18344公里,其中,沥青路2446公里,碎石路5138公里,泥土路10760公里。1998年公路总长达23486公里,其中,沥青路3706公里,碎石路6737公里,泥土路13043公里。2002年公路总长达32624公里,其中,沥青路4592公里,碎石路9661公里,泥土路18371公里。2011年公路总长达40268公里,其中,沥青路5703公里,碎石路14142公里,泥土路20423公里。2015年公路总长达55079公里,其中,沥青路8830公里,碎石路21410公里,泥土路24839公里。

从以上数据中可以看出,老挝的泥土路发展较快,沥青路发展较慢。公路维修和保养差,不少路面已经毁坏。加强道路维护和建设全天候的高等级公路,是老挝公路建设的重点。

近几年来,老挝政府将公路建设列为国家重点项目,采取了广泛求援、多方贷款和集资的方针,以加快公路建设的进程。

在公路建设中,1号和13号公路的整修和扩建被列为重点中的重点。1号公路是20世纪60~70年代由中国援建的,为全天候的沥青路面公路。此后,一直未进行过养护和维修,现路基塌方和路面损坏十分严重,车辆行驶十分困难。13号公路始建于20世纪20年代,由法国等国援建,为单车道碎石路面,半个多世纪以来一直未能全线畅通,一部分路段被毁。90年代初,老挝政府获得世界银行和亚洲开发银行的长期低息贷款,从瑞典和其他一些西方国家获得无偿援助资金,现该公路已改建和扩建成全天候标准沥青公路。1989年瑞典国际开发署无偿援助4000万美元,亚洲开发银行提供2050万美元低息贷款,整修和扩建从万象南至巴卡丁186公里、北至万荣156公里的两段公路,由老挝桥路建筑公司和越南建筑公司承建。1992年亚洲开发银行贷款3900万美元,整修和扩建万荣至琅勃拉邦230公里路段,越南建筑公司中标承建。同年,世界银行提供4700万美元低息贷款,整修和扩建巴卡丁至沙湾拿吉265公里路段，中国天津一公司中标，铁路建筑二公司承建。沙湾拿吉至巴色和巴色至老柬边境路段，已由上述银行和西方国家提供援助和贷款1亿美元，韩国中标承建。老挝政府获得亚洲开发银行的又一笔低息贷款3400万美元，用于修建从1号公路南段的南坝至13号公路北段的琅勃拉邦的连接公路116公里路段（该公路在70年代中期已由中国建筑工程队进行了踏勘、测绘并完成了毛路粗通工程，现正在进行改扩建）。该工程竣工后，老挝的13号公路将向北延长至南坝，全长1351公里，形成连接中、老、泰、柬、越5国公路网的中南半岛公路主干线。

　　除1号和13号公路外，老挝政府还对8号、9号、10号和12号公路进行了勘测设计、整修维护，并力争国际援助和贷款，进行扩建。8号公路自波里坎塞省巴卡丁县的班老至老越边境，全长140公里，向东至越南荣市海港。9号公路自沙湾拿吉的坎布里至老越边境，全长244公里，向东至越南重要海港岘港。10号公路自万象市东伦至万象省中部的交通要道杜拉空镇，全长121公里。12号公路自甘蒙省他曲市至老越边境，与越南公路网相接，可达沿海城市。

　　1994年4月和9月，由亚洲开发银行协调，分别在河内和曼谷召开由老、中、泰、柬、越以及湄公河委员会、联合国开发计划署和亚太经社会参加的次区域经济合作会议，决定修建和扩建从中国昆明经老挝西部至泰国曼谷的公路干线。1998年10月召开了大湄公河次区域（中国、老挝、缅甸、泰国、柬埔寨和越南）经济合作部长级会议。2002年11月举行了大湄公河次区域政府首脑会议，将修建中国云南—老挝—泰国经济走廊（昆明—曼谷公路）列为优先实施的项目。由中国出资3000万美元修建和扩建老挝境内靠近中国的一半路段，由泰国出资相应的金额修建和扩建靠近泰国的一半路段，由亚洲开发银行提供部分资金修建该公路跨湄公河的老挝会晒—泰国清孔大桥。2008年，昆曼公路全线贯通。

　　万象（老）—廊开（泰）湄公河大桥是湄公河第一座跨国大桥，1965年就被列入亚洲A12号公路建设项目，当时估算造价为2150万美元，但由于诸多原因未能付诸实施。1989年澳大利亚总理霍克决定提供3000万美元的援助来实施这项工程，1991年11月24日动工兴建，1994年2月竣工。全长1176.75米，其中，主桥665.5米，泰国一侧引桥285.5米，老挝一侧引桥225.75米。桥面中央为火车道，宽12.7米，两侧为汽车道，各宽8.5米。两边的人行道各宽1.5米。河道中仅有6座桥墩，跨度达105米，旱季桥面距水面26米，雨季为13.4米。两岸引桥桥墩老挝一侧为7座，泰国一侧为8座。大桥建设前的1990年，该地往返摆渡车辆7.5万辆，货运量20万吨，来往摆渡人员15万人次。大桥建成后，人员、车辆和货物周转量成倍增加，经济效益十分明显。老挝与缅甸之间的第一座湄公河大桥于2014年建成通车。

二 水运

内河是目前老挝居第二位的交通运输线，全年可通航江轮的河道为2200公里，还有约1500公里的支流河道可通航小机动船和人力驱动船、木船、铁皮舟、橡皮舟等。

湄公河连接了老挝上、中、下寮三大部分，沟通了中、缅、老、泰、柬、越六国的交通运输。南塔江、南乌河、南坎江、南俄河、南通河、色邦非河、色邦亨河等是运输的重要交通线。但由于老挝国力有限，加之长期的战乱和其他政治因素，这些江河至今还未能有效地开发利用。20世纪中期，一些西方国家和国际开发机构曾对开发利用湄公河进行过多次考察和勘测，并制定过不少开发利用规划，但至今大部分尚未能付诸实施，因此，现今老挝江河可用作交通运输的部分基本上是天然河道，未进行过人工疏导。

（一）湄公河主流航线

湄公河主流航线在老挝境内可以分成7个自然航段。

（1）南腊河口至会晒航段。航程220公里，河道宽窄不一，多明礁、暗石和险滩，水流时急时缓。除清盛一带地势较为平坦外，其余地段大多是深山密林和峡谷陡坡，人烟稀少，河道航运较为困难。洪水期可通航

40～50吨级江轮，枯水期只能通航10～30吨级小船。

（2）会晒至琅勃拉邦航段。航程330公里，途经孟巴塔、北本、北乌等重镇，河床多为岩石结构，河道中礁石和险滩较多，其中，北乌至琅勃拉邦河段有许多河岛，枯水期为明礁，洪水期为暗礁。全年均可通航40吨级驳船，洪水期可通航50～60吨级驳船。

（3）琅勃拉邦至万象段。航程426公里，途经巴莱、孟南和沙拉空等县城，巴莱以北河段多急流、险滩和礁石，河宽300～500米，巴莱—万象河道地势平坦，河宽800～1000米。全年可通航30吨级驳船，洪水期可通航80～100吨级江轮。

（4）万象至他曲航段。航程386公里，途经塔莫、北汕、巴嘎丁和欣奔等城镇，全航段均为优良的自然河段，河宽1000～2000米。全年可通航50吨级驳船，洪水期可通航300～400吨级江轮。

（5）他曲至沙湾拿吉航段。船程91公里，沿岸地势平坦宽阔，河道全部为优良河段，水流十分缓慢，河宽1000～2000米。全年可通航60吨级驳船，洪水期可通航300～500吨级江轮。

（6）沙湾拿吉至巴色航段。航程236公里，河段中有锦马叻险滩，还有许多暗礁、石壁和急流，河段间水深和河宽相差很大。枯水期只能通航15吨级以下的小舟船，有时不能通航，洪水期可通航50～100吨级江轮，但航行的危险性较大。

（7）巴色至隆孔（孔岛）航段。航程156公里，河段中岛屿、石山和礁石众多，计有4000余处，河宽1000～4000米。全年可通航30吨级驳船，洪水期可通航100～200吨级的江轮。

隆孔（孔岛）以南是世界驰名的里皮大瀑布，该大瀑布是由一座石山横亘于湄公河中阻塞河道而形成的，宽10公里，跌水高度15～24米，完全切断了湄公河航运。1893年法国在此修建运船轨道，将来往船只吊上机车，从大瀑布的一侧运至另一侧，轨道长7公里，1945年废弃。

（二）湄公河支流航线

湄公河在老挝的主要支流虽然尚未进行过疏导或整治，但都可以通航小机动船，如果进一步进行疏导或整治，其通航河段还可以进一步扩大，载荷量还可以成倍增加。

（1）南乌河。通航河段为南乌河和湄公河交汇处的北乌至丰沙里省的哈飒，航程390公里。枯水期河宽110~150米，水深3~5米，全航段可通航1吨级小机动船，丰沙里省的孟夸以下河段可以通航3吨级机动船，琅勃拉邦省的南坝以下可以通航5吨级机动船。洪水期河宽140~190米，水深4~6米，全航段可通航3吨级机动船，孟夸以下可以通航5吨级机动船。

（2）南塔河。通航段为博胶省的巴塔至琅南塔省的琅南塔市，航程230公里。枯水期通航0.4~1吨级小机动船，洪水期通航0.8~1.5吨级小机动船。

（3）南森河。琅勃拉邦省的巴森河口至巴生镇河段可以通航，航程130公里。枯水期可以通航0.2~0.8吨级小舟船，洪水期通航1~2吨级小机动船。

（4）南坎江。琅勃拉邦市至孟乌镇河段可以通航，航程128公里。枯水期通航0.2~0.8吨级小船，洪水期通航1~2吨级小机动船。

（5）南俄河。万象市东郊的班赛至巴肯河段可以通航，航程300公里。原来该河段枯水期只能通航1~1.5吨级小机动船，洪水期只能通航1.5~2吨级小机动船，南俄河水库竣工后，大坝以下可以通航20~30吨级江轮。

（6）南通河。波里坎塞省的巴嘎丁至甘蒙省纳机河段可以通航，航程94公里。枯水期可以通航1~1.5吨级小机动船，洪水期可通航1.5~2吨级小机动船。

（7）色邦亨河。从沙湾拿吉省的宋空河口至色崩镇可以通航，通航段300公里（含支流色占蓬河）。全年可以通航0.5~1.5吨级小机动船，色占蓬河和色邦亨河交汇处以下河段可以通航2~3吨级小机动船。

（8）色邦非河。沙湾拿吉省沙木里至甘蒙省波拉帕镇河段可以通航，航程200公里。枯水期可以通航2~3吨级小机动船，洪水期可以通航3~5吨级江轮，下游10公里河段可以通航50吨级江轮。

（9）色敦河。占巴塞省的巴色至沙拉湾省的沙拉湾市河段可以通航，航程200公里。枯水期可以通航0.5~1吨级小机动船，洪水期可以通航2~3吨级机动船。

（10）公河。从柬埔寨的上丁至老挝公河省班旦河段可以通航，老挝河段可以通航1~2吨级小机动船，柬埔寨河段可以通航2~5吨级机动船。

(三) 湄公河航线的开发

湄公河是老挝的天然交通线，至今尚未进行有效的全面开发，其利用率和运力均很低，只修建了部分码头、渡口和船只停泊点。较大的码头有万象塔勒令码头和塔杜阿渡口，主要停泊和摆渡来往于万象和泰国廊开市之间的船只、车辆、行人和物资。其次是琅勃拉邦、他曲、沙湾拿吉和巴色码头，其他沿岸村镇只有船只停泊点和渡口。

湄公河素有"东方多瑙河"之称，其主流和支流都具有巨大的运输潜力和优越的开发条件。但千百年来，由于内乱、外患等，这一水上运输线一直处于大河行小船、季节性通航和部分断航的状况。因此，老挝政府和其他沿岸国家都主张开发湄公河国际航线，使其成为老挝的交通运输大动脉，并开展国际营运业务。

按中老联合考察团和湄公河委员会的勘查和测算，湄公河主航道整治和通航所需具备的三大要素（流量、比降和河床形态）很优良，其工程耗资虽较巨大，但比兴建铁路和高等级公路要省钱和省事得多。在老挝雨量大、湿度大和气温高的条件下，公路和铁路极易塌方和损坏，需大量的资金和人力来进行维护和管理，而湄公河沿岸地质条件和植被良好，河道一旦修好就不易被毁坏，所需维护和管理的人员和资金甚少。所以开发湄公河航道，比修建铁路的经济意义、作用和实惠要大得多。据测算，湄公河航道的整治工程平均每公里约7万美元，老挝境内河段的工程约需1.3亿美元。其工程项目包括6道甲级险滩的炸礁和疏导：其一是位于沙湾拿吉和巴色之间的锦马叻险滩，该险滩有急流和跌水15道及大量波状礁石，长达85公里；其二是庚占险滩，位于万象市以北河段；其三是庚琅险滩，位于琅勃拉邦以南；其四是巴南累险滩，位于老挝北部的南累河和湄公交汇处；其五是挡石栏滩，位于会晒市以北河段；其六是挡板滩，位于中老边界的南腊河口南部。此外，还有260余道乙级以下险滩的炸礁和疏导工程。

近几年来，联合考察团已对开发工程进行了多次勘测，并制定了实施方案。该方案包括险滩整治、航标设立、信号台兴建、港点建设和其他航运设施的兴建。其中，从中老边境的南腊河口至"金三角"地区会晒的301公里航段，险滩整治需要排除水上土石方40.5万立方米，水下土石方10.2万立方米，筑坝工程土石方19.4万立方米，工程投资合计1.0063亿元人民币。计划建立航标30座，投资30万元人民币；建立信号台18座，投资36万元人民币。这一航段的开发工程总投资为1.0129亿元人民币。

会晒至老挝古都琅勃拉邦航段，险滩整治工程需要排除水上土石方12.2万立方米，水下土石方7.5万立方米，筑坝工程土石方4.8万立方米，工程投资合计4696万元人民币。计划建立航标5座，投资5万元人民币；建立信号台10座，投资20万元人民币。这一航段开发工程总投资4721万元人民币。

琅勃拉邦至老挝首都万象航段，险滩整治工程需要排除水上土石方115.8万立方米，水下土石方9.7万立方米，工程投资1.5460亿元人民币。计划建立航标11座，投资11万元人民币；建立信号台16座，投资32万元人民币。这一航段开发工程总投资1.5503亿元人民币。

湄公河主流航线和支流航线及南腊河口至琅勃拉邦航段需要重点整治的险滩见表4-19、表4-20、表4-21。

表4-19 湄公河主流航线

航段		最大载荷（吨）		航程（公里）
起点	终点	旱季	雨季	
中国南得坝	小橄榄坝	50	100	104
小橄榄坝	南腊河口	50	140	158
老挝南腊河口	会晒	30	50	220
会晒	琅勃拉邦	40	60	330
琅勃拉邦	万象	30	100	426

续表

航段		最大载荷(吨)		航程(公里)
起点	终点	旱季	雨季	
万象	他曲	50	400	386
他曲	沙湾拿吉	60	500	91
沙湾拿吉	巴色	15	100	236
巴色	孔岛	30	200	156
老柬边境	柬埔寨上丁	30	150	62
上丁	桔边	50	100	97
桔井	金边	150	500	221
金边	柬越边境	150	500	114
柬越边境	出海口	500	600	226

资料来源：老挝教育部社会科学研究所编《老挝地理》，1989。

表4-20　湄公河支流航线

名称	最小载荷(吨)		通航段(公里)
	旱季	雨季	
南塔河	0.4	0.8	230
南乌河	1	3	390
南森河	0.2	1	130
南坎江	0.2	1	128
南俄河	1	1.5	300
南通河	1	1.5	94
色邦亨河	0.5	0.5	300
色邦非河	2	3	200

资料来源：老挝教育部社会科学研究所编《老挝地理》，1989。

表 4-21　南腊河口至琅勃拉邦航段主要险滩

险滩名	险滩长（米）	比降（‰）	河宽（米）	落差（米）	流速（米/秒）
南索河口滩	270	3.25	50	0.44	5.0
帕山滩	70	2.00	30	0.14	2.5
挡弄河段滩	2000	1.50	63	0.76	3.0
南累河口滩	400	3.50	50	1.40	5.0
帕地下滩	2000	1.50	60	3.00	3.0
南勇河口滩	600	10.00	70	2.00	4.0
挡石栏滩	750	12.9	70	3.72	4.5
相腊上滩	2000	0.75	150	1.50	2.0
挡板滩	250	4.00	70	0.70	3.5
翁微滩	150	2.70	30	0.40	—
孟巴里奥滩	2000	1.60	100	3.20	5.0
三角石滩	150	2.50	30	0.80	2.0
唐奥滩	220	2.50	200	0.40	4.5
金三角浅滩	800	2.50	200	2.00	3.0
庚改滩	300	3.00	25	0.90	2.5
钟赛滩	400	4.00	30	1.60	2.5
会烟河口滩	200	2.50	200	0.50	2.0
大庚布恩滩	1000	3.0	60	3.00	3.5
庚飘滩	150	2.0	40	0.30	2.0
庚菜急流	800	3.0	80	2.40	2.8
大庚航滩	400	2.0	70	0.80	2.0
大澜排滩	500	2.5	50	1.25	2.0
庚勒滩	600	2.0	50	1.20	2.5

资料来源：根据中老湄公河航线联合考察团1990年9月《航运考察报告》的附表整理。

表4-21中所列是该航段129道险滩中的主要险滩，其中有3道甲级险滩，一是南累河口滩，二是挡石栏滩，三是挡板滩。该航段中还有乙级险滩25道，丙级险滩101道。这是该航段整治和疏导中的主要工程。

按联合考察团和有关部门的规划，该航段的整治和疏导拟分期进行。其中，对3道甲级滩和25道乙级滩的炸礁和疏导，投资4000万元人民币，可实现中水和中洪水期6个月100~200吨级船舶通航。再投资1.6亿元人民币进一步整治和疏通68道季节性滩点和急流，可实现300吨级船舶8个月通航。进一步投资1亿元人民币疏通18道浅滩和急流及河中碍航物，可以实现300吨级船舶全年通航。总计投资共3亿元人民币。

琅勃拉邦至万象河段的整治和疏导实施工程方案基本上与南腊河口至琅勃拉邦河段相似，即分期和分阶段进行。该河段长426公里，一般河段宽500米左右，最窄河段宽200米（不含险滩河段），最宽河段宽1000余米，一般水深2~5米，洪水期5~15米，平水段平均流速1.5米/秒~3米/秒，全段落差130米，全段平均比降0.35‰。共有各种险滩74道，其中，甲级险滩1道，乙级险滩14道，丙级险滩59道。甲级险滩叫庚琅险滩，位于琅勃拉邦以南，滩长200米，河宽100米，水深4~10米，比降3.5‰，落差4米，弯曲半径250米。这一航段的整治和疏导工程需投资2.7亿元人民币。

万象以下河段的主要整治工程是锦马叻险滩和沙湾拿吉以北河段中的庚卡保岩礁以及部分碍航的沙洲。据湄公河委员会和老挝交通部的测算，如果投资4000万~5000万美元进行整治，可实现300~400吨级船舶全年通航，高水期可通航1000~2000吨级船舶。这一航段还需建立航标40~50座，信号台40~50座，约需投资20万美元。

要实现湄公河的有效通航和营运，除了河道的整治外，还需要建设港口、码头、船坞、仓库和其他营运设施。需要修建港口的选址有琅勃拉邦、万象、沙湾拿吉和巴色河段，这4个河段位于老挝的北部、中部和南部，也是老挝最大的4个城市所在地。这4个河段的水文资料

老挝

如下。

琅勃拉邦段。枯水期（3~5月）的最小流量为920立方米/秒，最大流量为1180立方米/秒；中水期（12月至次年2月）的最小流量为3020立方米/秒，最大流量为6220立方米/秒；高水期（6~11月）的最小流量为3140立方米/秒，最大流量为12830立方米/秒。枯水期的最小水深为3.3米，高水期的最大水深达13.2米。该河段河床稳定，河底为沙石结构，两岸植被良好，从未有过滑坡和雨裂现象。现已有码头2处（特美码头和特布塔码头）、渡口8处。该河段修建中、小型河港的自然条件十分优越。

万象段。枯水期的最小流量为630立方米/秒，最大流量为1420立方米/秒；中水期的最小流量为880立方米/秒，最大流量为6140立方米/秒；高水期的最小流量为770立方米/秒，最大流量达8670立方米/秒。枯水期的最小水深仅0.9米，洪水期的最大水深达10.1米。该河段水面宽阔，流速缓慢，河床为沙土结构，河底为泥沙，河中有隆占沙洲，修建大、中型河港的难度和工程量较大。

沙湾拿吉段。枯水期的最小流量为278立方米/秒，最大流量为499立方米/秒；中水期的最小流量为380立方术/秒，最大流量为2950立方米/秒；高水期的最小流量为194立方米/秒，最大流量达10870立方米/秒。枯水期的最小水深为1.1米，高水期的最大水深达9.0米。该河段的河床结构与万象段相似，河中有隆沙湾沙洲，两岸地势平坦，修建大、中型河港的工程量较大。

巴色段。枯水期的最小流量为410立方米/秒，最大流量为2590立方米/秒；中水期的最小流量为540立方米/秒，最大流量为2680米/秒；高水期的最小流量为490立方米/秒，最大流量为10120立方米/秒。枯水期的最小水深仅0.9米，高水期的最大水深达11.0米。该河段为色敦河和湄公河的交汇处，河床和地质条件优于万象和沙湾拿吉河段，修建大、中型河港的工程量也小于万象和沙湾拿吉河段。

除了修建河港外，老挝政府还在会晒、北本、巴塔等湄公河沿岸城镇修建码头和船坞，这些工程由当地政府和使用单位自筹资金兴建。

上述河港和码头，按 300 吨级船只停靠标准，所需的投资额略小于河道的整治和疏导工程的总投资额。河道整治和疏导以及河港和码头修建工程竣工后，湄公河将成为老挝的交通运输大动脉和沟通中、老、缅、泰、柬、越六国的当代"东方多瑙河"。

老挝河运公司是湄公河营运的最大经营者，该公司由客运队、货运队、渡轮队和建筑修理队组成。近几年，该公司又从中国云南景洪造船厂采购了部分客货轮，运输实力迅速增强。湄公河沿线各省也成立了省河运公司，分别拥有各种船只几十艘到近百艘。民间的小机动船很多，大多是自制自用的（船体自制，装上进口的小操舟机）。

河道疏浚和码头、河港的修建大大提高了内河航运的运输能力。2010 年内河航运的货物量总计 108.8 万吨，2014 年达到 166.8 万吨。内河航运的旅客数量 2010 年为 205.3 万人次，2014 年增至 268.8 万人次。[①]

三 空运

老挝的航空运输与其他行业相比较为发达，老挝历届政府为了对所辖省市和一些重要地区进行有效的控制和方便官员往返，在陆路交通十分落后或没有道路通达的情况下，就把在各省和一些主要县城修建机场作为解决交通运输问题的主要手段。新老殖民者为了加强对老挝的控制和掠夺，也在老挝各地修建了一些机场。早在 20 世纪 60 年代老挝就拥有各种机场 64 个。60 年代以后，由于老挝民族解放斗争的发展和印度支那战争的爆发，外国军事力量纷纷卷入这一地区，如美国在老挝南部建立了一批军用机场，老挝机场增至 150 个。

老挝人民民主共和国建立后，老挝政府对部分重要地区的机场进行了改建和扩建，大部分机场由于使用率很低而逐渐废弃。现国内航线有万象—琅勃拉邦、万象—琅南塔、万象—孟赛、万象—丰沙里、

---

① Ministry of Planning and Investment, 8th Five-Year National Socio-Economic Development Plan (2016 – 2020), June 2016.

老 挝

万象—会晒、万象—桑怒、万象—川圹、万象—沙湾拿吉—巴色、万象—沙耶武里和万象—阿速坡等。国际航班有万象—昆明—北京、万象—河内、万象—胡志明市、万象—金边、万象—莫斯科、万象—曼谷、万象—清迈—孔敬、琅勃拉邦—清迈、琅勃拉邦—昆明、琅勃拉邦—景洪等。

老挝现在使用率较高的主要机场有万象瓦岱机场、丰沙湾机场（川圹机场）、沙湾拿吉机场、琅勃拉邦机场、巴色机场、色诺机场、查尔平原机场等，其中，万象瓦岱机场、琅勃拉邦机场和巴色机场为国际机场。其他机场的使用率很低。

虽然大部分国内机场已经荒废，但修复较为容易，这为老挝发展国内航空运输提供了良好的条件，未来发展国内空运的主要措施是增加飞机数量和改造机场。"七五"计划期末，老挝民航事业获得巨大的发展。基础设施大为改善，万象瓦岱国际机场和琅勃拉邦机场经过升级改造，可以起降波音747飞机，瓦岱机场每小时进出港旅客达到400人次。阿速坡机场、琅南塔机场、巴色机场、川圹机场、桑怒机场、乌多姆赛机场、会晒机场和沙耶武里机场等也都完成升级改造。民航服务质量和水平不断提升，国内国际航班显著增加。2014年，国内航班达到11559架次，比2010年增加0.89%；国际航班15620架次，比2010年增加21.47%；过境航班186000架次，比2010年增加94.91%。老挝航空公司购买了4架空客A320飞机和2架ATR飞机。民营航空公司丰沙湾航空公司成立并开始运营，运营线路包括8条国际航线。2014年，老挝民航旅客达到1367238人次，比2010年增加42.13%。航空货运也有较大发展，2014年比2010年增加了31%，达到1908吨。[①]

四 铁路

没有铁路一直是老挝国内经济社会发展及与周边国家连通的一个短

[①] Ministry of Planning and Investment, 8th Five-Year National Socio-Economic Development Plan (2016–2020), June 2016.

板，革新开放以来，老挝一直谋求发展铁路运输业，积极与泰国、中国、马来西亚等国合作，制定铁路建设规划，并争取外国资金和技术，逐步推进铁路建设。2008年7月1日，老挝首条铁路（万象—廊开—曼谷）正式通车运行，结束了没有铁路的历史。2016年12月25日，中老两国举行中老铁路全线开工仪式，老挝铁路运输实现跨越式发展。

老挝首条铁路（万象—廊开—曼谷）在老挝境内段起点是老泰友谊大桥，终点是万象市东坡西村，总长3.5公里，直接连接泰国廊开府直达首都曼谷的铁路网。万象—廊开—曼谷铁路虽然很短，但是改变了老挝内陆运输格局，不仅连接泰国的曼谷，而且与中老铁路相连接。这条铁路建成运行以来，为老泰两国的人员、货物往来提供便捷、快速的交通工具，万象塔纳楞车站至泰国廊开每天4趟，主要是运送旅客及重量轻的商品。泰国曼谷至万象塔纳楞车站，2014年，这条铁路运送国内外旅客3万余人次，运送货物10.8万吨，每天运行一对列车。2011年老挝与泰国合作拟对万象—廊开—曼谷铁路进行扩建，后因故暂停。2016年老泰两国商议重启该项目，将既有线路从塔纳楞车站延伸至万象市赛色塔县的坎萨瓦村，增建线路长度为9公里，连接万象远郊车站与万象市中心。

老挝铁路运输的又一重大突破是中国老挝铁路项目的全线开工。中老铁路磨万线北起两国边境磨憨－磨丁口岸，南抵老挝首都万象，全长417公里，预计建设期为5年。中老铁路是第一个以中方为主投资建设并运营、与中国铁路网直接连通的境外铁路项目，全线采用中国技术标准，使用中国设备，设计时速160公里。项目总投资近400亿元人民币，由中老双方按70%、30%的股比合资建设。中老铁路是中老两党、两国领导人亲自决策和推动的重大战略合作项目。中老铁路一方面可以极大地带动老挝经济社会的发展，提高老挝的运输效率和水平，并为老挝人民创造大量的就业机会；另一方面也可以为中国西南地区经济发展注入新的动力，同时扩大和提升中老两国在经济、贸易、投资、旅游等领域的合作，进一步增强中国－东盟自贸区内的经济联系。

与此同时，老挝还规划了其他铁路及其可行性研究，完成了沙湾拿吉—老宝（老越边境）铁路的可行性研究，连接首都万象—波里坎塞省—甘蒙省—沙湾拿吉省的公路和铁路沿线的线路调查、标记和保护区的评估等工作。

五　邮电通信

老挝人民民主共和国建立初期，邮电通信还较落后，只有省县以上城市才有邮电通信专门机构和设施。乡村邮件往返较困难，邮寄时间较长。1989年老挝从世界银行贷款462.5万美元发展万象的通信业。老挝邮电部门利用此项贷款从澳大利亚购买了1部程控电话交换机（容量为1032门）和1000部按键电话单机，1990年安装完毕开始启用，老挝才开始有了自动电话。除首都万象外，其他省市仍只有磁式电话总机和手摇电话单机。

1990年由澳大利亚援助178万美元，老挝政府投资2000万基普，兴建了一座卫星通信地面站，共15条电话线路，老挝从此开始了利用卫星向世界主要国家传送电话、电报和传真的历史。但线路太少，老挝的大量国际电话还需经苏联和中国香港转接，电话联系十分困难。同年法国援助480万法郎，兴建万象至北汕的长途微波电话线，共480条线路，1991年11月建成通话。法国同时还援助911万法郎，在万象兴建了一家电报中心，共450条通信线路，也在1991年11月建成交付使用。

1991年中国亚太电子公司投资20万美元，在万象建立了BP机传呼中心。同年日本政府援助1200万美元，世界银行贷款2450万美元，联合国开发计划署拨专款180万美元，老挝政府投资400万美元，共计4230万美元，兴建万象市、琅勃拉邦省、波里坎塞省、甘蒙省、沙湾拿吉省和占巴塞省的电话网络。电话交换中心（总机）总容量17200门，其中，万象市13500门，琅勃拉邦市1000门，沙湾拿吉市1000门，巴色市（占巴塞省省会）1000门，他曲市（甘蒙省省会）500门，北汕市（波里坎塞省省会）200门。以上电话交换中心由日本电信公司中标承建。铺设万象市与琅勃拉邦、沙湾拿吉、波里坎塞、甘蒙和占巴塞的光纤电缆工程由新加坡的公司中标承建。这一电信工程还包括兴建43兆周480频道的长途微波电话系统，兴建万象、琅勃拉邦、沙湾拿吉、他曲、北汕和巴色的电信大楼，培养200名专业人员。1994年这一工程竣工交付使用，从此老挝的电话号码由4位升至6位，电话交换中心总容量增至18794门，电话单机安装数增至12577部。

1993年老挝与澳大利亚合作并租用澳大利亚的通信卫星线路，开通了到亚、欧和美洲国家的国际电话；与美国电话公司合作在万象兴建了移动电话发射中心。到1997年电话总装机容量增至29626门，电话单机安装数增至29626部。

1997~2002年，在中国、日本、美国和新加坡等国的援助下，老挝逐步扩建和完善电话、电报和传真系统。1998年电话接转中心为31家，电话安装容量达35303门，移动电话发射中心为1家，移动电话用户为6453户。2005年以来，老挝移动电话、因特网快速发展，至2015年，电话安装容量为12.3万门，移动电话用户为370万户，因特网用户达到264.3万户。

2015年，老挝第一颗通信卫星"老挝一号"在中国西昌卫星发射中心成功发射，2016年9月正式在轨交付，"老挝一号"卫星正式对外提供服务。老挝亚太卫星有限公司获得特许经营权，开始为老挝提供卫星通信、卫星电视直播、无线宽带接入和国际通信等服务，老挝通信服务质量有了显著提高，不仅服务国内，而且促进了老挝与周边地区、东南亚国家的经济合作与文化交流。"老挝一号"运营以来，老挝亚太卫星有限公司利用卫星KU转发器引入几十套中国、欧美、日韩的体育、少儿和综艺电视节目，"老挝一号"卫星使全国范围内的远程授课和远程医疗成为现实。①

随着经济社会的发展，老挝邮政业也获得了长足发展，截至2015年，邮政网点覆盖全国88%的县。邮政服务中引入了现代技术，首都万象的邮政服务正在试运行5-digit邮政代码。

---

① 《"老挝一号"卫星带来的效益超出想象》，http://news.cri.cn/20161214/60d7d3d0-e1f6-ec74-1d82-9a661ac6220f.html。

老挝

第六节 旅游业

老挝旅游资源丰富。复杂的地质地貌和多样的气候造就了多种多样的自然景观，多元的民族及其传统文化孕育了绚丽多彩的历史人文景观。老挝旅游业起步于20世纪80年代末，在国家经济建设中的作用日益突出。进入21世纪以来，旅游业获得长足的发展，并逐步成为老挝的支柱性产业，给人民生产、生活带来新的发展机遇。

一 旅游业开发政策

革新开放之前，老挝的旅游业几乎处于停滞状态，直到1986年，老挝人民革命党第四次全国代表大会确定了革新开放路线，旅游业才获得发展机遇。老挝人民革命党第四次全国代表大会将旅游业视为对外开放的重要组成部分，党的四届二次会议将旅游业列为国家八个主要社会经济项目之一。老挝政府部长会议于1989年10月发布发展旅游业的决议，该决议是老挝发展旅游业的第一个政府决议，突出了政府对发展旅游业的重视。该决议具体规定全国范围内的旅游业及其经营活动，由贸易与对外经济联络部负责和管理；成立国家旅游公司，直接负责指导和组织实施，并提供一定的财政支持。由于整个国家刚刚开始实施革新开放政策，老挝对发展旅游业的指导方针是强调旅游业的发展要与国防、治安、社会秩序、国家独立主权的维护保持高度一致。1990年年中，老挝政府成立了贸易与旅游部，率先在全国8个主要省市成立旅游服务公司，首都万象市、万象省、琅勃拉邦省、甘蒙省、沙湾拿吉省、占巴塞省、博胶省和川圹省相继成立了17个旅游服务公司，公司性质为股份制，国家资金占股25%，国内个人占股15%，外资占股60%。老挝与泰国、瑞典、瑞士、澳大利亚、英国、美国、法国、意大利、新西兰等国的54家公司建立了业务联系，签订了旅游合作协议。[①]

---

① 蔡文枞：《老挝旅游业开发的前景》，《东南亚研究》1992年第2期。

为促进旅游业的发展，老挝成立了老挝国家旅游局，从宏观上管理调控旅游业，全国首都万象市和各省都设有旅游管理办公室，各级行政区有专人负责管理协调旅游项目。2005年老挝国家旅游局制定了《老挝旅游人力资源开发战略（2006～2020）》，着力培养旅游、宾馆管理等方面的人力资源。

老挝国家旅游局与计划投资部、海关等部门协作，出台多项政策推动旅游业的软硬件建设，出台便利措施，方便游客出入境，采取增设通关口岸、延长签证停留期、免除部分国家签证等措施，吸引外国游客。截至2011年，老挝共设立22个国际通关口岸，其中16个可以办理落地签证；签证停留期为30天，可延长30天；东盟国家以及部分国家免签。这些措施大大降低了游客的入境成本，缩短了通关时间，吸引了大量游客。

积极参与地区旅游合作是老挝发展本国旅游业的主要途径之一。从1990年起，老挝就参加了东盟"同一个旅游点——东盟"旅游合作计划，开放边境口岸，允许外国游客进入老挝；结合老挝国情，老挝签署了2002年《东盟旅游协议》；成功举办了2004年东盟旅游峰会。目前，老挝与500余家国外旅游公司签署合作协议，开放11个国际旅游口岸，加大旅游基础设施投资，减少签证费，简化边境旅游手续，吸引了大量外国游客，带来了良好的经济效益。

老挝政府通过放宽旅游业外来投资的限制条件，规划和设立旅游专业经济区，给予优惠政策，吸引国内外资金发展旅游业。2009年《促进投资法》中专门规划了旅游城市区，由政府划定，与保护自然资源和环境相结合，开发地方和国家的潜力，吸引游客，逐步发展现代化旅游产业的投资区。旅游城市区享有专业经济区投资优惠政策。外来投资旅游业特许经营项目包括：投资开发国家级旅游景区（野生动物园、娱乐场、人工景区）、三星级以上酒店、度假村和使用政府土地修建的饭店，投资开发地方级旅游景区（野生动物园、娱乐场、人工景区）、三星级以下酒店、度假村和使用政府土地修建的饭店。在旅游城市区外，外国投资者可以独资经营大型酒店、餐馆，可与老挝企业或个人合资开办旅游公司，外方持股比例最低30%，最高可达70%。[①]

老挝旅游部门充分发挥老挝丰富的自然和人文资源，开发生态旅游项目和民俗文化旅游项目，生态旅游项目和民俗文化旅游项目遍地开花。如琅南塔民族节、波里坎塞帕巴鹏桑节、沙耶武里大象节、万象塔銮节、沙湾拿吉英杭节、川圹苗族新年等。

二 旅游业现状和发展趋势

20世纪90年代以来，老挝的旅游业发展相对较快。1996~1998年入境外国游客为42万~50万人次，年创汇2亿~3亿美元。1999~2002年外国游客为61万~73万人次，年创汇3亿~4亿美元。

外国游客中最多的是泰国游客，每年都占外国游客总数的一半以上，且以从事商务旅游者居多。其他旅游人数较多的依次为越南、中国、法国和日本游客。1996~2015年这些国家赴老挝旅游者人数见表4-22。

表4-22 1996~2015年泰、越、中、法、日五国赴老旅游人数

单位：万人次

年份	1996	1997	1998	1999	2000	2005	2010	2015
泰国	28.8	26.2	27.3	35.6	44.3	50.1	152	232
越南	6.6	6.6	8.0	7.2	6.9	13.4	43.1	119
中国	1.7	1.8	1.6	2.0	2.8	3.3	16.2	51.1
法国	1.2	1.4	1.8	1.9	2.4	2.9	4.5	5.5
日本	0.7	0.9	1.2	1.4	2.0	2.1	3.4	4.4

资料来源：老挝国家统计中心编《老挝社会经济统计资料》，1996~2015年各卷。

---

① 方芸：《老挝：政局持续稳定，经济快速复苏，外交活跃》，王士录主编《东南亚报告（2010~2011）》，云南大学出版社，2011，第63页。

老挝丰富的旅游资源，优美的自然风光，众多的文物古迹，古王城、古王宫、佛教寺塔和民族风情等都对世界游客有较大的吸引力和诱惑力。老挝政府对发展旅游业很重视，每年都有一批旅游项目列入其发展规划。大湄公河次区域经济合作把发展老挝和湄公河黄金水道国际旅游作为经济合作的重点项目之一。一些国家和国际金融机构也积极参与老挝的旅游发展项目合作和援助，为老挝旅游业的发展输入了必要的资金和管理经验。

2011~2015年，老挝旅游业持续发展，旅游业总收入连年增加（见表4-23）。

表4-23 2011~2015年老挝游客及旅游业收入情况

年份	2011	2012	2013	2014	2015
游客数量（人次）	2723564	3330072	3779490	4158719	4684429
收入（美元）	406184338	506022586	595909127	641636543	725365681

资料来源：老挝国家统计中心编《老挝经济社会统计资料》，2011~2015年各卷。

近年来，老挝旅游业以每年6亿美元的收入总额居各行业收入排行榜第2位，仅次于能源矿产业。

国家级和地方级旅游景点不断增多，2015年，老挝共有旅游景点1916个，其中1093个是自然景点，541个是文化景点，282个是历史景点。145个通过评估，24个列为未来开发重点。世界遗产2个，国家遗产20个。旅游服务设施不断改善和提升，2015年全国有旅行社368家，附属旅行社54家。有542家宾馆，房间总数21597间；有家庭旅馆1907家，房间总数26791间。此外，还有1744家饭店和168家娱乐中心。

第七节 财政与金融

老挝财政金融十分困难，收支一直存在巨额赤字，这些赤字大部分依

老 挝

赖外援和外贷来弥补。1997年东南亚金融危机的冲击,使老挝财政金融雪上加霜,债台高筑。因此,老挝政府采取务实外交政策,广交朋友,多方求援,扩大外贷,千方百计吸纳外资。

一 运行机制和基本政策

20世纪90年代以来,老挝对其财政金融机制和对外经济政策逐步进行了改革和调整。1990年6月审议通过的《老挝中央银行法》规定,老挝中央银行(原老挝人民民主共和国银行)拥有发行货币和调整利率的自主权,拥有在银行业中的支配地位。老挝外贸银行(BCEL)负责外贸和其他海外交易事宜。老挝政府从1992年开始,允许外国银行在老挝设立分行(但只限于万象市)。1993年老挝成立农业银行,以便改善农业部门的贷款途径,为农业发展提供必要资金。1997年的东南亚金融危机对老挝银行业带来巨大冲击,加之老挝银行部门不善经营和管理,使老挝的银行业面临崩溃和破产危机。

为应对金融风险,老挝政府对银行体制进行了重大调整。将老挝北部的三家银行即赛塔色银行(Sethathirath Bank)、澜沧银行(Lanexang Bank)和娥老湄银行(Alounmay Bank)合并组成澜沧银行。同时将南部的三家银行也合并成一家,称为老湄银行(Lao May Bank)。老挝商业银行仍然独立存在。

东南亚金融危机期间,泰国设在老挝的银行纷纷关闭和停业,使老挝金融界困难重重。

为控制外汇流失,除了调整国家银行体制和加强监控措施外,政府还制定了新的金融政策:废止非银行金融机构、公司和商场的外汇交易权;禁止企业、公司和商店的外汇流通,取缔外汇黑市交易;禁止企业和私商套购和囤积外汇;凡持有大额外汇的企业或私商要在国家银行兑成老币基普;广泛动员老挝人民将自己保存的外汇和老币存入国家银行;开设老挝开发债券的发放网点,进一步扩大发行量。

实行货币大幅度贬值是老挝政府增加出口和扩大外汇收入的重大金融

政策之一。在1988年以前，老挝中央银行实施固定汇率制，基普对美元的汇率为720∶1。1988年老挝中央银行开始实行浮动汇率制，1988~1996年，基普对美元的汇率波动很小，稳定在720∶1至921∶1。东南亚金融危机导致老币大幅度贬值、汇率直线上升。从1996年到1999年老币贬值近8倍，汇率上升也近8倍。1999~2000年老币贬值幅度开始减缓，但仍然贬值30%以上。

老挝人民民主共和国建立以来，其货币面值最高额为5000基普。2002年5月，老挝中央银行宣布发行1万基普和2万基普面值的新币，并宣称发行这两种大面值新币是老挝的实际需要，符合国家经济发展的实际情况，可以促进快捷结算。

随着东南亚金融危机的结束和经济的恢复和发展，泰国在老挝的银行已恢复营业。其他外国银行也开始进入老挝。1999年老挝和越南政府合作在万象设立了老越银行。2002年联合王国银行在老挝设立了分行。但老挝金融市场仍处在发育不完善阶段，开设证券市场的条件尚不具备。

二 财政收支

老挝人民民主共和国建立以来，老挝的财政收入一直是入不敷出，赤字很大。进入21世纪以来，老挝依然是赤字财政，这些赤字主要是依靠外援和外贸来弥补，其财政收支和赤字状况见表4-24。

表4-24 2001~2015年老挝财政状况

单位：亿基普

	2001	2005	2010	2015
财政收入	24760	38849	173600	244680
财政支出	31048	53230	182700	290970
财政赤字	6288	14381	9100	46290

资料来源：Report on Five-Year State Budget Implementation(2011-2015)，No. 795/MOF. CO.，31 March 2016.

老挝的财政收入一是来自税收，二是来自银行借贷，三是来自国有资产出租和转让，四是来自发行开发债券。财政支出一是官员和职工工资，二是工程项目投资，三是教育、卫生、新闻和文化事业支出，四是群众福利和农村开发投入。

老挝的财政收入和支出都呈逐年递增之势。与 2001 年相比，2011 年财政收入增长 6 倍多，财政支出增长 5 倍多。但由于老币贬值等，实际上的老挝财政收支增长率不是那么高。

近年来，老挝政府采取包括加强税收等积极的财政政策，应对地区和世界经济形势的挑战。由于税收政策有效实施，政府税收逐年增加，超过政府预算的目标，2010~2015 年的财政赤字均低于 5%，控制在 GDP 3%~5% 的范围内。政府按时、按合同条款偿还债务特别是外债，增加了投资者对政府财政状况的信心；同时，政府以贴现和发行债券的方式偿还国内债务，其中，贴现 5.4 万亿基普（减免了 1.5 万亿基普的债务，3.9 万亿基普的债务则转化为 2 年或 3 年期的债券）。这些政策有效减少了政府债务，创造了一个通畅的商业环境。

第八节 对外经济关系

一 外资、外援与外贷

外资、外援和外贷在老挝财政中占有重要地位。长期依赖外资从事自然资源开发和基础设施建设，依赖外援弥补财政赤字和外贸逆差，依赖向外借款解决重大建设项目资金问题，一直是老挝财政金融的主要特点。

1. 外资

20 世纪 80 年代末期以来，老挝政府通过出台和修订《外商投资法》及相关法规，改善投资环境，吸引大量外国资本，用于发展农林牧业、工业、手工业、采矿、能源、交通基础设施、通信、旅游和其他事业。1988 年，老挝颁布第一部外商投资法——《外国在老挝投资法》，2011 年出台《〈促进投资法〉实施细则》。老挝共颁布了十余部与外商直接投资相关的法律法规，其中《外商投资法》分别于1994年、2004年、2009年、2011年和2016年进行局部修订，各版名称也略有改动，2009年版则把外国投资法和国内投资法合二为一，称《促进投资法》。

1989年1月至2015年12月，老挝外来投资项目累计达3454项。中国、泰国、越南、韩国、法国、美国是老挝主要的投资来源国。[①] 主要的投资领域包括电力、矿业、农业、服务业、工业、酒店餐饮业、建筑业、电信业等。[②] 其中1989～2007年投资项目1905项，投资金额58.3130亿美元。2008年主要投资项目162项，投资金额11.7023亿美元。2009年主要投资项目216项，投资金额34.4992亿美元。2010年主要投资项目411项，投资金额16.9283亿美元。2015年外来投资总额为88.4217亿美元，主要投资于电力、农林业、建筑业、服务业、商业等。[③]

1995～2015年外商赴老挝投资的主要项目和金额见表4-25、表4-26。

表4-25 1995～2015年老挝的主要外资项目数

单位：项

年份	1995	2000	2005	2008	2009	2010	2015*
农林业	3	5	21	37	30	33	8
工业	9	17	19	28	34	111	—
加工业	1	—	8	9	2	21	21
矿业、石油	9	—	39	17	37	33	15
电力	1	—	10	3	4	6	3

---

① All Approved Investment Projects by County (1989 - 2015)，http：//www.investlaos.gov.la/images/Statistics/rpt_ Invest_ Summary_ Country1A1989 - 2015. pdf.

② All Approved Investment Projects by County (1989 - 2015)，http：//www.investlaos.gov.la/images/Statistics/rpt_ Invest_ Summary_ Sector1A_ 1989 - 2015. pdf.

③ Approved Foreign and Domestic Investment Projects by Sector，http：//www.investlaos.gov.la/images/Statistics/rpt_ Invest_ Summary_ Sector1A_ 2015. pdf.

续表

年份	1995	2000	2005	2008	2009	2010	2015*
纺织业	6	4	1	5	2	2	—
建筑业	3	—	3	10	9	11	7
交通运输	1	—	—	1	1	2	2
服务业	16	12	20	18	38	95	—
宾馆、饭店	1	2	10	8	16	53	5
银行、保险	1	—	—	4	8	1	3
商业	4	2	11	12	18	34	19
科研	8	3	1	10	17	9	5
总计	63	45	143	162	216	411	88

注：2015年的投资项目数据是根据投资企业名称统计的。

资料来源：老挝计划委员会编《老挝统计资料》；老挝计划投资委（现为计划投资部）编制《老挝年鉴》有关各卷。

表4–26　1995~2015年老挝的主要外资项目金额

单位：万美元

年份	1995	2000	2005	2008	2009	2010	2015
农林业	455.9	587.8	1549.9	9629.4	28191.3	52105.7	35616.0
工业	3191.8	1101.7	10391.6	16929.6	14832.5	17302.8	—
加工业	40.4	—	542.3	1816.7	1363.4	1202.8	5243.0
矿业、石油	1715.0	—	8126.1	9596.6	159931.4	3.3	8560
电力	44739.5	—	79625.0	62350.0	17427.5	45164.4	43232.0
纺织业	1285.2	437.8	30.0	429.0	120.0	70.0	—
建筑业	577.5	—	155.0	5645.2	2467.7	6625.0	30310.0
交通运输	6.2	—	—	1590.1	4105.0	143.0	10.0
服务业	845.1	470.1	1432.0	2719.6	104134.7	36957.9	9142.5
宾馆、饭店	29.5	58.0	1307.9	2686.5	3745.5	4741.5	250413.0
银行、保险	500.0	—	250.0	2360.0	6418.0	1200.0	600.0
商业	38.0	30.0	638.5	954.8	1588.3	2509.9	500790.0
科研	—	25.0	20.0	315.5	666.2	1257.0	300.0
总计	53424.1	2710.4	104068.3	117023.0	344991.5	169283.3	884216.5

资料来源：老挝计划委员会编《老挝统计资料》；老挝计划投资委（现为计划投资部）编制《老挝年鉴》有关各卷。

2. 外援和外贷

外国援助和外国贷款在老挝财政中占有重要的地位。在反殖反帝争取民族独立的斗争中，苏联、中国、越南和其他社会主义国家的援助，对老挝人民革命党夺取政权起到了重要作用。20世纪70~80年代，老挝政府也主要依赖外援和外贷恢复和发展经济。90年代外国对老挝援助明显减少，但有些工程项目的援助还是很大的，如由瑞典国际开发署无偿援助4000万美元，扩建13号公路的巴卡丁—万象—万荣路段，长342公里；由澳大利亚援助3000万美元兴建万象—廊开湄公河大桥。这两项援助起到了改善首都交通条件的重要作用。其他外国援助项目还有：由澳大利亚援助178万美元兴建的万象卫星通信地面站，由法国援助480万法郎兴建的万象—北汕长途微波电话线，由法国援助911万法郎兴建的万象电报中心，由日本援助1200万美元、联合国开发计划署援助180万美元（另有其他投资和贷款，总计4230万美元）兴建的万象、波里坎塞、甘蒙、沙湾拿吉、占巴塞和琅勃拉邦6省市的电话网络。

进入21世纪后，外援（其中有不少是无偿援助）依然是老挝的重要财政来源之一。这一时期，对老挝提供援助的国家主要有日本、中国、越南和泰国等。向老挝提供援贷的国际组织有国际金融机构、联合国、欧盟、东盟、亚洲开发银行、世界银行和非政府组织。老挝各年度所获得的外援分别为：2001年9600万美元，2002年1.64亿美元，2003年1.67亿美元（其中4532万美元为无偿援助），2004年1.64亿美元（其中2825万美元为无偿援助），2005年1.30亿美元（其中4974万美元为无偿援助），2006年2.00亿美元（其中1.046亿美元为无偿援助），2007年1.12亿美元（其中1.09亿美元为无偿援助），2008年1.27亿美元，2009年1.14亿美元。

外国向老挝的贷款在20世纪90年代有了较大的增长。1990年由亚洲开发银行贷款2050万美元（加上瑞典援助的4000万美元）扩建巴卡丁—万象—万荣公路。1992年由亚洲开发银行贷款3900万美元扩建万荣—琅勃拉邦公路（13号公路北段，共230公里）。同年由亚洲开发银行又贷款4700万美元扩建巴卡丁—沙湾拿吉公路（13号公路中段，共265

公里）。1992~1995年，由亚洲开发银行、世界银行和美、法、德等国先后贷款1亿多美元，扩建沙湾拿吉—老柬边境公路（13号公路南段，共408公里）。1993年由亚洲开发银行贷款3400万美元，兴建琅勃拉邦—南坝公路（13号公路北段延长线，与至中老边境的1号公路相接，共116公里）。1994~1995年老挝政府还利用外国和国际金融机构的贷款扩建7号公路（从沙拉富昆至老越边境，共278公里）、8号公路（从巴卡丁至老越边境，共140公里）和9号公路（从沙湾拿吉至老越边境，共244公里）。这些公路的贷款额各为2000万美元左右。在通信设施的建设中，老挝政府也主要依靠外国的贷款来实施，如万象市1032门程控电话是由世界银行贷款462.5万美元兴建的；万象、波里坎塞、甘蒙、沙湾拿吉、占巴塞和琅勃拉邦6省市的电话网络是由世界银行贷款2450万美元，加上其他援助和投资款兴建的。

2006年单边援贷22481万美元，多边援贷19437万美元，合计41918万美元。2007年单边援贷23459万美元，多边援贷19817万美元，合计43276万美元。2008年单边援贷21338万美元，多边援贷20006万美元，合计41344万美元。

2010~2015年，老挝政府加强经济外交工作，争取到官方发展援助总计33.69亿美元，相当于计划目标的91.05%。官方发展援助中的援助主要用于为实现千年目标制定的社会和文化领域发展项目，贷款则集中用于经济和基础设施的发展，包括能源矿产、农林业、共同工程和交通等。

二　中老经济关系

中老经济关系可以追溯至老挝抗美斗争时期，在老挝解放战争中，中国给予老挝大量经济援助，截至1976年中国援助总额达17亿元人民币。老挝人民民主共和国建立以后，中国又继续向老挝提供经济援助。1986年，老挝实施革新开放政策，中老经济技术合作日益增多，至20世纪90年代的中老经济关系已从单一的援助和贸易转向多元化的援助、贷款、投资、贸易、工程项目承建和金融等。1986~2016年，经过40年的合作和交流，中老在投资、贸易、援助、工程承包等领域的合作都在老挝对外经济关系中处于领先地位。

中国对老挝投资力度逐年最大，投资领域不断拓宽。自老挝人民民主共和国建立至1995年底，中国在老挝的投资总额已达6000万美元。2000年11月中国国家主席江泽民访问老挝期间，两国确立了睦邻友好、彼此信赖的全面合作关系，促进了中老经济关系的进一步发展。从投资金额和投资项目来看，中国对老挝投资急剧增加，2006年的投资额（42323.5万美元）是2001年（1341.5万美元）的31.5倍，2009年的投资额（127692.0万美元）是2001年（1341.5万美元）的95.2倍；2006年的投资项目（54项）是2001年（9项）的6倍。2006年以来，中国对老挝投资持续增长，2013年，中国对老挝投资累计达50.85亿美元，跃升为老挝最大的投资来源国。仅2016年，中国对老挝直接投资额约7.1亿美元；截至2016年11月，中国在老挝投资项目为734个，其中，522个项目为中国独资，212个项目为中老合资，投资金额累计达66亿多美元。中国持续保持老挝最大的投资来源国的排名，主要投资领域包括矿产、电力、农业、服务业等。

中国与老挝双边贸易保持稳步增长，中国是老挝第二大贸易对象国。2003年，中老贸易总额为1.09亿美元，首次突破亿美元大关。2012年，老挝与中国双边贸易总额达到17.28亿美元，其中，老挝对中国出口7.91亿美元，老挝自中国进口9.37亿美元。中老双边贸易总额、中国对老挝出口额增速居中国对东盟贸易的首位。

1990年以来，中国公司积极参与老挝工程项目的竞标，至1995年底中标工程项目已有11项，中标金额9178万美元，中标公司7家。其中最大的项目是天津国际公司的13号公路中段扩建工程，标价5500万美元。2005年以来中国公司在老挝承包的工程项目不断增加，据不完全统计，2005年承包工程项目8项，承包金额17013万美元，2006年承包工程项目12项，承包金额33500万美元，2007年1~8月承包工程项目11项，承包金额14000万美元，2008年签约承包工程项目201项，是2005年的25倍，金额42849万美元，是2005年的2.5倍。2012年，

老 挝

中国企业在老挝新签承包工程合同71份，新签合同金额19.21亿美元，完成营业额19.05亿美元，新签大型工程承包项目包括中国葛洲坝集团股份公司承建老挝南涧一号水电站项目。中国路桥建设总公司、中国铁路建筑总公司、重庆对外建设总公司、中国云南路桥工程公司和中信国际合作公司等都是较早进军老挝工程承包行业的中国企业。云南国际公司承包的万荣水泥厂、中水公司承建的南芝3号水电工程、广东水电三局承包的老挝2号公路项目、云南建工集团承建的万象东珍酒店等深受老挝各界的好评。

在经济特区和经济专区合作方面，2016年8月，经中国商务部批准，万象赛色塔综合开发区成为中国国家级境外经贸合作区。2016年年末，磨丁经济专区建设全面启动，在中国磨憨经济开发区的带动下，老挝磨丁经济专区也成为中资企业的投资热点。2012年，上海万峰集团投资的塔銮湖经济专区开工。截至2017年9月，老挝经济特区吸引160多家中国企业投资，注册资金总计15.5亿美元，占老挝经济特区总投资的23%，其中工业投资占38%，贸易占38%，服务业占24%。

中老金融合作从无到有，发展迅速。2013年5月，中国国家开发银行与老挝国家银行签署银行间账务处理细则。2013年11月，经老挝证券管理委员会和中国证监会批准，中国与老挝两国合资的中老证券有限公司在首都万象挂牌成立。

第五章

军　事

第一节　概述

老挝军队原称老挝人民解放军，现称老挝人民军，是一支在老挝人民革命党领导下的军队。老挝由于国力较弱，军事力量也相对薄弱，装备较为落后，至今尚未有国防科技和国防工业。主要武器装备是由苏联援助和提供的，部分是由中国和越南援助的，还有部分是原老挝右派军队留下的美式装备。2003年新修订的老挝宪法增加一章，专门阐述了国家国防安全，强调了国防安全对老挝国家的重要意义。

一　建军简史

1946年法国重返老挝以后，老挝出现了一些抗法武装力量。老挝人民军正是在老挝人民争取真正国家独立和民族解放的抗法斗争中酝酿和成长起来的。1949年1月20日，印度支那共产党老挝支部成员凯山·丰威汉在桑怒省（今华潘省）香科县老洪乡领导成立了一支由22人组成、名为"拉萨翁"的游击队。这支游击队的成立标志着老挝人民革命武装力量的诞生，而1月20日被定为老挝人民民主共和国法定的建军节。

"拉萨翁"游击队成立以后，积极开展游击战，打击法国殖民者，并于1949年底解放了香科县，这个县后来成为老挝爱国战线的根据地。在抗法斗争中，这支部队不断发展壮大，到1950年其规模发展到73人，装

老 挝

备了迫击炮和机关枪,并先后在桑怒、琅勃拉邦和川圹等省农村地区建立了根据地。从1946年到1950年,老挝人民主要以游击战的形式抗击法国殖民者。除上述武装力量外,还有"苗族抗敌同盟"、"塞塔提腊"和"发翁"等游击队,但尚未形成全国性的统一抗法组织。

根据革命形势的发展需要,遵照印度支那共产党中央委员会的策略指示,1950年8月13~15日,在越南公强召开了老挝全国抗法统一战线大会,来自老挝各抗战区和敌占区的150多名代表参加了会议,大会宣布成立"老挝伊沙拉(自由)阵线",并选举产生了以苏发努冯为主席的14人中央委员会。老挝伊沙拉阵线把"拉萨翁"、"塞塔提腊"和"发翁"等游击队联合起来,组成了"老挝伊沙拉部队",后改称为"寮国战斗部队"。从此,老挝的抗法斗争有了一支统一指挥的武装力量。

在抗法战争中,老挝伊沙拉阵线提出的方针是在边打边培养中建设武装力量,用敌人的枪炮打击敌人,发展游击战争,反扫荡,进而在敌占区打击敌人。

早在1950年,寮国战斗部队就在南部地区展开了上百次战斗,歼敌500多人。随着寮国战斗部队的发展,游击战争不断扩大。1950~1951年,各地的游击队只能用简陋的武器袭击敌人小股部队。从1952年起,寮国战斗部队与地方游击队配合,开始展开歼灭战,消灭敌人大股部队。1953年,寮国战斗部队在占领了桑怒全省以及川圹省和琅勃拉邦省的部分地区后,继续向南挺进。同年12月,在中寮战役中歼敌2000多人,解放了甘蒙省的大部分和沙湾拿吉省的部分地区,使法军陷入被分割状态。数月后,寮国战斗部队直插下寮,歼灭部分法军主力,解放了阿速坡全省、波罗芬高原以及沙拉湾省的老岩镇。1954年初,丰沙里省等地获得解放。此时,寮国战斗部队已经发展到7000多人,在全国范围内形成了面积4万多平方公里、人口100多万人的解放区。最后,老挝、越南和柬埔寨三国人民相互配合,打败了法军,推翻了法国的殖民统治,赢得了国家的独立。

在1946~1954年的抗法战争期间,寮国战斗部队共消灭敌人35071人,其中,打死20761人,打伤6865人,俘虏7445人。在被消灭的敌军中，法国殖民军3807人，老挝伪军31264人，共缴获和摧毁各种枪炮14335件，摧毁各种车辆110辆。

抗法战争结束后，根据1954年日内瓦会议有关规定，寮国战斗部队集结在丰沙里和桑怒两省，等待老挝问题的政治解决。1957年11月19日，老挝第一次联合政府成立，寮国战斗部队缩编为两个营（即寮一营和寮二营），共1500余人并入王国政府军，其余约8个营的兵力共5700多人被遣散和复员。1959年5月11日，老挝右派培·萨纳尼空政府借口并入王国政府军的原寮国战斗部队的两个营拒绝接受授予的军衔，企图解除其武装，并将苏发努冯等老挝爱国战线领导人软禁。5月18日，寮二营突破培·萨纳尼空政府军的包围，撤出查尔平原，返回桑怒根据地，寮一营的大部分干部战士也突围回到根据地。老挝内战再度爆发。

面对国内错综复杂的形势，老挝人民党及时调整斗争方针，号召全国军民团结一致，以武装斗争为重点，反抗美国新殖民主义的干涉，反对卖国的培·萨纳尼空政府。1960年5月24日，苏发努冯等16位老挝爱国战线领导人从万象成功越狱，回到了桑怒，继续领导抗美救国战争。

寮国战斗部队在进行武装斗争的同时，不断建立游击队和根据地，武装力量规模逐步扩大。1961年已发展到9000多人，编制包括15个营和28个连。1962年，寮国战斗部队兵力发展到10200人，编制包括18个营。1965年，兵力扩大到约18000人，编为25个营。1965年10月1日，寮国战斗部队改名为老挝人民解放军。20世纪60年代末，老挝人民解放军各种部队的总兵力已达到4万多人，为抗美救国战争的最后胜利和人民民主共和国的建立奠定了基础。

1955～1975年，老挝爱国军民在抗美战争中歼灭敌军231258名，其中打死138082名，打伤39943名，俘虏和投降48874名，起义、投诚4359名。在被消灭的敌军中，有美国及其雇佣兵27349名。20年中，老挝爱国军民共缴获各种枪炮77359件，击毁和击落敌机2519架，缴获和摧毁无线电发报机2750台、各种车辆1885辆，缴获、击沉和击伤敌军战舰249艘，缴获各种军用物资19.9万吨。

1975年5月以后，老挝全国各地纷纷掀起夺权运动，老挝人民解放

老 挝

军也相继进驻各重要城镇。5月20日，老挝人民解放军的坦克装甲部队进驻万象市。8月23日，万象省、万象市群众举行夺权大会，宣布推翻旧政权。美国军事人员撤离老挝，右派分子纷纷出逃，老挝全国获得解放。之后，老挝人民解放军合并了爱国中立部队，接管了起义、投诚的右派部队，并进行了统一整编。

1982年7月14日，老挝最高人民议会常务委员会做出决定，将老挝人民解放军改名为老挝人民军。

回顾老挝人民军的发展历程，这支部队是在老挝人民抗法和抗美救国战争的血雨腥风中发展壮大起来的，是在老挝人民争取国家独立和完整斗争的惊涛骇浪中历练出来的。在老挝人民争取民族解放的斗争中，老挝人民军发挥了中坚力量的作用，同时也建立了不可磨灭的功勋。而在老挝全国人民团结一致建设社会主义民主国家和努力发展社会、经济、科技、文化的伟大事业中，老挝人民军这支有着光荣历史的武装力量继续担负着保家卫国、维护国家和平与统一的重担。

二　军事政策

（一）防务政策

作为内陆国的老挝，只有陆上防务任务，所以老挝防务的重点是加强陆军防卫力量。目前，老挝的兵力主要布防在湄公河沿岸一线。在自力更生的国防路线的前提下，老挝主要谋求与中国、越南和印度的防务合作，一方面寻求多方援助，另一方面利用这几个周边大国相互制衡，以维护老挝的独立和安全。同时，老挝也积极参与东盟和东盟地区论坛，寻求安全合作，努力创造一个稳定、可靠的周边环境。[①]

（二）军事战略

老挝军队的军事战略伴随其国内外安全局势的发展而演变。老挝人民民主共和国建国初期，老挝人民解放军的战略从开展人民武装斗争、消灭外国侵略者转变为收编或剿灭残余敌对势力，为国家重建创造一个安定的

---

① 杨全喜、钟智翔主编《东盟国家军事概览》，军事谊文出版社，2003，第81页。

社会环境。20世纪70年代末至80年代末，老挝在苏联和越南的压力下，对中国采取敌视态度，将其兵力重点布防在与中国接壤的北部地区。1986年老挝开始实施以经济建设为中心的革新开放政策，并于1988年恢复与中国的正常外交关系，人民军的军事战略随之调整，弱化军事战略的对抗性，开始科技强军的防御性现代军队的建设，包括裁军整编，加强陆军、空军和防空部队的建设，引进新型、高技术含量的武器装备，与中国和越南等国联合培养现代军事人才等。[①]

三 国防体制

老挝宪法明确规定：老挝人民军由老挝人民革命党领导和指挥，老挝人民革命党主席为武装部队的最高统帅。国防组织体系由国防治安委员会、国防部、内务部组成。人民革命党通过这些机构对全国武装力量进行指挥和控制。

（一）国防治安委员会

1991年3月，老挝人民革命党第五次全国代表大会通过决议，决定设立国防治安委员会，取代人民革命党中央军事委员会，作为国家最高军事决策机构。国防治安委员会由老挝国家主席、政府总理、国防部部长、内务部部长和老挝人民军各总部最高长官组成。国家主席兼任国防治安委员会主席。国防治安委员会负责国家安全、军队建设和发展等重大决策的制定。国家主席或政府总理以法令、决议、命令等形式下达有关国家战备工作的各项决议，国防治安委员会通过国防部、内务部对全国武装力量实施行政领导并负责贯彻落实军队训练、建设等方面的决议。

（二）国防部

国防部是老挝国防治安委员会的执行机构和军队最高行政管理机构。国防治安委员会主席通过国防部对全国武装力量实施领导和指挥。国防部下设总参谋部、总政治部和总后勤部三大机关，分别负责全军的作战训练、政治思想教育、后勤保障和技术保障。国防部直属单位有国防部办公

[①] 杨全喜、钟智翔主编《东盟国家军事概览》，第82页。

厅、外事局、监察局、军法局、保卫局和开发总公司等。

总参谋部是老挝军队的指挥中枢和行政机关。负责全军的军事训练和作战指挥。下设作战局、情报特工局、训练局、地面炮兵局、兵员武器局、通信局、机要局、化学局、水兵局、坦克（装甲）局、地方部队局、全国防空指挥局、测绘局、工兵局、总参管理局和总参办公室等。

总政治部是老挝军队政治思想工作和干部工作的领导和执行机构。负责全军的政治思想教育、宣传和干部工作。下设组织局、干部局、政策局、保卫局、宣传教育局、动员改造局、青年局、密件保卫局、《人民军报》、体委、艺术团和总政办公室等。

总后勤部是老挝军队的后勤保障的领导和执行机构。负责全军的后勤保障工作。下设参谋局、军需局、生产局、运输局、建筑局、卫生局、财政计划局、粮秣局、油料局和总后勤办公室等。

（三）内务部

内务部是老挝警察部队的领导机构，担负着维护国内社会稳定、保护人民生命财产安全、打击毒品走私犯罪的重要职责。1989年老挝内河部队并入内务部，由内务部统一指挥。内务部由治安总局、警察总局、后勤技术总局、政治总局和办公厅组成。治安总局下设治安局、政治保卫局、监察局、出入境管理局和移民局。警察总局下设经济警察局、刑事案件局、情报侦察局、交通消防局、居民管理局、管教局和警卫局。后勤技术总局下设后勤局、财务局、技术局、医疗局和警需局。政治总局下设组织干部局、文教训练局和团体组织局。办公厅下设管理局、外事局、警务局、机要局和通信局。

四 军事制度

（一）军事编制

老挝人民军有师和团的编制，基本作战单位为营。实行三三编制，即每团3个营，每营3个步兵连和1个火力连，每连3个排，每排3个班，每班9人。每团编制1800余人，每营编制450余人，每连编制

60~80人。

老挝武装力量由正规军、地方部队、预备役部队和民兵自卫队组成。正规军又称主力部队，分陆军和空军。军官军衔分3等11级。将官分上将、中将、少将、准将，校官分上校、中校、少校，尉官分上尉、中尉、少尉、准尉。

（二）兵役制度

根据《老挝义务兵役法》、《宪法》和《国防法》三部法律，14~45周岁的老挝公民，均有保卫国家、维护社会治安的义务。国防部在每年的老挝新年过后下达征兵指标，各兵种部门在每年的六七月到中学毕业生中招募。对身体、文化和心理素质要求特别高的兵种由国防部统一招募。步兵服役期为二年，专业技术兵种服役期为三年。服役期满则可以复员返乡。少数专业技术兵种，根据本人意愿和部队需要可以延长服役期，或根据政府需要给予安排公职。退役军人一般回原籍务农或由当地政府安排就业。伤残者一般由政府视情况安置在专门的伤残院或适宜伤残者工作和生活的单位。老挝政府还规定老挝公民有参与预备役部队和准军事部队（民兵）的义务，男性民兵的服役年龄为14~45岁，女性民兵的服役年龄为16~35岁。

老挝军政干部一般从现役军人中挑选，并经过一段时期的实地考验后，送到军事院校或师团培训营地培训后任命。各级军官所担任职务与佩戴军衔的对应关系是排级为上士或准尉，副连级为少尉，正连级为少尉至中尉，副营为中尉至上尉，正营为上尉，副团为少校至中校，正团为中校，副师和正师为中校至上校。[①]

第二节 军种与兵种

老挝总兵力5.5万人，由陆军、内河部队、空军、地方部队和预备役部队组成。此外还有准军事部队（民兵）10万余人。

---

① 杨全喜、钟智翔主编《东盟国家军事概览》，第86页。

老 挝

一 陆军部队

老挝陆军是老挝实力最强、规模最大的兵种，兵力5万人，编为5个步兵师、3个兵种团、32个步兵营、16个地面炮兵营、8个装甲营、9个侦察营、6个特工营、11个通信营、60个技术兵种营和若干所军事院校。老挝陆军不设司令部，直接归总参谋部指挥和调动。陆军分为5个步兵师，分别驻防包括首都万象在内的各战略要地。部队以营为基本作战单位，实行三三编制，每个团设3个营，每个营是3个步兵连和1个火力连，每个连3个排，每个排3个班，每个班9人。

老挝陆军装备原来大多是由中国、苏联援助的，也有一部分美式装备，1979年以后进行了调整、更新和补充。现陆军装备坦克、装甲运输车、牵引火炮、迫击炮、无后坐力炮、高炮等。枪支主要有苏联、中国、美国、越南等国的各式武器，包括手枪、半自动步枪、冲锋枪、卡宾枪、勃朗宁轻机枪、高射机枪、重机枪、火箭筒等。

二 空军部队

老挝空军的前身为1970年组建的702飞行队，1975年老挝人民解放军在接管了原王国空军的全部装备后，于8月8日成立了空军指挥委员会，空军正式成为老挝一个独立军种。老挝空军部队由总参谋部空军局领导，空军局下设参谋处、政治处、训练处、后勤处、技术处、飞行队和航空学院等。空军部队编制分为四级，即飞行团、飞行大队、飞行中队和飞行编队，老挝空军部队有兵力3500人，编入702和703两个飞行团。702飞行团为单机种战斗机飞行团，703飞行团为不同机型混编团。

主要装备情况如下。

攻击战斗机：米格－21型12架。

运输机：安－2型4架、安－24型5架、安－26型3架、安－74型1架、雅克－40型1架，共14架。

直升机：米－6型1架、米－8型9架、米－17型12架、SA－360型

3架、卡-32T型1架、米-26型1架，共27架。

教练机：雅克-18型8架。

机载武器装备：AA-1和AA-2等空空导弹若干枚，以及航空火箭、航空炸弹、航空炮弹若干枚。

三 地方部队

老挝地方部队总兵力近2万人。每个省和首都直辖市都设有军区，各军区部队受总参谋部直接领导和指挥。首都军区和省军区分别设有军事指挥长、政治委员、参谋长各1人，机关设有参谋处、政治处和后勤处。各军区下设县级军事指挥部，各县驻防2~4个独立步兵营、4~12个独立连。①

四 防空部队

防空部队是老挝重点建设发展的一支技术部队，隶属于总参谋部防空局，老挝防空部队由导弹部队、高炮部队和雷达兵部队组成。总参防空局与作训局、空军局联合组成临时性的防空作战指挥中心，协调防空作战事宜。在各兵种中兵力仅次于陆军，是军队防空体系中的主要力量，拥有兵力4000余人，编制5个防空团，共11个防空营，6个导弹分队，3个导弹营和8个雷达连。②

五 准军事部队

民兵自卫队和预备役部队是老挝的准军事部队，现有11万余人，其中，预备役部队1万人。1990年，各级地方党委和政府建立起民兵建设指导委员会，加强民兵建设，国防部把民兵组织分为普通民兵和机动民兵，普通民兵即民兵自卫队，机动民兵即预备役部队的雏形。民兵自卫队每村编有1~2个班，每班7~9人；预备役部队编成排或连，每连75~

---

① 杨全喜、钟智翔主编《东盟国家军事概览》，第92页。
② 杨全喜、钟智翔主编《东盟国家军事概览》，第92~93页。

85人，辖2~3个排，每排23~29人。准军事部队的任务是平时协同当地驻军维护国防治安，惩治犯罪和参与社会经济建设；战时参加战地运输或直接投入战斗。

第三节 军事训练和教育

老挝军队是在反帝反殖和争取民族解放的战争中逐步成长起来的，可以说战场是训练和造就老挝军政干部和战斗骨干的主要场所和军政大学。在老挝解放战争中，各族人民踊跃参军参战，使老挝人民解放军迅速发展壮大，一举夺取全国政权并成为一支维护老挝主权、独立和社会安定的武装力量。

一 军事训练

老挝军队的训练有多种形式，一是实战训练，二是部队自行训练，三是军事院校培训，四是赴外国培训。

现在的中、高层军政干部大部分是在老挝反殖反帝战争和解放战争中成长起来的。其中有相当数量的人被送到苏联和越南进行过短期或长期培训，重要军事干部、飞行员和其他军事科技人员基本上到苏联或越南进行过长期培训，他们大多有苏联或越南军事院校的毕业文凭。

老挝人民民主共和国建立后，先后在万象建立了军事学院，在琅勃拉邦建立了军事学校，在查尔平原丰沙湾建立了航空学院，在主要省市建立了军事训练营地。万象军事学院主要培训连以上军政干部、技术干部和参谋人员。琅勃拉邦军事学校主要培训班排干部和重要军事骨干。航空学院主要培训飞行员。军事训练营地主要教授队列、射击和一般军事知识。

最主要也是最大的军事训练场所和营地是部队本身。部队班、排、连除节假日外，几乎每天都安排军训课目，定期或不定期地进行拉练和实战演练，还安排有文化和科技学习时间。营、团定期或不定期地举办队列、射击、攻防或其他军事会演。师定期或不定期地举办军政干部和科技干部培训或军事演习。

各省市军事指挥部负责进行其预备役部队和准军事部队（民兵）的组建和训练，并设有专门的培训机构及进行专门培训的教官和人员。

二 军事教育

老挝的军事院校主要有凯山·丰威汉国防学院、政治军事学院、后勤学院、空军707航空学校四所高级军官学校和两所初级军官学校，以及军医学校等。

（一）凯山·丰威汉国防学院

凯山·丰威汉国防学院是老挝最高军事学府，以前国家主席凯山·丰威汉之名命名，直属于国防部，前身是高级军事学院，1996年改为现名。学院为师级，编制800人，院长为少将，是所有军事院校中级别最高的。学院下设政治部、教务部、组织部、后勤部和研究部。学院的办学方向是培养高层次的军官，向全军各部队输送军事现代化的新型人才。

（二）政治军事学院

政治军事学院是国防部总政治部的直属院校。前身为初级军官学校，1995年改为政治军事学院，学院编制为师级，院长为准将。

（三）后勤学院

后勤学院隶属于国防部总后勤部，前身为中级后勤学校，学院编制为团级，院长为中校。

（四）空军707航空学校

空军707航空学校前身是空军于1978年组建的T-28航校。后因培养能力有限，于1984年被撤销，1998年恢复。航空学校直属总参谋部，由总参谋部空军局直接管理。学校下设政治处、参谋处、教务处、技术处和后勤处。学校为旅级编制，校长、政委为中校。

第四节 对外军事关系

老挝军队在长期的反帝反殖和争取民族解放的斗争中，得到苏联、中国、越南和各社会主义国家及国际反帝力量的援助和支持。对此，老挝党、政府和人民记忆犹新，并保持和发展与有关国家和国际组织的军事交往和友好关系。

苏联是老挝的主要军事盟友之一，双方曾先后签署过多项军事援助条约和有关协议。其主要条款是苏联向老挝提供军事装备和其他军事援助，帮助老挝培训军政干部和接收老挝军政人员赴苏学习等。根据老苏有关协议，苏联向老挝提供了米格－17型、米格－19型飞机和相关地面雷达及指挥系统，以及各种武器装备。苏联向老挝派遣了一个防空导弹营和部分军事专家。苏联解体后，老苏有关军事条约或协议也随之废止。

老越两国从印支共产党建立以来一直保持良好的军事关系。在老挝反帝反殖和解放战争中，两军逐步建立和发展了特殊关系和兄弟友谊。越南向老挝军队派遣了顾问、专家和教官。老挝军队连以上单位大多设有越南顾问，团以上单位设有越南顾问组，总部设有越南顾问团和专家组。老挝解放战争中越南派遣重兵参与了老挝军队的联合作战。在查尔平原战役、色诺战役及解放琅勃拉邦、万象和沙湾拿吉等重大战役中，越南军队都起到了重要作用，是老挝全国解放的攻坚力量。老挝人民民主共和国建立后，越南撤走了部分军队，但一些重要部门和战略要地仍留有越南军队或军事人员。在特殊关系的前提下，老挝和越南重新签署了新的军事合作条约和其他军事合作协议，其重要条款是在老挝受到外来侵略或发生战乱的情况下，越南军队可以进入老挝需要的任何地区参与老挝军队的联合作战。老挝军队一直定期或不定期地派遣军政干部到越南军校学习深造，同时还经常派遣军事骨干到越南进行集训。两军高层人员互访和交往频繁。

中老军事关系经受过长期的考验。在老挝抗法抗美和解放战争中，中国都给予重大援助和支持。中国给予老挝大量武器装备，向老挝派遣大量工程队、医疗队、专家组和数以万计的工程技术人员、医生和其他有关人员，为老挝的反帝反殖和解放战争做出了重大贡献。老挝人民革命党"五大"后，双边军事关系得到进一步恢复和发展，老挝党和政府视中国为战略伙伴和战略后方，军政人员交往不断增多。

老柬两国也在共同的反帝反殖斗争中建立了特殊军事关系，双方军事交往也较频繁。

在老挝反帝反殖和解放战争中，老泰两国一直处于军事对立状态，老挝人民民主共和国建立以后，由于领土和其他争议，双方曾发生过多次武装冲突。之后经过多次会商和谈判，双方军事矛盾和冲突逐渐减少。从20世纪90年代中期开始，双方逐步从军事对立转向和平友好。在和平共处五项原则的基础上，双方军事交往不断增强。

老挝与东盟国家、西方国家和其他国家的军事关系现在也处于和平友好状态。

第六章
社会与文化

第一节 国民生活

老挝是世界上最不发达的国家之一,国民生活水平处于温饱型状态,还有约1/3的人口处于温饱型以下。当然也有部分先富起来的人群,这部分人主要是政府官员、商界和企业界人士及湄公河沿岸从事林园种植和牧禽养殖的家庭。

一 物价

20世纪90年代以来,老挝逐步推行了市场经济政策,废除了由政府定价的政策,实行价格放开、市场自行浮动、购销双方自行议价。

老挝物价在20世纪90年代初期虽在逐年上涨,但上涨幅度不大。1997年爆发的东南亚金融危机对老挝的冲击很大,迫使老挝政府对其货币实行大幅度贬值。随着货币的大幅度贬值,物价也大幅度上涨,通货膨胀率直线上升。

老挝的物价(以美元计)与其周边国家相比,大部分要高一些。与中国市场相比,车辆(包括各种汽车和摩托车)要便宜得多,是中国市场价的1/2~2/3,家电和日用百货比中国市场价要高一些,食品比中国市场价要高得多。

首都万象食品价格较高,其他城市略低一些,乡镇更低。

老 挝

2000年以来，老挝保持高速的经济增长，经济建设成效显著，但是，老挝传统农业社会结构尚未得到根本的改变，城市化水平不高。全国整体的消费，从产品类型看是以有形商品消费为主；从支付方式看，主要是钱货两清的消费；从消费目的看，则是生存资料消费和发展消费。随着老挝经济革新开放政策的实施，全国各地经济均有不同程度的发展，生产和生活物资日益丰富，消费水平有不同程度的提高，物价也呈现逐年上升趋势。"七五"计划期间，老挝通货膨胀率平均值为5%（见表6-1），低于经济增长率。物价上涨的主要因素包括以下几个方面：第一，食品价格上涨明显，平均涨幅达到了8.27%，住房、水、电和燃料价格涨幅为6.72%，饭店和宾馆价格上涨6.5%；第二，全球消费价格变化，邻国和区域内其他国家包括中国、泰国和越南的商品价格持续上涨；第三，国际原油价格的变动直接影响老挝国内原油价格变化，2010~2011财政年度，老挝国内原油价格调整了17次，上调13次，下调4次；第四，国内生活资料供需不平衡，求大于供，特别是肉类产品。

表6-1　2010~2011财政年度至2014~2015财政年度通货膨胀结构变化

单位：%

	2010~2011	2011~2012	2012~2013	2013~2014	2014~2015	平均
食品	10.39	6.97	10.37	9.17	4.44	8.27
饮料	2.28	3.07	3.38	5.47	2.48	3.34
服装和鞋	2.39	2.35	4.42	6.02	4.22	3.88
住房、水、电和燃料	3.14	9.15	9.09	3.64	8.57	6.72
家庭用品	1.40	2.54	2.70	2.10	1.30	2.01
医疗保健	2.25	1.20	1.31	1.34	0.18	1.26
交通运输	7.90	4.88	0.43	0.65	-5.24	1.72
邮电通信	2.41	2.13	1.71	0.85	1.19	1.66
娱乐消遣	0.94	1.63	1.81	2.22	0.18	1.36

续表

	2010~2011	2011~2012	2012~2013	2013~2014	2014~2015	平均
教育	0.57	0.92	2.19	1.31	0.26	1.05
饭店和宾馆	3.50	7.93	8.63	8.60	3.83	6.50
商品和服务	9.24	5.61	1.50	1.41	0.24	3.60
通货膨胀率	7.42	5.12	5.64	5.16	1.68	5.00

资料来源：Minister of Planning and Investment, 8th Five - Year National Social - Economic Development Plan (2016 - 2020), June 2016, p. 6。

二 就业和工资

老挝是一个传统的农业国，农业人口（包括城市农业人口）在全国总人口中比例较高。根据2002年老挝公布的数据，全国人口共552.59万人，其中农业人口约500万人，非农业人口约50万人。非农业人口包括政界人员、商界人员、宗教界人员、工业生产人员、教育界人员、现役军人及其他服务人员。从业人数中最多的是务农人员，包括种植业、养殖业等，以下依次是经商人员、宗教界人员、教育界人员、政界人员和现役军人。

随着工业和服务业的发展，就业机会增加。2015年全国10岁以上人口有513万人，其中就业人口占67.7%，失业人口占3.4%，29%为非劳动力。工业就业增长较快，2001年全国共有工人和工业管理人员8.8405万人，2002年增至9.1034万人。根据老挝2015年最新人口普查结果，2005~2015年，老挝总人口由562万人增加至649万人，制造业从业人员逐年增加，农业从业人员的比例由2010年的71.3%降至2015年的65.2%，工业从业人员从2010年的8.3%增至2015年的11.4%，服务业从业人员从2010年的20%增至2015年的23.4%。2010年全国就业岗位有302万个，达到总人口的51.92%，2015年这一比例增加至55.67%。[①]

---

① Minister of Planning and Investment, 8th Five - Year National Social - Economic Development Plan (2016 - 2020), June 2016, pp. 35 - 36.

老 挝

为促进就业,除了万象市,许多省份设立了招聘中心,如沙耶武里省、乌多姆赛省、沙湾拿吉省、占巴塞省、甘蒙省、波里坎塞省、万象省和琅勃拉邦省等。占巴塞省和万象市举办的一次招聘会吸引了217家企业和13208人参加。截至2015年底,家庭劳务工作和劳务输出两个领域的就业人数为277439人。按就业部门统计,农业就业人数为67677人(其中,30422人为女性),工业就业人数为86711人(其中,47004人为女性),国内制造业就业人数167665人(其中,女性81581人),服务业就业人数为为66340人。老挝向国外输出劳工109774人,输入外籍劳工173093人。[1]

20世纪90年代初,老挝从业人员的工资很低,党政军官员月薪在50万基普左右,一般职员仅20万~40万基普。由于物价上涨,老挝政府多次出台政策,限制最低工资标准。2005年老挝政府出台了最低工资标准,公务员每月最低工资标准为29万基普。2008~2009年,财政部出台政策,提高公务员工资20%,但是企业职工不在加薪范围内。为了改善公务员待遇,激励公务员工作积极性,2012年,政府再次提出了公务员逐年加薪计划,即从2012年10月起,在未来三个财政年度,逐步提高公务员工资岗位系数,2012~2013财年从35万基普提高到48万基普,2013~2014财年提高到67万基普,2014~2015财年提高到93万基普。[2]

2008年,受全球金融危机的影响,老挝物价大幅上涨,人民生活水平下降,老挝劳动和社会福利部公布了提高工人最低工资的条例,将最低工资标准由原来的每月29万基普提高到每月34.8万基普。此外,用工单位还需支付雇员每人每天8500基普的生活费,在不缺勤的情况下,每月应支付的最低工资为56.9万基普。

---

[1] Minister of Planning and Investment, 8th Five - Year National Social - Economic Development Plan (2016 - 2020), June 2016, p. 35.

[2] 方芸:《2012年老挝形势及其对大湄公河次区域合作的参与》,刘稚主编《大湄公河次区域合作发展报告 (2012~2013)》,社会科学文献出版社,2013,第200页。

三　居住条件和社会福利

老挝国民的居住条件相对较好，但差异很大。乡村大多数住房是砖木、竹木、竹草结构。城镇大多数住房是钢混、砖木、竹木结构。

（一）居住条件

1. 农村住房

（1）砖木结构住房。此类住房是乡村较富的人家居住的。这类住房有楼上、楼下两层，楼上住人，楼下饲养畜禽。楼底层的墙有的用砖石建成，有的用木板打造。房顶有的用石棉瓦，有的用镀锌波型瓦，有的用一般的瓦，楼板大多用花梨木、柚木或其他防蛀的木料铺设，房四周用竹篱或木头做围墙。

（2）竹木结构住房。此类住房大多是乡村中等人家居住的。也分楼上、楼下两层，底层四周大多空着，楼上地面和墙壁几乎都用竹篱。只有柱、梁和其他主要承重物用木头建造。层顶有的用木板，有的用竹片，有的用山草铺建。

（3）竹草结构住房。此类住房大多是山区贫困人家居住的。房屋一般只有一层，主要梁、柱和支撑物几乎都是用竹子制作，屋里的卧床和桌椅也全用竹子制作，屋顶用茅草铺建，墙壁用竹篱编制。

2. 城镇住房

（1）钢混结构住房。这类住房大多是20世纪80年代以后建的，大部分是"先富起来"的人的私房。老挝城市及其周围土地很便宜，许多党政军官员和商界人士大量建盖私房。在万象和一些主要城市钢混结构住房较多。房屋一般用钢筋、水泥和砖石建盖，以2~3层居多，周边建起围墙，形成小院落，院里种有花草。

（2）砖木结构住房。这类住房有的是在法国占领时期建盖的，有的是在20世纪60~70年代建盖的。大部分临街道而建，以3~4层居多，底层是店铺，上两层住人。墙体基本上用砖砌成，楼顶用瓦铺就，地板是木料。居住者主要是小商贩和工厂职工。

（3）竹木结构住房。这类住房大多是城市农民和其他居民盖的，建筑材料全是木材和竹子。老挝的竹木管理不严格，建盖住房用材一般不花钱或只交很少的资源费，因此建盖此类住房花费较少，居民几乎都可以自建。城镇特别是小城镇此类住房较多。

目前政府官员和职工的住房基本上是自建的，公房很少，更谈不上福利房，但住房条件不算差，住房面积较大，环境也较好。

（二）社会福利

老挝革新开放以来，经济社会获得了长足的发展，虽然国家总体经济实力有限、政府财政较弱，但是，社会福利事业有所发展，社会保险系统逐步改善，为参保人及其家庭提供的社会保险服务不断增加。2015年，全国有近207万人被纳入国家健康和社会保险系统，相当于全国总人口的32%。劳动和社会福利部门在争取外援的同时，积极从国内筹措资金，提高社会救济、抚恤金发放和残疾人帮扶力度。劳动和社会福利部门还为自然灾害受灾群众、流离失所者和失业者提供救助，全国20余万家庭得到救助。对1万多名在民族解放事业中做出积极贡献的人员发放抚恤金，总计27000亿基普。

各级劳动和社会福利部门继续做好改善老龄人和残疾人服务机构的工作，通过提供资金支持和健康服务，为政府和私人机构提供更好的条件。家庭和社会共同关心老龄人，鼓励残疾人参加社会活动，维护他们的权利。2015年，全国设立了7个残疾人联合会，帮扶的残疾人有近7万人，约占全国残疾人总数的8%。

第二节　医药卫生

老挝气候常年温热，很适宜病媒、昆虫的滋生和病原微生物的繁殖，加之其卫生条件较差，造成疾病及其流行较多。改善医疗设施和加强医疗队伍建设已成为老挝政府现阶段的重要任务之一。

一　常见疾病

（一）疟疾

疟疾是老挝普遍流行又比较严重的疾病。疟疾由疟蚊传染，雨季时发病较多，分间日、3日、恶性3种。潜伏期10～20天，发病时临床表现为头痛、疲劳，然后是忽冷忽热。另外，还有一种脑型疟疾，难以救治，往往会造成死亡。

（二）流感

流感为急性上呼吸道传染疾病，由流感病毒引起。潜伏期2～3天，病期10天左右。得病突然，症状是怕冷、发烧、流鼻涕，易传染。

（三）消化系统疾病

消化系统疾病主要是腹泻和痢疾。另外，由于喜吃生冷食物，老挝人经常出现腹泻或痢疾，有时甚至会传染他人。

（四）鼠疫

鼠疫为烈性传染病，死亡率较高，甚至达75%。

（五）伤寒和副伤寒

伤寒和副伤寒是老挝的地方病，发热时间较长，病期约3周。

（六）肝炎

肝炎分甲、乙型病毒性两种，潜伏期1～3个月。患者怕冷，并伴有发热、头痛、全身无力等症状，厌食油腻。肝炎在老挝各地都有流行。

（七）恙虫病

经恙虫叮咬传染，严重者可导致死亡。恙虫多滋生在阴暗潮湿、多腐物、多鼠类的场所，潜伏期1～2个星期，临床表现为发热、淋巴结肿大和出现皮疹等。

（八）性病

性病主要出现在湄公河沿岸城市，比较普遍的病型是淋病和梅毒。

（九）麻风病

麻风病的传染渠道是与患者亲密接触，潜伏期很长，可达数年至十几年。全国各地均有此病，南部更甚。

（十）霍乱

霍乱为烈性传染病，主要通过污染水源和食物传染，传播快，病情重，死亡率高，可达60%～80%。患者上吐下泻，严重脱水，常在数小时内死亡。霍乱发病率不高，但要注意预防。

（十一）钩端螺旋体病

钩端螺旋体病以水源污染为传播媒介，带菌者常为鼠类，通过排泄污染水源。患者高热、肌痛，尤以小腿肚肌痛最为明显，严重者有黄疸出血和肺出血等症状。全国各地均有此病流行，但以北部地区较为严重。此病死亡率为5%~30%，常在雨季期间发病。

二 医疗卫生

老挝人民民主共和国建立之前，卫生状况较差。因为普遍缺乏卫生常识，所以，很容易造成疾病流行。居住在河谷平原地区的老挝人喜爱清洁，经常洗浴，但由于水质往往已经被污染，因而并不卫生，老挝乡村居民很少有烧开水的习惯，以喝生水为主，水源来自河溪、浅井和地表水。城市公共厕所很少，农村则根本没有厕所，人们多在河、川里大小便，或在地上便溺，加之缺乏处理粪便与垃圾的措施，很容易污染水源。居住在山区的民族卫生状况更差，他们有时连饮用水都没有，更不用说用水洗浴了。另外，老挝人喜欢生冷食物，如生鱼、生肉等，以手抓食，不注意防止蚊蝇污染食物，又没有冷藏手段，这就造成老挝人总体卫生水平不高。

老挝人民民主共和国建立后，政府对医疗卫生工作十分重视，在整顿和逐步完善原有医院和医疗卫生机构的同时，建立了一批新的医院和其他医疗卫生设施，培养了一批医护人员，扶持土医和草医。同时，在全国开展了住房卫生、饮食卫生、食品卫生、环境卫生和个人卫生等运动，逐步改善了卫生条件。

20世纪90年代以来，老挝加强了与外国在医疗卫生方面的合作，引进了一批外国医疗设备和人员，进一步培养和提高了国内医务人员的水平。医疗条件有了明显的改善，卫生环境也有了明显的好转。但大部分农村特别是少数民族居住区，医疗卫生条件仍然较差。

20世纪90年代以来，老挝医疗卫生概况见表6-2、表6-3、表6-4、表6-5。

表 6-2 1990~2015 年老挝医疗卫生机构数量

单位：家

年份	1990	1995	2000	2005	2010	2015
中央医院	8	8	8	8	8	12
省医院	17	18	13	13	11	13
县医院	115	122	121	127	131	136
乡村医院	937	512	533	746	862	998
私立医院	—	—	—	147	222	1054
医院总数	1077	660	675	1041	1234	2213

资料来源：老挝国家统计中心编《老挝社会经济统计资料》，1975~2005 年卷、2011 年卷、2015 年卷。

表 6-3 1990~2015 年老挝医疗卫生机构中床位数量

单位：张

年份	1990	1995	2000	2005	2010	2015
中央医院	750	852	858	820	856	1170
省医院	2025	1137	1872	985	930	1234
县医院	2989	2291	2350	2366	1845	2044
乡村医院	4600	1593	1241	1554	2281	2495
床位总数	10364	5873	6321	5725	5912	6943

资料来源：老挝国家统计中心编《老挝社会经济统计资料》，1975~2005 年卷、2011 年卷、2015 年卷。

表 6-4 1990~2012 年老挝医疗卫生机构中人员数量[*]

单位：人

年份	1990	1995	2000	2005	2010	2012
高职医生	1173	1600	2000	2000	1400	3400
中职医生	2731	3100	3800	3000	3800	700
初职医生	8874	5200	5600	4000	7500	8600
医生总数	12778	9900	11400	9000	12700	12700

注：[*] 按职称统计结果。

资料来源：老挝国家统计中心编《老挝社会经济统计资料》1975~2005 年卷、2011 年卷、2012 年卷。

表6-5 2013~2015年老挝医疗机构人员数量

单位：人

年份	2013	2014	2015
医生	2939	3286	4132
护士	5569	5669	7295
助产士	458	747	1343
牙科医生	290	341	522
药剂师	1140	1276	1718
环境和公共卫生工作者	934	985	1207
卫生管理和支持人员	549	231	356
实验员	592	636	915
理疗医师	284	252	417
非卫生专业人员	1434	1541	1972
总数	14189	14964	19877

注：老挝国家卫生部于2013年起按专业分类统计和公布医疗机构从业人员。

资料来源：老挝国家统计中心编《老挝社会经济统计资料》，2013年卷、2014年卷、2015年卷。

老挝的医药和医疗设备主要依靠进口，近几年的进口额分别为：1996年359.6万美元，1997年292.1万美元，1998年270万美元，1999年234.6万美元，2000年499.9万美元，2001年318.4万美元，2002年114.5万美元。主要进口药品是抗生素类和防治疟疾类。主要进口国是泰国、新加坡和中国。

近几年老挝政府医疗部门与外国合作，在万象、琅勃拉邦和巴色等城市建立了几家制药厂，利用老挝动植物药材生产部分成药，也生产部分西药和针剂。国产药在老挝医药市场上所占比重逐渐增大，城市的医药商店也逐渐增多，城市的医疗条件正在改善，但广大农村特别是山区还处在缺医少药状态。

第三节 教育

由于历经战乱和经济发展水平较低等，老挝的教育相对滞后，人才特别是高精人才紧缺，远不能适应经济建设和社会发展的需要。

一 教育简史

老挝历史悠久，但古代王国时期没有开展正规教育，佛教是当时文化知识的主要传播者。1893年老挝沦为法国殖民地，殖民者为长期占领老挝而实行愚民政策，更不重视老挝的教育事业，严重阻碍了老挝教育的发展。进入20世纪以后，当地统治者纷纷要求兴办学校，法国殖民者才开始开办正规学校教育，但发展仍十分缓慢。到1954年法国殖民统治行将结束时，老挝才有初级启蒙学校（初级小学）180所，学生仅1万多名，另有5所完全小学和1所中学。老挝青年只能到越南或是到法国去上大学。当时全国只有大学毕业生10人，均是王室或贵族子弟，全国文盲率达95%以上。

20世纪60年代，老挝分为王国政府控制区和爱国战线解放区两大部分。虽处在战争和对立状态，但教育事业还是得到较快的发展。

在王国政府控制区，国王敕令进行教育改革，提倡不分阶层，人人都有平等受教育的权利和机会。根据国王敕令，政府将学制定为小学6年、初中4年、高中3年、职业学校2年。此后教育逐年发展，学生人数逐年增长。到1973年，老挝有小学生24万人，初中生8700人，初等技校学生1100人，师范学校学生4000人，医科学校学生287人，政法学院学生234人。

在爱国战线解放区，爱国战线中央积极发展中小学和各种群众性教育事业。学制规定为小学5年、初中3年、高中3年，还编制了老挝语教科书。解放区开办了师范学院，师范学校和农业、技术、艺术、卫生等专业学校。到1973年各类学生已有8万多人。

1975年老挝人民民主共和国成立以后，基本上实行原老挝爱国战线解放区的教育路线、方针和政策，提出要"首先建立和发展民族、民主和进步的教育基础，以便提高各族人民的文化水平"。1977年2月，又进一步指出，"在国家建设中，教育要先行一步"，同时提出对学生进行"六爱、三憎"教育，即爱祖国、爱党和国家领导人、爱劳动、爱学习进步、爱纪律、爱清洁和公物，憎恨国家和人民的敌人、憎恶肮脏、憎恶懒惰。要求青少年"有良好的体魄，有热爱祖国、热爱社会主义制度的思想，有聪明敏锐的智慧，有勇敢和吃苦耐劳的精神"。

由于政府采取优先发展教育的方针，在全国开展扫盲运动，并同时抓幼儿教育、普通教育、补习教育和职业教育以及大学教育，所以，1975年以后，老挝的文化教育事业有了较大的发展。到1980年，全国已有托儿所60所，幼儿园83所，小学6115所，初中306所，高中33所，初级师范学校（培养小学教师）16所，中级师范学校（培养初中教师）6所。另外，在万象有1所培养高中教师的师范学院和1所培养幼儿教师的幼儿师范学校。

1980年11月，老挝政府制订了第一个经济和社会发展五年计划（1981~1985年），其教育指标是到1985年全国学生人数普通学校增加40.3%。虽然有些指标定得太高而未能完成，但在第一个五年计划时期，老挝的正规教育还是获得了不小的发展。到1985年，全国共有小学7490所，初中495所，高中68所，初级职业学校87所，中级专科学校24所，高级院校6所，在校学生总数58万人，中小学教师2.3886万人。1985年，全国共有大学、高中、初中和小学毕业生7700人，其中大学和专科毕业生的人数相当于解放前80年毕业生的总和。到1985年，老挝全国每4人中就有1人在读书，干部队伍中大专以上文化程度的约有6000人，中专文化程度的有2.2万人，这为老挝干部队伍的知识化和年轻化奠定了基础。

1986年，老挝开始实施第二个五年计划（1986~1990年），提出要大兴办学之风，发展山区教育，普及各类成人教育，提高教育质量。在第二个五年计划期间，老挝的正规教育又有了一定程度的发展。到1990年，老挝共有幼儿园220所，儿童4892人，教师567人；幼儿学校683所，儿童 2.8167 万人，教师 1529 人；小学 6316 所，学生 56.7930 万人，教师 2.2008 万人；初中 682 所，学生 9.4387 万人，教师 7441 万人；高中 119 所，学生 3.3275 万人，教师 2606 人。

1991~1995 年，老挝实施第三个五年计划，其间老挝的教育事业又有了较大的发展。到 1995 年全国小学校增至 7591 所，初级中学增至 705 所，高级中学增至 129 所，大学增至 3 所，高级院校增至 12 所，中等专业学校增至 51 所，初等专业学校增至 27 所。在校学生增至 88.66 万人。

1996~2000 年，老挝实施第四个五年计划，其间老挝的教育事业又有了进一步发展，到 2000 年全国在校学生增至 111.51 万人。其中，小学生 83.1 万人，初中生 11.75 万人，高中生 14.33 万人，大学生 0.92 万人，高级院校生 0.51 万人，中等专业学校学生 0.63 万人，初等专业学校学生 0.27 万人。

进入 21 世纪后，老挝经济快速增长，教育的发展明显滞后，老挝党和政府对教育的重视程度不断提高，老挝的教育事业获得新的发展。老挝根据联合国千年目标确定了老挝教育发展的千年目标，同时为满足随经济快速增长而不断扩大的劳动力市场需求，大力发展职业教育。为保证教育事业的顺利发展，老挝政府于 2007 年颁布第一部《教育法》，此后经过一次修订完善，于 2015 年颁布《教育法（修订案）》。同时政府加大教育投入，"七五"计划期间，教育投入占政府财政支出 17%。教育经费主要用于加快全民基础教育、学生宿舍、学校中餐、学生营养餐、扩大和促进部分省职业技术学校、在全国各省开展初中信息通信技术项目试点、向全国所有小学提供专项财政补贴等等。老挝教育事业获得了长足的发展。

老挝人民民主共和国成立后，老挝政府设有教育部主管教育事业。随着发展教育和改革教育体制的迫切程度的增加，老挝政府于 2006 年开始逐步推行教育改革，从 2006 年到 2010 年，分两个阶段分别对基础教育和职业及高等教育进行改革。2011 年，老挝政府对教育体制进行重大调整，成立了教育与体育部，各省和县也进行相应的改革和调整，即省一级是教育与体育厅，县一级是教育与体育局。教育体制改革的目标是为国家培养合格的公民,成为有知识、有创造性、充满热情、能为自身和国家发展做贡献的优秀公民,通过接受教育,人们能够充分就业,通过参加体育锻炼,人们的身体素质得到提高。具体目标包括到2020年实现小学和初中义务教育,全面普及小学新生入学前的教育。

二 教育类型

老挝的教育可分为正规教育、职业教育、佛寺教育和民校教育四类。正规教育包括基础教育、职业教育、大学和学院教育。从学校的资金来源看,老挝教育机构类型还可以分为公立和私立,私立的学校又可以分为老挝独资和外资独资等。

(一) 基础教育

老挝的基础教育始于近代法国占领老挝以后,但发展十分缓慢。老挝人民民主共和国建立后,正规教育得到迅速发展。

至2002年,老挝有小学8290所,教师2.81万人,学生85.29万人;初中606所,教师8700人,学生21.35万人;高中252所,教师0.42万人,学生25.2万人;高级院校11所,教师0.08万人,学生1.54万人;大学1所,教师0.1万人,学生1.12万人。

为了发展和巩固基础教育,老挝政府继续加大对基础教育的投入。2012~2013财政年度,全国所有小学的财政补贴大幅提高,达到每个学生每年50000基普,而上一财年及之前为20000基普。幼儿园、初中和高中的财政补贴是每个学生每年20000基普。通过加大小学阶段的补贴,老挝基础教育的质量和数量逐年提高,3~5岁儿童入园率由2009~2010财年的22.1%提高到2014~2015财年的43.20%。2014~2015财年,5岁儿童进入学前班的入学率从上一年度的52.9%提高到66%。小学净入学率也由2009~2010财年的92.7%提高到2014~2015财年的98.6%。15岁以上人口识字率提高到了93.6%。初中入学率达到78%,高中入学率达到45.7%。2011~2016年老挝基础教育情况见表6-6。

表6-6　2011~2016年老挝基础教育情况

年份	2011	2012	2013	2014	2015	2016
在校学生（人）	1388266	1394878	1421572	1463258	1481142	1484755
小学	900123	883938	878283	870893	850466	827987
初中	345283	361875	385552	420720	442806	452464
高中	142860	149065	157737	171645	187870	204304
教师（人）	57965	61719	64573	69684	69217	72164
小学	33576	34453	33847	36938	35206	36069
中学	24389	27266	30726	32746	34011	36095
学校（所）	10231	10321	10421	10470	10538	10547
小学	8902	8912	8927	8884	8887	8864
初中	844	860	908	962	935	938
高中	34	34	33	33	34	35
完中	451	515	553	591	682	710
教室（间）	42894	44693	46551	48408	50007	51507
小学	31057	31957	32745	33173	33666	34229
初中	8560	9217	9946	10941	11631	12100
高中	3277	3519	3860	4294	4710	5178

资料来源：老挝国家统计中心编《老挝社会经济统计资料》，2011年、2012年、2014年、2015年、2016年各卷。

（二）高等教育、职业教育

老挝的高等教育开始于20世纪50年代。1957年以后，在万象相继建立了东都师范学校、法政学院和由法国巴黎中央医学院援建的医学院。后来，又在万象开办了一所寮德（联邦德国）技术学校，在万象和沙湾拿吉建立了两所工艺学校。1970年，在王国政府控制区建立了农业学院和艺术学校。艺术学校分民族歌舞和传统手工艺两大专业，学制三年，1973年学生已有355人。此外，王国政府各部还开办了一些专科学校和职业学校，主要有经济部的"翁萨庞墨"农业学校、"哈洛乔"农业学校、民间手工业艺术指导中心，财政部的捐税培训中心，土地局的培训中心，邮电部的邮政电讯学校，宗教部的佛学研究院，工程部的高级工程学校、工程技术学校、气象学校、地图学校、"索巴銮"电工培训中心,巩固农村部的农业职业培训中心,以及卫生部的护士学校,等等。

1975年共和国成立以后,老挝政府对上述各专科院校和职业学校进行了调整。在各专科院校中,老挝政府侧重师范、医科、农业和技术等方面,巩固和扩大师范和医科院校,建立综合性大学和高级农业水利学校,同时保留各类技校。到1980年,教育部所属中级技校和省属中级技校的学生已各有900多人。

1980年11月,老挝制订第一个经济、社会发展五年计划,调整和扩大农林、水利、机械、电力、师范和医药等职业学校,中、初等专业学校,以培养经济、文化和保卫祖国所需要的技术工人和干部。第二个五年计划(1986～1990年)也强调加强和扩大农业、水利、商业、财政、卫生和师范等方面的中等专业学校。经过多年的努力,老挝的职业教育得到了一定程度的发展。到1988年,与1975年相比,初级职业教育学校由7所增加到25所,在校学生从1000人增加到2400人;中等职业教育学校从5所增加到28所,在校学生从455人增至5200人。1988年高等职业教育学校共有7所,在校学生1100人。

1990年老挝建立了农业、水利、商业、财政、师范、机械、电力、医药和卫生等方面的中、初等职业学校,同时在6所高等院校中开设了职业培训课程。至2002年老挝中等职业学校为40所,教师900人,学生1.41万人;初等职业学校为14所,教师200人,学生3600人。

1995年,老挝教育部整合首都万象市内的9所独立的专科院校和1个农业中心,建立了老挝国立大学,以东都林学院为主校区。这9所专科院校即万象教师培训学院、国家理工学院、医学院、电子科技学院、万象交通与通信学院、万象建筑学院、塔东灌溉学校、东都林学院、纳崩农学院,1个农业中心即温卡姆农业中心。

为了满足国家经济建设的需要,老挝政府提出重点发展职业教育的政策:一是建立职业教育学校,完善学校硬件设施;二是根据经济建设需要,调整和开设相关专业;三是为贫困家庭和偏远地区的学生提供奖学金。通过这些政策的实施,职业学校的入学率提高到42%,正逐步为劳动力市场提供所需专业技术人才。

2011~2016 年老挝大学和职业教育情况见表 6-7。

表 6-7　2011~2016 年大学和职业教育状况统计

单位：所，人

年份	2011	2012	2013	2014	2015	2016
大学	5	5	5	5	5	—
学生	70231	72662	80342	77284	67304	62361
教师	3236	4334	8397	8422	6758	6029
学院	108	97	111	111	111	104
学生	40134	35234	50453	55076	60664	63041
教师	1655	1950	2637	2967	2746	3685
职业中专	39	39	47	47	45	45
学生（毕业文凭）	18859	11937	16481	19118	22214	18414
教师	884	374	285	374	551	368
初级职业学校	—	—	1	1	1	1
学生（一级证书）	—	—	100	205	389	646
教师	—	—	—	—	—	—

资料来源：老挝国家统计中心编《老挝社会经济统计资料》，2011 年、2012 年、2014 年、2015 年、2016 年各卷。

职业教育的发展，一是建立职业教育学校，完善学校硬件设施；二是为贫困家庭和偏远地区的学生提供奖学金。

（三）佛寺教育

佛寺教育在老挝人民的社会生活中占有极为重要的地位。佛寺是古代老挝唯一的学习文化知识的场所。到了现代，虽然正规教育逐渐得到发展，但由于佛教信徒的大量存在和佛寺教育不收费，至今仍有不少佛寺学校存在。

佛寺教育分为一般教育（即佛寺小学）和巴利学校教育两种。

一般教育每座寺院都有，学生多是剃度为沙弥的少年儿童，也有一些是没有经过剃度的俗家子弟，教师由寺中的比丘担任。这种学校主要是教他们读书识字，也教一些历史和算术等，和正规学校的小学有某些相似之处。

巴利学校教育出现于20世纪30年代初,因为巴利文是老挝经藏的主要书写文字,所以,这类学校被称为巴利学校。巴利学校培养高级僧侣和文科高级知识分子,也为普通高等院校和中小学输送老挝文和巴利文教师。20世纪50年代后,由于正规教育日趋普及,巴利学校逐渐减少。巴利学校为10年教育制,分初、中、高三等,各等分1~3级,每级1年,在中等与高等之间,有1年的预备级。所学内容多为佛教的经典、戒律等,还有历史、地理、外语、古文、数学等课程。学生主要是剃度为比丘的20岁以上的青年和少数代培的非僧侣学生,教师则由巴利学校毕业的高僧担任,间或聘请非僧侣教师兼课。巴利学校由国家僧侣管理机构僧侣议会中的僧教育部部长总负责,由办公室和巴利学校总督具体负责。各省设有巴利学校督学,而在各县,则由三四所巴利学校联合组成"联校",由一名校长负责管理工作。乡一级的巴利学校不多,由联校的校长管理。

(四)民校教育

民校教育的主要任务是扫盲,目的是提高干部、职工、军人和群众的文化素质。

民校教育出现于20世纪60年代。当时,老挝爱国战线在解放区内一面抓经济建设,一面抓文化教育,提出教育必须为各民族大多数劳动人民服务,首先是为部队、干部、各族青年服务,坚持把民校教育工作放在首位。1975年共和国成立以后,全国又普遍开展扫盲工作,到1980年,15~45岁的各民族人民中,已有61万多人摘掉了文盲帽子,占同龄人总数的8%。除桑怒(今华潘)和琅勃拉邦两省扫除了文盲外,万象、沙耶武里、川圹、丰沙里4省也达到了扫盲要求的目标。

民校教育的组织形式各地有所不同,一般为夜校,但也有些地方沿用抗法斗争时期的识字班形式,有些地方则按工、青、妇、农等群众团体来组织民校或识字班。另外,还有干部文化进修学校(或进修班)、工农文化进修学校、残疾军人文化学校、民族青年文化进修学校等多种形式的民校。民校的教师由地方普通小学的教师兼任或由群众推荐,有些地方也请佛寺的僧侣兼任教师。

民校教育在老挝的文化教育事业中占有相当重要的地位,为减少文盲、提高全国人民的文化水平发挥了积极作用。1975年全国文盲的比例已从1945年的95%减少到70%,到1990年,全国文盲的比例占总人口的40%左右,2000年文盲率下降到20%。

民校教育对提高老挝干部和职工的文化素质和工作能力起到了重要作用。据老挝有关部门的估计,从1976年到2002年已有5万余人先后进入民校培训。这些受训人员有职工、初级干部、中级干部和高级干部。他们利用假日和夜晚在民校学到了大量文化科学知识,提高了业务能力。

三 师资

老挝人民民主共和国建立以来,老挝教师数额增长迅速,但教师水平偏低,特别是大学和其他高等院校教师水平距实际需要相差较大。

共和国建立初期(1976年),全国仅有各类教师1.34万人,其中,小学教师1.18万人,初中教师1100人,高中教师100人,中等和初等职校教师各200人。高等院校和大学还没有教师。

老挝政府根据其师资短缺的情况采取了多方开发、努力培养的政策。一方面从全国各地有文化的人员中招收教师,另一方面从现有学校中大力培养青年教师。经过十几年的积极努力,到1990年全国教师增加到3.44万人。其中,小学教师2.2万人,初中教师7400人,高中教师2600人,高等院校教师200人,大学教师500人。

20世纪90年代,老挝政府对师资采取了增加数量、提高水平、积极引进的政策,在继续增加数量和提高水平的同时,还从泰国、越南、中国和其他国家引进一些外籍教师。到2000年全国教师增至4.36万人,其中小学教师2.76万人,初中教师8000人,高中教师6100人,高等院校教师500人,大学教师600人,中等职校教师600人,初等职校教师200人。

进入21世纪后,老挝政府对教师主要采取提高的方针,除在实践中学习和提高外,还选送一些教师进入高一级学校或赴国外深造,教师水平和教学质量逐步提高。

第四节 科学技术

老挝的科研工作刚刚起步,科研人员特别是高水平的科研人员十分缺乏,加之财政困难,至今尚未建立高效的科研机构,更谈不上科研机制的健全和完善,科研成果尚不显著。

在社会科学方面,1989年12月成立了老挝社会科学委员会,替代原来的老挝社会科学院。老挝社会科学委员会是直属老挝人民革命党中央委员会和老挝人民民主共和国部长会议的一个部级单位。该委员会设主任一名,副主任若干名,由部长会议主席任命。

该委员会的正副主任以及办公室主任和必要的若干委员组成一个集体领导班子——社会科学议事会,领导下属各研究院进行科研工作,并定期向部长会议和党中央报告工作,提倡理论与实践紧密结合的研究作风。该委员会为党和国家制定路线、政策提供科学依据。同时,委员会还担负着扩大与国际社会科学组织机构合作、培养社会科学研究干部、指导各省市社会科学研究等方面的任务。

委员会下设研究院,主要有以下几个。

①马列主义理论研究院。研究马列主义理论方面的问题,阐述老挝党的路线、政策,研究并编撰老挝人民革命党党史、党的领导人革命活动史、党的文件和领导人的著作,以及追踪国际共运和工运的发展状况。

②历史、地理、古典文学研究院。研究老挝及其邻国的历史,老挝的自然地理、政治经济地理和人文地理,发掘和研究古典文学。

③民族研究院。研究老挝各民族的起源、演化、形成和融合。

④文学艺术和语言研究院。研究老挝的语言、文字、语法、艺术、文学、文化、风俗,编纂老挝语字典、老挝语-外国语词典,并介绍世界名著。

⑤经济问题研究院。研究老挝的经济问题。

委员会设行政办公室，负责行政、组织、计划、财政、对外联络和出版发行等管理和后勤保障工作，并建立社会科学出版社，出版社会科学杂志。

委员会编制为 80 名，其中行政管理人员 20 名，研究人员 40 名。研究人员多数有大学文凭，少数有硕士学位。

委员会成立以后，已开展了一系列学术活动和对外联系与交流。1990 年，委员会组织了老挝现代史研讨会和老挝著名学者马哈西拉·维拉冯学术成就研讨会。先后出版了《老挝人民革命党党史》、《革命领导人苏发努冯》、《马哈西拉·维拉冯——生平与成果》、《凯山·丰威汉传》、《老挝民族》、《老挝现代史》和《老挝史》等。

20 世纪 90 年代中期，在老挝党政机构改革、调整和精简中，老挝社会科学委员会被精简，下属研究院（所）和人员有的合并到文化部，有的合并到高等院校。

2002 年，老挝国家社会科学院成立，下设办公厅、国际交流司和研究所。办公厅负责全院人事和行政管理工作，国际交流司负责国际交流与合作，研究所包括政治研究所、文化研究所、历史研究所和经济研究所。老挝国家社会科学院建院以来，与中国、越南等国的社会科学研究机构和大学建立了学术交流和合作关系。

与此同时，老挝政府逐步加大对可以快速转化为生产力的科研项目的财政支持。2010 年以来中央财政支持的科研项目包括：沙湾拿吉一种草药含有检测癌细胞毒性的化学成分的研究和提起项目、适用于稻谷的有机农药项目、南部四省粮食作物种子项目、香蕉品种保护项目、药用兰花项目、生物技术种植蘑菇项目、利用废弃植物油生产生物燃料的试验研究、利用太阳能和生物质干燥农产品的试点项目、清除和终止未爆弹药的机器人的开发应用研究、建立青少年科技资讯及辅导服务中心项目等等。

2010~2015 年，老挝国会制定和修订了 6 部相关法律，即制定和颁布了《科学技术法》、《生物技术安全法》和《电子交易法》，修订了

《计量法》、《知识产权法》和《标准法》，老挝政府颁布了《科技发展令》等，这些法律和法规为科学和技术的发展提供了法律保障。

第五节 文学艺术

老挝是一个民族多元、文化多样的国家，其文化艺术充满着民族色彩和宗教色彩。由于老挝人民坚持了长期的反殖反帝战争，所以反映老挝军民英勇抗战的文艺作品也不少。

一 文学

老挝古代（13世纪以前）主要是在吉蔑人的势力范围内，当时使用的文字起源于印度梵文。这一时期的文学受印度婆罗门教的影响较大，14世纪以后佛教广泛传播，巴利文亦被广泛使用。这一时期的文学又与佛教紧紧相连。

老挝古曲诗歌大都是由印度韵文的译文构成的。民间故事和传说充斥着印度的诸神，创作大都取材于婆罗门教和佛教故事，《罗摩衍那》和《摩诃婆罗多》在老挝流传很广。

随着佛教和巴利语的传入，老挝的文学又明显地打上了小乘佛教的烙印，与此同时婆罗门教的精华也被小乘佛教吸收。这一时期老挝的文学作品大多源于佛经故事和印度神话，其中传诵最广的是《佛本生经故事》（即《摩诃迦陀卡》）。这是一本故事集，收集了500篇佛陀释迦牟尼修成正果以前，曾经为国王、婆罗门、商人、女人以及大象、猴子等所行善业功德的故事，后来有人从中精选10篇成册，称为《十戒》，作为佛教布道讲经之用。

另一部在老挝流传较广的故事集是《休沙瓦》。该书原是刻在贝叶上的10卷经文，后经改编而成，内容为佛陀释迦牟尼讲给其堂弟阿难的故事，但主要反映的是当时老挝的社会制度、风俗习惯和人物面貌等情况。

宗教在澜沧王国文学中的影响比较突出，除了印度史诗《罗摩衍那》流行较广，被改写成老挝的古典名著，并在戏剧、壁画等方面都有反映以外，还有许多宗教故事，如《摩诃梭德》《梅林达王的问题》等。

16世纪维苏腊王（1500～1520年）和其子波提萨拉腊王（1520～1550年）统治时期，老挝的文学艺术进入了一个较快发展的时期。父子二人都是虔诚的佛教徒，对文学比较重视。在这半个世纪中，出现了许多博学的僧侣和哲学家，他们通晓三藏，将梵文佛经《五卷书》译成老挝文。这一时期，还开创了诗歌的无韵新体裁。在传说方面，出版了老挝历史上第一部关于其开国始祖坤博隆的故事——《坤博隆》。波提萨拉腊积极提倡佛学，他从清迈和彭世洛等地请来了著名的高僧住在琅勃拉邦，并请人从清迈抄回三藏经。在他当政期间，还出现了一系列佛教故事，如《碧玉佛的故事》和《紫檀佛的故事》等。

苏里亚旺萨统治时期（1633～1690年），澜沧王国的文学进入了繁荣发展的阶段。这一时期出现了大批文学名著，其中最著名的是由诗人庞坎创作的长篇叙事诗《信赛》。《信赛》的主要内容是：盆占王的妹妹被巨人拐走，他出去寻找，到了占巴城，娶了那里的7个漂亮姑娘做王妃；不久，王后和王妃们皆生了儿子，巫师占卜说，王后的儿子和最小的王妃所生的儿子信赛，将最幸福和最有权；其他王妃便收买了巫师，说信赛和王后的儿子是灾星，因而王后母子和信赛母子遭到了流放；后来，信赛变得极为聪明和有智慧，武艺也十分高强，经过种种曲折，他终于回到王宫继承了王位。从内容上看，这部长诗歌颂正义，鞭挞邪恶；从叙述上看，它语言优美，格律整齐，具有很高的艺术水平。

口头文学也是老挝古代文学艺术中的一种重要形式，内容大多是关于英雄人物的传奇故事和传说、民间流传的故事、关于世界和人类起源的故事等，其中以《芗茗故事集》最为著名。这些故事、传说由僧侣和村寨中的长者讲述，一代代地往下传。另外，古代老挝的民间音乐、舞蹈、格言、民谣等内容也十分丰富，大多在谈情说爱、逢年过节和典礼集会时表演。

法国人入侵老挝以后，一方面大肆掠夺老挝的古典文化艺术品，另一方面积极传播西方文化，从而使老挝的民族文学艺术受到排斥和摧残。随着抗法战争的逐渐展开，不少老挝爱国作家和知识分子创作了大量的小

老挝

说、散文、诗歌等作品,揭露和谴责法国殖民当局的罪行,歌颂老挝人民不屈不挠进行抵抗斗争的英雄事迹,从而使老挝的文学进入了一个新的发展时期。

在积极进行文学创作的同时,老挝爱国作家和知识分子还注意搜集和整理本民族的文学作品,以保护和继承宝贵的民族文化遗产。在这方面做出突出贡献的是著名学者马哈西拉·维拉冯,他一生致力于老挝文学、语言和历史的研究,收集和整理了老挝绝大多数古典文学作品,还为高等院校编写了文学教科书。1990年4月28~29日,老挝社会科学委员会组织了马哈西拉·维拉冯学术成就研讨会,对他的贡献给予了充分肯定。

进行进步文学创作的大多是老挝爱国战线的工作人员和寮国战斗部队的战士,其中比较著名的有西沙纳·西山、乌达玛、宋西·德沙坎布、坎马·彭贡等。他们的作品抒发了对祖国的热爱,揭露了外国侵略者的罪行,号召老挝人民进行斗争。例如西沙纳·西山创作的《爱老挝》、乌达玛创作的《占芭花之歌》等。《占芭花之歌》作为老挝文学和语言的代表作品,被收入美国学者肯尼思·卡兹纳的《世界的语言》一书中。

20世纪60~70年代,随着抗美救国斗争的深入发展,老挝爱国作家结合亲身的经历,写出了大量具有鲜明战斗性和时代感的诗歌、小说、报告文学和回忆录等,对鼓舞老挝人民坚持斗争起了积极的作用。在这些作品中,比较著名的有占梯·伦沙万的小说《生活的道路》、坎连·奔舍那的小说《西奈》、苏万吞的长篇小说《去二营》等。《去二营》被改编拍摄成老挝第一部彩色电影故事片《查尔平原的枪声》。另外,还有维昂亨的小说《离别西潘敦》、坎马·彭贡的小说《夺枪》、万赛·蓬占的小说《万象街头》、塔努赛的小说《不朽的西通》和《洪沙女民兵》、俄桑·佩派本的小说《生活的风暴》、坎培·经帕西的短篇小说集《同一个血统》、乌廷·让那冯的短篇小说集《美丽的故乡》和《太阳照在东娘岛上》、宋汉·塔维赛的短篇小说集《川圹人》等。回忆录有占梯·西山的《革命的光芒》、西沙纳·西山的《革命传统故事》等。

二 戏剧与电影

老挝的戏剧多为古典舞剧。古典舞剧主要根据民间长诗和印度神话改编而来，内容比较丰富，情节曲折复杂引人入胜，主要表现国王、王后、王子、公主、仙女、魔鬼、道士等各种角色错综复杂的关系。例如，根据民间长诗改编的大型古典舞剧《娘西达》，讲述了国王、王后等在神仙、猴王的帮助下战胜凶恶的魔王的故事。

除古典舞剧外，在老挝民间还广泛流传着两种戏剧，即依给剧和娘乔舞剧，这两种戏剧都是从古典舞剧中派生出来的。依给剧流传之广，以至于在除华潘省、丰沙里省等边远省份以外的琅勃拉邦省以南各城镇都有依给剧团。在上演依给剧时，演员身着古装载歌载舞，以舞姿和歌词来表达剧情的发展。娘乔舞剧也深受群众的喜爱，演员们戴上各种面具，装扮成帝王将相、才子佳人以及神仙、魔王、道士、星相家等各种角色，表演场面可谓壮观。每逢节庆和农闲时，各地都争相邀请这些剧团下乡巡回演出。每逢一村有演出，四邻村寨的群众纷纷前往观看，台上台下热闹非凡，演员与群众共度良宵。

老挝的现代戏剧发展迟缓。1985年12月，在老挝共和国建立10周年之际，老挝文化部门组织创作了老挝第一部大型戏剧《祖国前进的步伐》，主要表现老挝人民从古至今反抗外来侵略的斗争事迹和全国解放的欢腾场面。

老挝的电影事业起步较晚，发展缓慢。1982年4月，老挝开始拍摄第一部彩色电影故事片《查尔平原的枪声》，该片得到越南中央电影制片厂的经济援助和29名越南专家的技术援助。演员大多为宣传、新闻、文化和旅游部门的干部职工，没有接受过专业训练。据老挝政府统计，从1975年老挝人民民主共和国成立到1985年，老挝只拍过1部故事片和31部新闻纪录片。

1991年老挝国家电影资料和视频中心成立，该中心的工作以出品纪录片和抢救保护原有影片为主，拍摄纪录片内容涉及时政和老挝历史文化。1996~2002年所拍摄的影片也很少。

老 挝

20世纪末21世纪初，老挝艺术性和公益宣传性质的电影创作逐渐增多，题材内容多为老挝人民的爱情、日常生活，社会热点问题等，如《魅力森林》（1997年）、《雨后的天空》（2001年）、《父亲的心肝宝贝》（2007年）。[①] 2008年，老挝国家电影局恢复成立，政府逐步放松管制，允许电影市场化，老挝电影业的发展得以根本改变，投资和题材都呈现多元化的发展趋势，并不断取得不俗的表现。2008～2011年，老挝和泰国合拍了《爱在老挝》三部曲，实现了老挝电影史上非官方投资的突破。2014年，中国和老挝合作拍摄的首部电影《占芭花开》于2016年开机拍摄，2018年2月上映。2017年，美籍老挝人玛蒂·多执导的《鬼姐姐》成为首部选送奥斯卡奖评选的老挝电影，老挝电影逐渐走向世界。

三 音乐与舞蹈

老挝是一个多民族国家，各族人民能歌善舞，丰富多彩的民族歌舞融合成了音乐舞蹈的海洋。

老挝人民富有音乐激情，音乐时时伴随着人们的日常劳动和生活，尤其是在节日、集会和庆典等活动中，音乐、舞蹈更不可少。

老挝的民族乐器主要有芦笙、象脚鼓、木琴、笛子、二胡、单面鼓、围钲、钲锣等，通常用这些乐器组成乐队，乐队的组成有两种方式。一种是用二胡、芦笙、木琴、钲锣和手鼓组合而成，后来又引入小提琴和手风琴，这种乐队主要是为合唱、独唱和舞蹈提供伴奏，也常常用来演奏一部声乐作品的开头和结尾。另一种乐队组成方式是用木琴、钲锣、手鼓、大鼓和竖笛组成，主要是在王宫或宗教活动场合演奏，不为歌曲伴奏，这种乐队有时也为表现战争的舞蹈伴奏，如为戏剧《罗摩衍那》伴奏。

老挝乐曲大多是一些民歌，其中有儿童歌谣、催眠曲、情歌等。人们对声乐的热爱远胜于乐器，演奏乐器的人不多，但唱民歌的人却比比皆是，尤其是青年男女更善于用歌声来表达各自的情感。老挝各

[①] 覃海伦：《老挝电影发展历程及前景探析》，《东南亚纵横》2012年第6期，第64页。

民族都有自己的民歌手——摩喃。而在民歌中，人们普遍爱唱的是"卡"和"喃"这两种曲牌，每种曲牌又以地区不同分为"卡桑怒"、"卡琅勃拉邦"、"卡丰沙里"、"喃达"、"喃兑"、"喃沙拉湾"和"喃马哈赛"等。

老挝的舞蹈可分为古典舞蹈和民间舞蹈，古典舞蹈也称为宫廷舞蹈，共有68个基本姿势，以安详、平缓的节奏表达人物的喜、怒、哀、乐等内心活动。舞姿典雅、动作优美、静中有动、动中有静、动作连贯是古典舞蹈的突出特点，并且有歌伴唱以说明剧情的发展。古典舞蹈表演有民族乐器伴奏，歌唱演员则随着舞蹈演员的手、臂、脚、颈、头、耳、目的各种动作，用歌词来解释舞蹈的含义和讲述剧情的发展。

老挝的古典舞蹈的代表是祝福舞。这一舞蹈包括古典舞蹈的68个基本姿势和动作，据说是由泰国古典舞蹈的某些动作和老挝民间的祈灵敬神舞蹈融合而成的。祝福舞多用于开场节目，以表达对观众的美好祝愿。

民间舞蹈是老挝人民深爱的大众化舞蹈。民间舞蹈因地区不同而形式多样、风格各异，道具和服装比较简朴，但具有鲜明的民族特色。民间舞蹈多用二胡、芦笙、木琴、鼓等民族乐器伴奏。老挝民间舞蹈主要有以下几种形式。

（1）占芭花灯舞。这是老挝最大型的民间舞蹈，参加表演者少则数十人，多则几百人。占芭花灯舞的主要道具是占芭花灯，占芭花灯分别做成白色、黄色和粉红色，上面写有祝福的话语或绘上各种民族图案。表演时，参加者边歌边舞，歌词多为颂词，舞姿则表达对观众的敬意。占芭花灯舞原为宫廷舞蹈，是用来在喜庆晚会上向国王及大臣们表示祝福的舞蹈。20世纪30年代以后，占芭花灯舞传入民间，成为民间大型晚会上经常表演的传统节目。

（2）象脚鼓舞。这是老龙族在宋干节（泼水节，即新年）、龙舟节、高升节、水灯节等节日里表演的一种民间舞蹈。该舞蹈以象脚鼓为道具，舞蹈者一边击鼓一边伴着鼓声节奏跳跃，身体各部位也随之摆动。象脚鼓舞可以在草场上表演，也可以在路上边走边跳。由于跳象脚鼓舞需要相当的体力，所以哪个青年跳象脚鼓舞的时间越长，就表明其身体越强壮。

（3）登沙舞。这是黑泰人的一种男女混合集体舞，参加者多为青年。登沙舞节奏较快，舞姿变换非常迅速。跳舞时，男女围成圈，依鼓声的变化改变舞姿，时而在原地绕圈跳，时而拉手向相反方向跳，时而男子或女子绕圈跳。若是有人没有踩准鼓声而跳错了舞步，则要被罚喝酒。登沙舞的持续时间很长，是黑泰人青年男女谈情说爱的重要方式。

（4）南旺舞。南旺舞是老挝人在新年、婚礼、生日等各种喜庆场合、重大节日或农闲时节跳的一种舞蹈。对初到老挝的客人，老挝人往往以多姿多彩的南旺舞作为欢迎仪式的第一道程序。南旺舞的表演不受时间、地点的限制，深受群众喜爱，因此在民间流行甚广。"南旺"意为"团结"，所以，人们又把南旺舞称为"团结舞"或"团结南旺舞"。在表演南旺舞时，由男子先跳，然后邀请女子对跳。对跳时，女子在前，男子在后，或男女并肩。每一曲舞蹈结束，男女都要双手合十向对方表示敬意和再见。老挝南旺舞源于泰国。南旺舞的表演形式很多，因地区的不同而有所差异，主要随旋律和伴唱曲调而变化。

此外，老挝还有各种民间舞蹈，如表现渔猎活动的射箭舞、捕鱼舞、孔雀舞，表现生产劳动、丰收喜悦的打谷舞、舂米舞、镰刀舞，表现抒情的月光舞，表现竞赛、体育活动的丰莱丰龙舞等，这些舞蹈充分体现了老挝人民对生活的热爱之情。

四　文化设施

老挝的文化设施可分为佛教寺院，文物古迹群，各种纪念馆、博物馆、文化宫，以及各种文艺演出场、馆、院等。

老挝是一个佛教古国，从古至今，佛教寺院都是人民大众举行文化娱乐和其他活动的重要场所，也是老挝政府官员与僧侣和群众欢聚的重要场所。可以说佛教寺院是最主要的文化设施。老挝有各种佛教寺院和寺塔近2000座，虽饱经沧桑，但历代政府都努力进行保护、修缮，现几乎都非常完好，且大都金碧辉煌。

万象市是寺院最多的城市，达200多座，其中塔銮寺、西孟寺、玉佛寺、西刹吉寺、英奔寺、翁德寺、米赛寺、瓦岱寺、西凯寺、喷赛寺、喷肯寺、农本寺、宗泊寺、西艺寺等，是老挝古代文化艺术的象征。

琅勃拉邦市是老挝佛教寺院第二多的城市，共有寺院50余座，其中香通寺、迈佛寺和维春寺等被列为东南亚佛教名寺，这些名寺和王宫被列入世界文化遗产。

其他城市都有自己的佛教寺院，少则几座，多则10多座。

王宫和王城也是老挝的重要文化设施，这些象征古代王权的地方现已成为人们参观、游览和欢聚的文化娱乐场所。其光辉的古代建筑文化已成为老挝宝贵的文化遗产。老挝的主要王宫有琅勃拉邦王宫、万象王宫和占巴塞省的巴沙古王宫等。

老挝人民民主共和国建立以后，先后在万象市建立了老挝历史博物馆、老挝民族文化馆、老挝群众教育中心、老挝儿童文化中心、老挝国家图书馆、老挝革命传统展览馆、老挝文化研究院、老挝军事博物馆、凯山·丰威汉纪念馆、琅勃拉邦王宫博物馆、瓦普世界文化遗产博物馆、老挝国家文化宫等。其中，中国在20世纪90年代援建的老挝国家文化宫（亦称老挝国家文化中心）是集文化、娱乐、休闲、演出、阅览、集会、会展等为一体的综合文化设施。近年来老挝各类综合性、专业性的博物馆，包括私人投资的博物馆逐渐增多，如琅勃拉邦市的民族博物馆。

老挝的主要剧院有万象大剧院、万象艺术剧院、老挝中央歌舞剧院、老挝话剧院、老挝木偶剧院、老挝杂剧院、老挝中央艺术剧院等。这些剧院（团）都在万象市。其他省市大多只有歌舞团或部分演出场所。

2000年前后，老挝全国仅有电影院38家，流动放映组160个。电影院以万象市居多，主要有布阿沙万电影院、森老电影院、森塔威电影院、西桑汶电影院和澜通电影院等，其他省城仅有1~3家电影院，县城大都只有放映场地。这些电影院大都设备老、规模小。2003年，老挝第一个现代化的双银幕影院在老挝国际会展中心开业。2015年，老挝首家，也是万象唯一一家国际连锁品牌院线——Major Platinum影城在首都万象中心开业，影城占地面积4550平方米，拥有5个专业3D数字影厅，可以容纳观众1150人。Major Platinum影城开启了老挝数字影院时代。

2016年老挝文化设施情况见表6-8。

表6-8 2016年老挝文化设施情况

单位：个

类型	博物馆	图书馆			图书室		
		合计	中央	地方	合计	中央	地方
数量	65	11	1	10	14	—	14

资料来源：老挝国家统计中心编《老挝社会经济统计资料》，2016年卷。

第六节 新闻出版

老挝的新闻出版事业起步较晚，1947年才开始创办报刊，出版少数图书和期刊。广播电视起步更晚，广播始于日本入侵印度支那以后，老挝人民民主共和国建立以后才建立起电视播放网络。

一 报刊与通讯社

老挝现有出版机构127家，其中报纸出版机构有27家，这其中有11家为日刊。

（一）报刊

老挝发行量较大的报刊如下。

(1)《人民报》。老挝人民革命党机关报，前身是《自由老挝报》，创刊于1950年8月13日。1956年1月6日老挝爱国战线成立，将《自由老挝报》改名为《老挝爱国报》，在桑怒由石印改为铅印，由月刊逐步变为半月刊、周刊，每期发行1500~2000份。1959年一度被王国政府取缔。1975年8月将《老挝爱国报》改名为《人民之声报》，并将社址迁到万象，每天发行量近万份，为老挝文日报，每周还发行一期法文文摘版。老挝人民革命党"三大"做出决议，为了提高《人民之声报》

的地位，改其名为《人民报》，每日发行2万多份。①

（2）《巴特寮新闻》。老挝巴特寮通讯社出版的每日新闻稿。1974年初创刊，有老挝文和法文两种文版。

（3）《新万象报》。万象省、市委员会机关报，为老挝文日报。其前身是私人主办的《万象邮报》。1973年2月21日创办，1975年老挝人民民主共和国成立以后改为现名。每期4版，发行量2000~3000份。

（4）《新老挝报》。1947年创刊，为当时老挝联合党的机关报，老挝文版周刊。

（5）《和平报》。拥护和平中立政策委员会的机关报，1957年1月创刊，老挝文版周刊。

（6）《民主报》。1957年5月创办，周刊，政治立场倾向于当时的老挝民主党。

（7）《独立报》。1958年创办，法文版半月刊。

（8）《人民解放军报》。老挝人民解放军军报。1965年10月在桑怒创刊，周刊，每期4版。1975年全国解放后迁至万象印行，由老挝国防部政治局主办，限军内发行。

（9）《每日新闻》。老挝政府新闻宣传部主办的法文每日新闻稿，主要发行对象为外国驻老机构和老挝驻外机构。

（10）《老挝青年报》。老文周报。由老挝人民革命青年团主办，发行量2000份。

（11）《老挝青年》。老挝人民革命党青年同盟中央委员会机关报。1979年元旦创刊，老挝文周报。

（12）《文艺报》。1979年11月创刊，全国性文艺月刊。

另外，从20世纪50年代末到70年代末，老挝出现过数份华人报纸，有《寮华日报》、《自然日报》、《万众报》、《寮华新闻日报》、

---

① Minister of Planning and Investment, 8th Five-Year National Social-Eonomic Development Plan (2016–2020), June 2016, p. 37.

《永珍日报》和《寮声日报》等。1972年，《寮声日报》、《永珍日报》、《寮华新闻日报》和其他3家老挝文报纸一起组成寮国报业公会。

（二）通讯社

老挝的官方通讯社为巴特寮通讯社，1968年1月6日在万赛建立，当时称为"老挝新闻社"或"老挝爱国战线中央通讯社"。1975年12月8日改为现名，迁至万象。1976年3月8日开始发行老挝文和法文新闻稿，后又增发英文新闻稿。

2016年老挝刊物和报社、出版社情况见表6-9。

表6-9　2016年老挝刊物和报社、出版社情况

单位：家

类型	出版社			期刊和报社			通讯社		
	合计	中央	地方	合计	中央	地方	合计	中央	地方
数量	103	7	96	29	6	23	4	4	0

资料来源：老挝国家统计中心编《老挝社会经济统计资料》，2016年卷。

二　广播与电视

（一）广播

老挝国家广播电台是老挝最主要的广播电台，1960年建立于桑怒，1975年迁至万象，成为老挝人民民主共和国国家电台，直属老挝新闻宣传部。每日用老挝语对内广播，用越、柬、法、英、泰5种语言对外广播。20世纪80年代初期乌多姆赛、桑怒（今华潘）、川圹、沙湾拿吉、琅勃拉邦和占巴塞等省建立省级广播电台。现各省市都建立了自己的广播电台，但属老挝国家广播电台管辖，除转播国家广播电台的重要消息外，还播发当地新闻。随着经济社会的发展，老挝广播事业有所发展。截至2015年，老挝全国共有广播电台63个，其中，国家级的有11个，省级的有19个，县级的有33个，传输站覆盖了全国95%的地区。全国的广播电台每天广播时间共700小时，提供老挝语、

苗语、克木语、法语、英语、高棉语、泰语、越南语和汉语等多种语言的广播节目。①

（二）电视

老挝国家电视台于1983年12月老挝建国8周年之际正式播放电视节目。该电视台是在苏联的帮助下建成的，并通过苏联援建的孟蓬洪卫星通信站转播苏联的电视节目。之后在老挝各省市都相继建立了各自的电视台。目前电视网已覆盖了老挝城乡，电视服务也获得较大的发展。截至2015年，全国有37家电视台，其中，国家级的有9家，省级的有17家，县级的有11家。视频和音频广播覆盖全国80%的地区，② 卫星全覆盖。

另外，泰国电视在老挝收视率很高，因为泰老两国仅一江之隔，泰语与老挝语相近，泰国电视台和文艺节目很多，老挝大部分地区已被泰国电视网覆盖，所以大部分老挝居民喜欢收看泰国电视。

2016年老挝广播电视机构情况见表6-10。

表6-10　2016年老挝广播电视机构情况

单位：家

	广播电台			电视台		
	合计	中央	地方	合计	中央	地方
数量	85	13	72	51	10	41

资料来源：老挝国家统计中心编《老挝社会经济统计资料》，2016年卷。

三　图书与期刊

（一）图书

老挝图书除了之前所介绍的文学著作外，还出版了一些社会科学方面的图书，主要有以下一些。

---

① Minister of Planning and Investment, 8th Five-Year National Social-Economic Development Plan (2016-2020), June 2016, p. 37.
② Minister of Planning and Investment, 8th Five-Year National Social-Economic Development Plan (2016-2020), June 2016, p. 37.

(1)《老挝历史》。通沙·赛雅冯坎里等编著，老挝教育出版社1989年出版，全书分一、二、三卷，16开，共1500页（如译成中文估计有250万字）。该书一、二卷即古代和近代部分尚有争议，现只公开发行第三卷。

(2)《老挝地理》。老挝教育部社会科学研究所编，1989年出版，16开，427页（如译成中文估计有80万字）。

(3)《老挝社会经济统计资料》。老挝国家统计中心编制，老挝教育出版社出版，1996～2016年每年一卷。

(4).《老挝年鉴》（原《老挝社会经济统计资料》）。老挝国家统计中心编制。老挝教育出版社2002年4月出版。

(5)《老挝人民革命党"三大"文件汇编》。老挝人民革命党教育宣传部编制，老挝国家出版社1982年5月出版。

(6)《老挝人民革命党"四大"文件汇编》。老挝人民革命党教育宣传部编制，老挝国家出版社1986年12月出版。

(7)《老挝人民革命党"五大"文件汇编》。老挝人民革命党教育宣传部编制，老挝国家出版社1991年4月出版。

(8)《老挝人民革命党"六大"文件汇编》。老挝人民革命党教育宣传部编制，老挝国家出版社1996年4月出版。

(9)《老挝人民革命党"七大"文件汇编》。老挝人民革命党教育宣传部编制，老挝国家出版社2001年4月出版。

(10)《老挝人民民主共和国的人口》。老挝经济、计划和财政部统计中心编制，老挝岛维莱出版社1992年出版。

此外，老挝近十年来先后出版了一些重要人物传记，还出版了《宪法》、《老挝促进外国投资法》和其他相关法规单行本或合订本50余种。

（二）期刊

老挝的期刊很少，出版和发行量较多的主要有两种：一是《曙光》，由老挝人民革命党中央委员会主办，月刊；二是《老挝文艺》，由老挝文化部主办，月刊。近年来，随着国家经济和社会文化事业的发展，老挝期刊的数量显著增加，发行了生活时尚期刊《占芭》等。

第七章

外　交

第一节　外交简史

1954年日内瓦会议宣言,向世界宣告了老挝的独立,同时,老挝的独立和主权也得到了世界上大多数国家的认可,现代意义上的老挝外交由此开始。在争取民族独立、维护国家主权和统一的斗争过程中,老挝始终保持与国际社会的联系,积极与其他国家发展外交关系,争取国际社会的支持。而在老挝人民民主共和国成立以后,随着国际及地区形势的发展变化,老挝相应调整了外交政策,逐步建立和恢复与其他国家的外交关系,尤其是20世纪80年代中期以来,老挝党和政府采取积极务实的外交政策,与其他国家建立广泛联系和合作,老挝在地区及国际政治舞台上日益活跃,地位不断提升。截至2016年底,老挝已同139个国家建立外交关系。

1954年,老挝摆脱法国的殖民统治,获得了国家的独立和主权,此后的历届政府都宣布奉行独立和中立的外交政策,但美国的侵略和干涉严重妨碍了这一外交政策的实施。

1975年12月2日,老挝人民民主共和国宣告成立,宣布老挝将奉行独立、中立、友好和不结盟的对外政策,愿意在和平共处五项原则的基础上同一切不同社会制度的国家特别是第三世界国家建立外交关系和开展贸易往来,支持各国人民特别是东南亚各国人民为和平、独立、民主、真正中立和社会进步而进行的斗争。老挝还表示将继续保持其原有的各种国际

老挝

关系,并积极参加其已经加入的各种国际组织的活动,同时强调要加强同越南、柬埔寨两国的"特殊关系"和其他社会主义国家的团结。

在人民民主共和国建立初期,老挝在外交上明显倾向于社会主义国家,对中、苏、越采取等距离外交政策。20世纪70年代末到80年代中期,老挝在发展与社会主义国家的关系的天平上严重失衡,主要是亲越靠苏。1977年6月18日,老挝和越南签订了为期25年的友好条约,确定了两国间的特殊关系,老挝全面倒向越南。而对东盟国家,老挝采取了敌视态度,将其视为美帝国主义的帮凶。

从20世纪80年代中期开始,老挝逐步从封闭走向开放。1986年召开的老挝人民革命党"四大"明确提出在外交上要实行对外开放、广交朋友的政策,并希望实现中老关系正常化。根据这一原则,"四大"以后,老挝增强了在外交事务中的自主性,从过去向苏联、越南一边倒的做法转向全方位外交,从亲越靠苏转向寻求多边援助和多方合作,在对华关系方面转向与中国发展睦邻友好、全面合作关系,对外经济关系也逐步扩大。

1991年3月召开的老挝人民革命党"五大"进一步确立了"多边"、"务实"和"多交友、少树敌"的对外方针,确定了独立、中立、自主和和平外交政策。在此外交方针指导下,1992年以来,老挝积极参与澜沧江-湄公河次区域合作开发各级会议。1993年,老挝同中国、越南、泰国的交往明显增多。1997年7月老挝正式加入东盟。而老挝外交工作也取得了显著成效,仅1991~1996年老挝共获外援13.4亿美元,年均2.23亿美元,2002年老挝获外援3.78亿美元。

东南亚金融危机以及近年来世界经济的波动,使老挝日益认识到老挝的发展与地区及世界的关系是密不可分的。因此,随着革新开放的进一步实施,老挝继续开展以争取国际合作和经济援助为主要目的的政治外交和经济外交。在当前老挝的对外交往中,双边外交与多边外交并重,对外政策的自主性和外交活动空间不断扩大。老挝从本国发展经济的当务之急出发,努力在国际舞台上为老挝谋求更多的利益,同时也通过积极参与地区事务,在国际事务中充分发声,提高自身的国际声誉。与老挝建立外交关系的国家在 20 世纪 70 年代末不到 30 个，1985 年底增加到 83 个，2002 年末发展到 114 个，2010 年末达到了 131 个，截至 2016 年底，与老挝建立外交关系的国家达到 139 个。此外，老挝还与世界上 100 多个政党建立和保持着友好关系，老挝的国际环境、区域环境和周边环境都在不断改善，国际地位不断提升，外来投资、合作、援助和贷款也呈逐年上升趋势。2011～2015 年，老挝共争取到外国援助 33.68 亿美元，年均 6.736 亿美元。

第二节 外交政策及其调整

1975 年老挝人民民主共和国成立之初，老挝人民革命党就明确提出了全方位的外交方针，即在对外交往中奉行独立、中立、友好和不结盟的政策。老挝愿在和平共处五项原则的基础上同一切不同社会制度的国家特别是第三世界国家建立外交关系，开展经贸交往，支持各国人民特别是东南亚各国人民为和平、独立、民主、真正中立和社会进步而斗争。老挝将继续保持与各国原有的关系，继续参与各种国际组织的活动。但是鉴于当时的国际政治形势、东南亚地区政治格局以及老挝本国的实际，这一方针是难以一以贯之的。老挝人民民主共和国建国前 10 年，在冷战格局中两大阵营的对抗此消彼长的国际形势的影响下，老挝在开展对外关系的实践中实际上采取的是向苏联、越南"一边倒"的外交政策。老挝党和政府对西方各国和东盟各国都采取敌视政策，一再声明"不与非社会主义国家进行合作"，称美国和西方发达国家是"帝国主义和殖民主义者"，称东盟是"帝国主义和殖民主义的帮凶"。这种对外政策完全背离了其"全方位"外交的初衷且一直延续至 20 世纪 80 年代中期。这种政策显然是深受冷战思维的左右，在这种思维定式下，老挝成为冷战中两大集团对峙的缓冲区，而老挝与西方国家以及东盟国家间的对立关系使其外交陷入了孤立和被动，与其国内的政治经济建设一并陷入了困境。

从 80 年代中期开始，美国在对抗中重新获得优势，而苏联则是全面收缩，直至 1991 年解体，标志着冷战终结。80 年代末期冷战结束后，东

老 挝

南亚地区的传统安全环境发生了重大变化,美、苏两个超级大国在东南亚地区的对峙与角逐以苏联的解体而告终,东盟与印支两个区域集团从对抗走向合作,并开始向东南亚一体化迈进。东南亚地区的主要矛盾由意识形态信仰的矛盾转变为领土领海纠纷、环境问题、投资与贸易问题以及民族问题。面对国际及东南亚地区形势的发展和变化,老挝人民革命党紧跟国内外形势的发展,从20世纪80年代中期开始,逐步对外交政策进行调整和改革。1986年召开的老挝人民革命党"四大"提出要实施对外开放和广交朋友的外交政策,提出了希望实现中老关系正常化、在平等互利的原则下改善同东盟和西方各国的关系。"四大"提出的这一外交方针和政策尚未明确提出全方位外交的概念,但是为老挝今后发展对外关系指明了多元化、多层次的发展方向。

从20世纪90年代开始,老挝党和政府逐步提出了全方位对外开放的方针和政策。1991年召开的老挝人民革命党"五大"进一步确立了"多边"和"务实"的对外方针,提出"在和平共处五项原则基础上发展同世界各国的友好关系",强调"要发展同周边各国和东盟国家的关系,继续保持同越南的特殊关系",加强同中国的睦邻友好和全面合作关系,改善同西方各国的关系。1993年2月召开的老挝人民革命党五届六中全会和三届国会第一次会议进一步确立了"在相互尊重独立和主权、平等互利的基础上,与各国首先是与各邻国建立良好的关系"的外交方针。20世纪90年代中期,老挝党和政府主动积极参与大湄公河次区域(柬、老、缅、泰、越和中国云南省)的经济合作方针,参与了全部领导人会议、部长级会议和其他高官会议,并努力争取这些会议在老挝举行。同时努力争取将老挝的一批建设项目列入"大湄公河次区域经济合作优选项目"。1997年7月,老挝正式加入东盟,成为东盟的第八个成员国,并开始履行《东南亚联盟条约》的权利和义务。在此期间,老挝党和政府进一步调整和深化了对外政策,对外关系也有了进一步的改善和发展。

进入21世纪后,老挝的全方位外交更加活跃。老挝党和政府进一步调整和深化对外政策,实施以争取国际合作、经济援助和外来投资为主要目标的政治外交和经济外交,实行广泛吸纳外资和多方求援的务实外交政策。2001年召开的老挝人民革命党"七大"和2006年召开的"八大"都充分肯定了老挝实施革新开放以来在对外关系上取得的成绩，并在总结以往经验的基础上，从不同的视角不断阐释和充实全方位外交政策。如"七大"提出"多交友、少树敌"的外交方针，强调坚持在和平共处五项原则基础上发展全方位和多层次的对外交往。"八大"提出了在新形势下"继续扩大与国外的联系，以积极的态度与国际相融合"的外交方针。2006年3月，老挝人民革命党"八大"强调"继续坚持始终如一的和平、独立、友好合作的外交路线，在坚持尊重独立、政权、领土完整、互不干涉和平等互利的原则下扩大与各国、各地区、世界各政治经济中心、国际和地区组织的多元化和多边合作"。"继续调整和加强与社会主义国家的友好、团结和全面合作的关系。""继续加强与越南的特殊团结和全面合作关系及与中国及其他社会主义国家的全面合作关系。密切与各邻国合作联系。积极参与东盟活动，共同维护东盟基本原则。""继续加强与发达国家、发展中国家、不结盟国家、77国集团、无出海口国家集团和各国际组织等的联系。""继续调整和加强与社会主义国家的友好、团结和全面合作的关系。"在2011年3月举行的老挝人民革命党第九次全国代表大会上，老挝人民革命党提出在今后老挝将继续奉行"五多"的多元化务实政策，即多样化、多方位、多边、多层次和多形式，高度概括了全方位外交政策的内涵和特点，继续把开展务实外交作为老挝外交工作的指导方针。2016年，老党"十大"提出了"自始至终坚持和平、独立、友好和合作外交路线，主动与地区和国际相连通，积极为东盟共同体建设做贡献"的方针，在这一方针指导下，老挝在对外交往中，积极作为，主动连通，扩大交往。

经过了多年的探索和实践，老挝摒弃了建国初期一边倒的外交政策，逐步确立起全方位的外交方针和政策，并在老挝实施革新开放的实践中不断总结经验，与时俱进，取得了突出的成效。在老挝的对外交往中，双边外交与多边外交并重，对外政策的自主性和外交活动空间不断扩大。在双边关系中，老挝巩固与越南的特殊团结关系，全面落实中老全面战略合作伙伴关系，重视与东盟及其他成员国的全面合作，积极争取发达国家和国际组织的支持。在多边关系中，积极参与东盟共同体、大湄公河次区域合作、澜湄合作。

第三节 同中国的关系

老挝和中国山水相连，中老关系源远流长，两国人民自古以来便和睦相处。在第二次世界大战结束以后至老挝人民民主共和国成立之前，中国政府和人民就对老挝人民争取国家和平和中立、民族和睦和统一的斗争给予了无私的声援和支持，而在老挝人民反殖、反帝的斗争中，老挝人民革命党和中国共产党建立和保持了友好而密切的联系。20世纪70年代末至80年代中期，老挝与中国一度交恶，中老关系的发展转入低潮。20世纪80年代中期以后，中国改革开放事业成效显著、国际形势特别是东欧剧变等因素，大大推动了老挝与中国关系的恢复与改善。2000年，中共中央总书记和国家主席江泽民对老挝的访问，将中老关系推上新的台阶。经过近10年的发展，2009年，中国与老挝确立了全面战略合作伙伴关系，两国关系步入历史最好时期。2016年，中老两国一致同意共同推进中老全面战略合作伙伴关系，共建"一带一路"，携手打造牢不可破的中老命运共同体。

一 20世纪50~80年代中期的中老关系

1952年，中国邀请印支共产党老挝支部的诺哈·冯沙万来华参加"亚洲及太平洋区域和平会议"。1956年8月，应中国邀请，富马首相率老挝王国政府代表团访华，周恩来总理和富马首相在北京发表联合声明，表明"两国政府遵守和平共处五项原则，发展两国之间的睦邻关系；两国政府同意发展双方的经济和文化关系，以符合两国人民的最大利益"。1959年，凯山·丰威汉以老挝人民党总书记的名义正式访问中国。此后，老挝主要领导人曾多次访华，向中国政府通报老挝情况，商谈援老事宜。无论是老挝王国政府与中国的联系还是老挝人民党与中国的联系，都为两国和两党之间友好关系的发展奠定了良好基础。

1961年4月，老挝王国首相梭发那·富马亲王和老挝爱国战线主席苏发努冯应邀访华，两国领导人进行了亲切友好的会谈，发表了联合声明，宣布老挝王国政府与中华人民共和国政府正式建立外交关系。中老正式外交关系的确立既是两国睦邻友好关系的延续，也是两国友好关系全面发展的重要保障之一。

1961年11月，根据两国政府所达成的协议，中国派出了经济和文化代表团驻老挝康开。同年，中老两国签订了关于修建老挝上寮公路的协定和航空运输协定。

1962年7月，中国政府代表团在关于老挝问题的日内瓦会议上，坚决反对美国政府对老挝的侵略，坚决支持老挝爱国力量为争取老挝独立、中立而进行的正义斗争，并为维护老挝的主权和和平提出了一系列积极的建议，迫使美国政府代表团在《关于老挝中立的宣言》和《关于老挝中立的议定书》上签字。在1962年12月发表的中国和老挝政府联合新闻公报中，老挝对中国的支持给予充分肯定，老方认为，"中华人民共和国政府在1954年和1961~1962年两次日内瓦会议上对于维护老挝的和平、独立和中立做出了重要贡献"。

老挝在与中国的交往中始终坚持"一个中国"的原则，1962年7月，老挝联合政府内政大臣方·丰萨万在康开讲话时特别强调，联合政府只承认中华人民共和国，并且认为只有一个中国，没有两个"中国"。

1963年3月，老挝国王西萨旺·瓦达纳和临时民族联合政府首相梭发那·富马应邀访华，就维护老挝的独立和中立，加强中老友好关系等问题同中国领导人进行了会谈，并发表了联合公报。

1964年4月，美国支持老挝右派颠覆老挝临时民族联合政府，老挝内战爆发。中国共产党和政府对老挝爱国战线领导下的老挝人民抗美救国斗争给予了有力支持。其间，中国派出了数以十万计的工程技术人员和专家，修建了老挝西北部1~4号公路，总长830公里。中国还派出了医疗队、专家组和汽车修理组等到上寮地区为老挝人民防病治病、医治战争伤员和帮助老挝人民重建家园。中国还提供了经济、军事等多方面的援助，累计金额达11.89亿元人民币。无数中国援老人员为老挝人民的解放事业

老 挝

奉献了毕生的精力，甚至牺牲了宝贵的生命，两国人民在共同的战斗中建立了深厚的友谊。

1974年，中老双方签订了《经济技术协定》、《民航协定》、《邮电合作协定》和《援建南坝—琅勃拉邦公路协定》。1975年，富米·冯维希、昭苏·冯萨等老挝党的领导人先后率团访华，协商加强双边合作和支援老挝解放斗争等问题。其间，中国在老挝上寮地区的孟赛设立了中华人民共和国驻老挝使馆参赞处孟赛代办处。中国援建的老挝西北1～4号公路也先后竣工交老方使用，并已开始修建孟赛—华孟公路，同时对南坝—琅勃拉邦公路进行踏勘和测绘。1961～1976年，中国还在上寮的丰沙里设有总领事馆，老挝也相应地在昆明设有总领事馆。1975年3月，万象至广州航线正式通航。

1975年老挝宣布废除君主制，成立了以社会主义为基础的老挝人民民主共和国。中国党和国家领导人致电老挝国家领导人表示祝贺。中国《人民日报》还就此发表了题为《老挝人民历史性的伟大胜利》的社论，盛赞老挝人民的胜利。此后，中国继续为老挝的社会主义建设提供大量的援助，包括帮助老挝兴建公路、印刷厂、纺织厂、汽车修理站和无线电设施等。中国的支持和帮助得到老挝政府的充分肯定。1976年和1977年，老挝政府分别为援助老挝的中国医疗队和工程技术人员颁发了"伊沙拉勋章"。老挝党和国家领导人也曾多次在公开场合对中国的援助表示感谢。老挝人民革命党总书记兼政府总理凯山·丰威汉分别于1976年3月和1977年6月对中国进行国事访问，一度试图在中国与苏联之间保持平衡，希望中国与苏联两党关系正常化。自1961年中老两国发表联合声明至1978年，老挝与中国的关系始终维持友好的水平。在老挝争取独立和内战期间，中国提供了极大的援助和支持，1959～1979年对老挝的援助多达10亿元人民币。

1978年，中国与越南关系恶化，老挝与中国的关系步入低潮。老挝党和政府由于"越老特殊关系"等，和越南站在一起反对中国。老挝政府多次声明，"任何时候老挝都将站在越南一边"，影射中国是"国际反动派"，给中老关系蒙上了一层阴影。1979年2月，中国与越南开战，老挝发表声明指责中国对越自卫反击战的正义行动是"大国扩张主义"。3月，老挝单方面要求中国撤回所有驻老技术人员和专家，宣布停建由中国承担及投资的建筑项目。此后的7年间，老挝党和政府曾指责中国"和美国勾结危害本地区的和平与稳定"，"与泰国合谋破坏老挝"，并强行关闭中国驻孟赛代办处，停止新华社万象分社的工作，限制中国驻老挝使馆人员。这一时期，中国政府始终采取谅解、克制和忍让的态度，并希望老挝方面珍视中老关系。但中国援老工程项目被迫全部停止，中老官方贸易几乎全部中断，中老关系的发展转入低潮，这种状况一直持续到20世纪80年代中期。

二 中老关系的恢复和全面发展

20世纪80年代中期，国际形势的变化以及中国改革开放获得的初步成功对老挝产生了极大的影响，老挝积极调整了对华的方针和政策。1985年12月2日，老挝党和政府领导人在庆祝共和国成立10周年大会上的讲话不再攻击中国，而是"诚挚地感谢"中国对老挝抗美救国斗争的支持和援助，并表示"希望在和平共处五项原则基础上恢复老挝和中国的正常关系"。对此，中国政府做出了积极反应。1986年8月召开的印度支那外长会议提出，"欢迎老挝政府在和平共处五项原则基础上同中国关系正常化的建议"，中国外交部发言人也做了相应的表示，希望共同努力，使两国友好合作关系早日得到恢复和发展。不久，老挝政府正式邀请中国副外长访问老挝，就双方关系正常化举行会谈。

1986年11月，老挝人民革命党召开第四次全国代表大会，提出了"希望中老关系正常化"的主张。同年11月和1987年12月，中国外交部副部长刘述卿和老挝外交部副部长坎派·布法分别在万象和北京举行会谈，恢复了两国政府关系，并就互派大使、开展贸易和边民互市等问题进行了磋商。1988年，两国恢复互派大使，这标志着双方关系的正常化。同年9月和12月，两国经贸代表团进行了互访，签订了《供货协定》和《边贸协定》等共8个贸易协定，双方重开中老边境，允许边民探亲、访友和互市。

老 挝

1989年10月，凯山·丰威汉主席率领老挝党和政府代表团对中国进行国事访问，签订了《中老领事条约》、《中老文化协定》、《关于处理边界事务的临时协定》和《关于互免签证的协议》，中老关系进入全面恢复和改善时期。1990年2月，中国对外经济贸易部部长郑拓彬应邀访问老挝，就发展两国经济贸易和技术合作等问题与老挝对外经济贸易联络部部长炮·奔那喷举行了会谈，签署了《关于经济和科技合作的协定》和《关于1990年相互供货的议定书》。

1990年，两国政府开始边界问题谈判。1990年12月，李鹏总理应邀访问老挝，标志着中老睦邻友好关系进入了新的发展阶段。1991年，老挝总理坎代·西潘敦应邀访华，两国总理签署了具有历史意义的《中老边界条约》。此后，两国领导人又先后签署了《中老边界议定书》、《中老边界制度条约》和《中老边界制度条约的补充议定书》。两国政府通过友好协商，在较短时间内圆满解决了边界问题，为国与国之间通过和平谈判解决边界问题树立了典范。中老边界已成为一条和平、友好与稳定的边界，这为两国发展政治、经济和其他领域的交流与合作创造了充分条件。

2000年，中老关系又获得新的发展。应中国国家主席江泽民的邀请，老挝国家主席坎代·西潘敦于2000年7月13～15日对中国进行国事访问。江泽民主席同坎代主席举行了正式会谈，中国全国人大常委会委员长李鹏和国务院总理朱镕基分别会见了坎代主席。两国领导人高度评价中老关系正常化以来两国在各领域合作所取得的进展，一致同意进一步深化两国全面合作，把一个更加密切友好的中老关系带入21世纪。11月13～15日，应老挝国家主席坎代·西潘敦邀请，中国国家主席江泽民对老挝进行国事访问，这是中国国家元首首次访问老挝。访老期间，江泽民主席与坎代主席举行了正式会谈，并会见老挝政府总理西沙瓦·乔本潘、国会主席沙曼·维亚吉和前国家主席诺哈·冯沙万，双方就双边关系及共同关心的问题交换意见，确定发展两国长期稳定、睦邻友好、彼此信赖的全面合作关系。访问期间，双方签署了《中华人民共和国与老挝人民民主共和国关于双边合作的联合声明》、《中国国土资源部与老挝工业手工业部合作开发万象钾盐矿的原则协议》、《中老经济技术合作协定》、《中老经济、贸易和技术合作委员会第一次会议纪要》、《同意承担琅勃拉邦医院项目的换文》及《中国农业部和老挝农林部关于农业合作的谅解备忘录》等文件。通过国家元首的互访，中老两国确定了在21世纪发展两国关系的新目标，同时标志着中老关系的发展进入一个新的阶段。

2001年以来中老睦邻友好合作关系保持着良好的发展势头，双方认真落实2000年两国最高领导人互访时达成的共识和指导双边关系发展的《联合声明》，努力推动两国关系全面深入地发展。2001年4月，老挝和中国迎来了双边建交的第40个年头，中共中央总书记和国家主席江泽民、国务院总理朱镕基与老挝国家主席坎代·西潘敦、政府总理本扬·沃拉吉互致贺电，庆祝中老建立外交关系40周年。双方还举行了一系列庆祝活动。4月16～23日，老挝副总理兼外长宋沙瓦·凌沙瓦专程来华参加中老建交40周年庆祝活动。中老建交40周年庆祝活动的成功举办，既是对中老关系发展的充分肯定，也预示着中老关系继续保持良好的发展势头。

2002年中老关系继续保持良好的发展势头，两国在各个领域保持了密切的交往和合作。2月3～7日，应朱镕基总理邀请，老挝政府总理本扬·沃拉吉对中国进行正式访问。江泽民主席、李鹏委员长分别会见了本扬总理。本扬访华期间，双方签署了《中老引渡条约》、《两国政府经济技术合作协定》、《两国政府关于中国向老挝提供优惠贷款的框架协议》、《中国人民银行与老挝人民民主共和国银行双边合作协议》以及《两国教育部2002～2005年教育合作计划》。11月，在柬埔寨召开的首届"湄公河次区域经济合作"领导人会议期间，中老签署《关于中国政府向老挝政府提供特别优惠关税待遇的换文》，同时，中国还为昆曼公路老挝路段建设提供财政援助。老挝人民革命党与中国共产党的交流与合作进一步加强，老挝高度重视研究和借鉴邓小平理论和中国改革开放的经验，并加强与中国在干部交流、人才培养方面的合作。与中共中央党校合作，把老挝中高级党政干部分期分批选送到中共中央党校学习。老挝人民革命党机关报《人民报》与中国《云南日报》开展新闻宣传合作，向老挝人民宣传中国改革开放以来取得的巨大成就和中国改革开放中奉行的方针政策。老挝《人民报》和中国《云南日报》还达成了定期互访和《云南日报》为老挝《人民报》定期培训专业人才的协议。

中老两国关系的发展得到了两国党和政府的共同肯定，2003年6月2日，中共中央总书记、中国国家主席胡锦涛同志在接见到访的老挝人民革命党中央主席、国家主席坎代·西潘敦时，高度评价了中老关系。同时，双方重申愿加强两党两国领导人的互访和会晤，适时就共同关心的问题交换意见，加强治党、治国理论和经验的交流，共同探讨在社会主义理论和实践中遇到的新情况和新问题，加强两国在经贸及其他领域的合作，不断提高合作效率，把长期稳定、睦邻友好、彼此信赖的双边全面合作关系推向新的发展阶段。2009年，中老两国在既有合作基础上，一致同意将两国关系提升为"全面战略合作伙伴关系"。2016年，中老两国一致同意共同打造中老命运共同体。

三　中老全面合作的成就

随着两党、两国领导人频繁互访，老挝与中国在政党理论、战略对接、经济技术、军事、文化等领域的合作与交流不断扩大和加强，取得了突出的成就。

两党理论交流不断深化。自2010年首次中老两党理论研讨会成功举办以来，中老两党理论研讨会成为中老密切政治交往、交流政党理论、互学互鉴治国理政经验的重要平台，同时也是中老强化政治互信的重要途径。2016年12月，第五次中老两党理论研讨会在万象举行，研讨会主题为"老挝人民革命党和中国共产党在开放条件下加强自身建设的挑战和经验"。

中老两国外交部有着良好的合作关系，两国外长、副外长实现互访，两部司局级官员也不定期举行磋商。1991年4月，两国就互设总领事馆达成协定。1992年8月，老方在昆明设立总领事馆，中方保留设领权。1997年8月，老挝外长宋沙瓦访华时，双方就中方在老挝乌多姆赛省和老方在云南省景洪互设领事办公室达成一致意见。1999年，两国就老挝在中国香港开设总领事馆达成协定。此后，老挝相继在中国昆明、广州、上海、长沙等地建立了总领事馆。中国驻琅勃拉邦总领事馆自2013年开馆以来，积极推动中国与领区各省和各界的联系，积极推动中国与领区各领域的友好交流与互利合作。

经济技术合作既是两国关系发展的成果，也是两国关系发展的促进要素。21世纪以来老挝与中国的经济技术合作成就突出，合作方式、合作的规模等方面都取得了重大的突破和进展。中老关系正常化以来，两军关系也得到恢复和发展。1991年，两国重新互设武官处。中国军队领导人多次访问老挝。老挝副总理兼国防部部长朱马里·赛雅颂等军队领导人多次访问中国。

中老人文交流飞速发展，民间友好交往取得长足发展，两国人民相互了解和友谊不断加深。1989年以来，中老双方先后签订了文化、新闻合作议定书及教育、卫生和广播影视合作备忘录。中国国际广播电台，中央电视台第四、第九频道在老挝落地。两国文艺团体、作家和新闻记者往来不断。两国青年团交往密切，保持互访传统。2000~2011年，中国共向老挝派遣89名青年志愿者。中老两国于1990年开始互派留学生和进修生，老挝是我国对外提供奖学金人数最多的国家之一，目前老挝在华奖学金留学生人数每年保持在320名左右。2010年3月，老挝国立大学孔子学院举行揭牌仪式，开设22个初高级汉语班，受到老挝学生的热捧，当年招生700余名，仍不能满足广大汉语学习爱好者的需求。2014年11月，由中国文化部在老挝设立的中国文化中心在老挝首都万象揭幕，成为老挝人民及在老华人体验中国文化的一个窗口和平台。

在地震、洪涝、干旱等严重自然灾害面前，两国人民相互同情、相互支持、相互帮助。难能可贵的是当中国遭遇重大自然灾害时，老挝及时伸出援助之手，如1998年特大洪灾、2008年5月12日四川汶川大地震，老挝党、政府和社会各界以各种方式提供了力所能及的援助。

非传统安全合作日益密切。老挝与中国的禁毒合作逐步扩大和加强。1993年10月，中、缅、泰、老四国和联合国禁毒署代表正式签署了次区域合作的《东亚次区域禁毒谅解备忘录》，确定在东亚次区域禁毒国际合作中，各方保持高级别接触，每年举行一次高级别例会，商讨禁毒合作事宜。此后，老挝与中国都对次区域禁毒合作给予关注，并在次区域合作的框架内积极发展两国间的禁毒合作。2001年1月，中国国家禁毒委员会主任、公安部部长贾春旺访问了老挝，并代表中国与老挝签署禁毒合作谅解备忘录，确定中老在打击毒品犯罪、替代发展、易制化学品管制、戒毒治疗、技术合作、情报交流等方面的合作细节。2002年5月，在中国、老挝禁毒工作会议上，两国代表重点围绕缉毒执法、替代发展和减少毒品需求等方面进行了充分的协商和讨论，达成许多共识。中方承诺将继续向老方提供在缉毒执法和替代发展领域的人员培训和技术援助，进一步推动两国间的禁毒合作。2002年5~6月，中国云南省公安高等专科学校培训了30名来自老挝各地的禁毒执法官员。据不完全统计，截至2001年，中国已经无偿或低价向老挝北部地区和缅甸提供各类粮食和经济作物种子百余吨，各类经济苗木20多万株，派出各类专家和技术人员3000多人次，帮助培训境外专业技术人员500多人，各类援助项目的农作物总面积已达3万公顷。

2015年湄公河"10·5"案件发生后，中老双方密切配合，推动建立中老缅泰湄公河流域执法安全合作机制。在中老缅泰四国湄公河联合巡航执法勤务中，老挝与合作各方积极配合，实现巡航执法常态化，有效打击了湄公河流域贩毒、贩卖枪支、走私和偷渡等跨国犯罪行为，维护了湄公河流域的航运安全。

第四节 同美国的关系

美国于1954年取代法国卷入老挝事务，从那时起到1975年，美国政府一直支持原万象政府反对老挝爱国力量，美国的干涉使刚刚获得独立的老挝陷入了持续政治分裂和内战。美国甚至直接发动了对老挝的侵略战争，1975年5月，老挝爱国战线在全国开展夺权斗争，6月，美国军事人员撤离老挝。1975年8月23日，老挝爱国战线在万象市和万象省夺权成功，宣布推翻旧政权，老挝人民赢得抗美救国战争的胜利。

1955年老挝王国政府与美国建立外交关系。1975年12月2日，老挝人民民主共和国宣布成立，12月3日，美国政府宣布将继续与老挝保持外交关系，老挝政府随即做出相应的表示。

1977年3月，以伍德科克为首的美国特使团携带美国总统卡特的信件访问老挝。美方表示将不支持老挝反政府组织在其国内外的一切活动，老方表示愿意在美国提供资助的前提下协助寻找战时美国在老挝的失踪和死亡人员。1978年8月，以众议员蒙哥马利为首的美国国会代表团访问老挝，老方向代表团移交了部分美军飞行员尸骨。同年10月，美国助理国务卿霍尔布鲁克访老，同苏发努冯就发展两国关系进行磋商。1981年3月，美国东亚和太平洋事务助理约翰·内格罗蓬特访问老挝，同老挝副外长苏班·帕里西拉就美国帮助老挝销毁战时未爆炸弹和其他武器等问题进行了会谈。

1982年以来，老挝与美国的往来增多。1982年9月，美国"东南亚失踪美军和俘虏家属全国联盟"代表团访问老挝，旨在寻找在老挝失踪的美军。1983年5月，美国参议员早川以美国国务院特别顾问的名义再次访老，同老挝副外长苏班·帕里西拉就美军失踪人员问题举行会谈。1985年7月2日，美国白宫发言人就美老合作挖掘1972年被击落的美运输机时发现13具美军遗骸发表谈话，称"里根总统非常感谢老挝政府在帮助寻找美军失踪人员方面所做的努力，并希望这是为找到仍失踪的500余名军人所做努力的第一次"。1987年美国国家安全委员会亚洲局局长理查德·奇尔德雷斯访问老挝，老挝政府同意就寻找美军失踪人员问题恢复与美国的合作。1988年12月，老美双方代表正式就寻找美国失踪人员的具体问题举行了会谈。

随着老美双方在寻找失踪美军人员方面合作的进一步发展，老挝与美国就实现双边关系正常化、扩大两国间的合作进行了密切接触与积极磋商。1987年、1988年美国国庆时，老挝国家代主席富米·冯维希致电里根总统表示祝贺。1989年1月，美国亚洲事务助理卫沙·兴比利斯率美国政府代表团访问老挝，就两国关系、人道主义和联合禁止毒品及走私等问题同老方举行会谈，并达成部分协议。同年9月，老挝副外长苏班访问美国，就实现双边关系正常化等问题与美方举行了会谈。1990年5月，美国副国务卿里查率美国政府代表团访老，双方就发展两国关系和合作举行会谈。1990年10月，老挝外长西巴色在出席联合国大会期间与美国国务卿贝克会晤，讨论了两国关系。1991年1月，老美双方在万象签署了

老 挝

《石油、电力和天然气勘查投资协议》，根据该协议，由美国有关公司着手在老挝进行石油、天然气和水电资源的勘查和开发。1991年2月，老挝贸易工业部副部长占丰率团访问了美国，这是自1975年以来老挝第一个访问美国的高级贸易代表团。

在老美双方的共同努力下，1991年双边关系取得了突破性进展，当年11月，两国关系升格为大使级外交关系。1992年8月，老挝与美国恢复互派大使，这标志着老美关系正常化。此后，老挝与美国的交往更为频繁，双边的交流与合作进一步深入与扩大。1997年，老挝政府与美国政府签署了双边贸易协定。1999年，美国国防部负责禁毒政策的副助理安娜·萨拉斯和国务院负责国际禁毒的助理国务卿林比分别于3月、4月访问老挝，美方对老挝政府在农作物替代、减少鸦片种植和打击毒品走私等方面取得的成果表示赞赏。1992年以来，老美双方在禁毒、寻找美军士兵遗骸、清除战争未爆炸物方面进行了卓有成效的合作，美国每年为上述项目提供上千万美元的援助。至2002年底，老美专家组已经合作进行了80次美国士兵遗骸的寻找和挖掘工作。此外，美国对老挝的农业开发、水利水电开发等项目给予大量的援助。

2000年以来，两国关系继续改善，双方在搜寻美军失踪人员、禁毒、排除未爆炸物等问题上始终保持着密切联系。2000年3月16~18日，美国国防部负责维和与人道主义援助的副部长助理詹姆斯率团访老。2000年8月，美国国防部副部长罗伯特访老。2001年8月，美国太平洋部队司令丹尼斯·布莱尔海军上将访老，双方讨论了美军士兵遗骸的搜寻问题，对禁毒、排除未爆炸物等双边合作交换了意见。2001年9月12日，老挝国家主席坎代·西潘敦就美国遭受恐怖主义袭击致电布什总统表示慰问。

印支战争结束后，美国对老挝反政府武装组织的支持始终都未停止，这在一定程度上影响了双边关系的发展。而美国对老挝人权问题的过分关注也妨碍老挝与美国政府间的正常关系。2002年3月4日，美国发表了《2001年老挝人权执行情况报告》，3月14日，老挝外交部发言人对此发表声明，批评美国不切实际地诬蔑老挝在政治、言论、新闻、集会、结社、宗教信仰、拘捕、关押犯人方面限制自由权利。老挝政府多年来积极支持和配合美国寻找印支战争中失踪的美军人员，以实际行动证明了老挝政府对人权的尊重和对人道主义的坚持。老挝早在1997年就与美国签订了贸易协定，但美国政府借口人权问题对老美贸易关系的改善设置重重障碍，所以，老挝与美国的贸易关系仍不正常，这在很大程度上降低了老挝产品在美国市场上的竞争力。但从老美关系发展的总趋势来看，这些负面因素的存在仍未能阻挡老美关系的逐步改善。

2002年，美国出于反恐倒萨战略的需要，积极改善同包括老挝在内的东南亚各国的关系，两国关系出现了新的转机。美国新任驻老挝大使到任，双方在多个领域进行合作。美国为感谢老方多年来在合作开展查找美军失踪人员遗骸方面给予的配合，于当年7月，向老挝无偿提供人道主义援助362.29万美元。2002年10月，老挝人民革命党中央顾问诺哈·冯沙万、国防部部长隆再·披吉少将和副总理兼外长宋沙瓦·凌沙瓦分别会见了到访的美国负责寻找战时失踪美军遗骸事务的副助理国务卿简宁，双方均表示将继续合作开展搜寻失踪美军人员的遗骸。同年，美国明确表示，将积极支持老挝加入世贸组织。2003年，持续多年的老美贸易谈判终于取得突破性进展。9月19日，《老美贸易关系协定》在万象签署，老挝贸易部部长苏里冯与美国驻老挝大使道格拉斯分别代表两国政府签署此项协定。此项协定确定了双边贸易关系的基础，双方将根据该协定无条件执行各项互惠准则，不歧视原产于协定双方境内的商品和服务。与此同时，《老美贸易关系协定》将进一步推动老挝出口商品生产，提高老挝商品竞争能力，使老挝尽早加入"世贸组织"。此协定也将为美国商人和企业进入老挝市场和在老挝经营提供更多机会。总之，随着国际形势的发展及美国在东南亚地区安全战略的实施，老挝与美国的关系已进入了一个新的发展时期。

2010年6月，美国总统奥巴马在接见新任老挝驻美国大使时，重申美国积极支持老挝加入世贸组织。7月12~14日，老挝外交部部长通伦·西苏里应美国国务卿希拉里邀请率团访问美国，发表了联合声明，这是1975年老挝建国以来第一个高级政府代表团访问美国，成为老美外交

老 挝

史上的一个里程碑。

2012年7月11日，美国国务卿希拉里·克林顿访问老挝，这是57年来美国国务卿首次访问老挝，希拉里分别与老挝总理通邢·坦马冯和副总理兼外交部部长通伦·西苏里举行会谈，双方希望在互利互惠的基础上密切双边合作。2014年10月，美国驻老挝大使馆新馆建成，美国次卿帕特里克·F.肯尼迪率团访问老挝，会见了老挝政府高层领导人，帕特里克表示，美国将继续在未爆炸弹清除、公共卫生、贸易和经济发展、司法改革以及教育等领域给予老挝支持和帮助。2015年，老挝与美国建交60周年，老美两国元首实现了1975年以来的首次会晤。老美双方外交和军事部门继续保持正常对话与合作，美方承诺将每年援助老挝用于清除未爆炸弹的资金增加至1500万美元。

2016年，老挝与美国关系取得重大突破。美国总统奥巴马于9月5～7日对老挝进行国事访问，成为美国历史上首访老挝的在任总统。奥巴马访老期间，老美两国发表了联合声明，宣布将两国关系定位为"全面伙伴"关系。①老挝与美国均有意向加强经济技术合作，美国承诺增加对老挝的援助。奥巴马访老期间宣布将在未来3年增加9000万美元的援助，专门用于勘查和清除越战遗留未爆炸弹。2016年，美国向老挝提供1950万美元和600万美元的援助，分别用于清除未爆炸弹和帮助改善老挝妇女儿童健康状况。2016年2月18日，两国在旧金山签订《贸易与投资合作框架协议》，该协议涉及贸易、投资、知识产权、劳务、环境、能力建设以及有关东盟问题。②

第五节 同周边国家的关系

老挝是中南半岛上唯一的内陆国家，除了与中国直接相连，还与越

---

① Laos, US Unveil Comprehensive Partnership, http://www.vientianetimes.org.la/FreeContent/FreeConten_Laos.htm.
② Laos, US Sign New Trade Agreement, http://kpl.gov.la/En/Detail.aspx?id=10805, 25/02/2016.

南、柬埔寨、泰国和缅甸接壤，无论是在政治、经济还是文化上，老挝都直接与这些国家有着或多或少的联系。老挝与其周边国家的关系直接影响到老挝的政治、经济、社会的发展，所以，同周边国家的关系是老挝外交的重点之一。

一 同越南的关系

老挝与越南的关系在封建王朝时期以交战为主，越南封建王朝曾多次入侵老挝的桑怒（今华潘）、川圹和琅勃拉邦等地区，占领和控制了老挝的大片领土。近代，越南和老挝先后沦为法国殖民地。现代，两国又都遭遇美国的入侵，在反抗法国殖民者和美国入侵者的斗争中，老越两国建立了密切的联系。随着反法斗争、抗美救国斗争的深入，老挝党和军队实质上处于越南的控制和指挥之下。越南为老挝党和军队提供了部分援助，组建和装备了部分军队，在老挝党和军队中安置了大量顾问人员，并且直接派出大批军队配合老挝人民解放军作战，从而形成了老越"特殊关系"。

1962年9月，老挝与越南民主共和国正式建立外交关系。1975年，老挝进入全面解放战争阶段，越南在老挝党、政、军中派驻了5000余名顾问，还派出7万余名军人直接参加老挝解放战争，配合老挝人民解放军先后解放了琅勃拉邦、万象和沙湾拿吉等重镇，取得了解放战争的胜利。

老挝人民民主共和国成立以后，老越两国都强调继续维护和发展老越"特殊关系"。1976年2月，凯山·丰威汉率领老挝党政代表团正式访问越南，双方发表了联合公报并声称，"一种特别的、完全的、一贯性的和罕见的关系已经把越南和老挝联系在一起"，双方要"教育现在的一代及世世代代的子孙都要尊敬和保卫这种特殊的越老关系"。1977年7月，黎笋和范文同率越南党政代表团对老挝进行正式访问期间，再次肯定和重申了巩固双方的特殊关系。双方发表了《联合声明》，签署了《老越友好合作条约》、《边界条约》和《1978～1980年援助和贷款协定》等文件。《老越友好合作条约》进一步确认了老挝与越南的"特殊关系"，并强调要继续巩固和发展这种关系，"双方将努力教育自己的党员和全国人民，

老 挝

珍惜、捍卫和增进老越两国之间的特殊关系,使之永远纯洁无瑕和万古长青"。

20 世纪 70 年代中期至 80 年代中期,越南利用"特殊关系",从政治、军事、经济和外交等方面全面控制了老挝。这一时期,越南驻老挝的"顾问"和"专家"多达 6000 人,充斥于老挝党、政、军上至中央下至基层的各个部门中。越南驻老挝部队约 6 万人,超过了老挝军队的总人数。老挝和越南的中央党政对口部门之间签订了长期"合作"计划,老挝的大部分省及主要城市同越南的一些省市建立"结义"关系。越南党的政治局设有"西方工作委员会",专门负责老挝的政策制定和人事安排,越南党政各部专设一名副部长分管老挝事务。

1986 年 1 月,老越两国政府签订了《重新划定边界河溪的议定书》,并组成了边界联合勘查委员会,对老越边界重新进行实地勘定。1987 年 4 月 6 日,老越联合边界勘定工作完成,并竖立了新定边界的界碑。同年 10 月 16 日,老挝内务部副部长坎沛·布达坎和越南部长会议边界委员会主任刘文勒分别代表本国政府在《老越边界议定书》上签字,最终解决了两国之间的边界问题。

20 世纪 80 年代后期,随着国际形势的急剧变化,越南逐渐放松了对老挝的控制,调整和改变了对老挝的政策,大大减少了在老挝党、政、军各部门中的"顾问"和"专家"人数,撤回 90% 多的驻老部队,老挝在内政和外交等方面相对享有自主权。老挝也在维护老越"特殊关系"的同时,增加了自主倾向,两国的"特殊战斗友谊和团结互助关系"有所松动,双方的经济贸易关系逐渐由互助转向互利。老挝与越南经济合作委员会每年定期或不定期地举行年会,总结上一年的经济合作情况,研讨并制定下一年的经济合作规划。

1988 年 5 月,老越两国在河内签订了《海上运输协议》。根据该协议,越南允许老挝使用岘港、胡志明市和海防等港口转运进出口商品,并提供运输船只。1989 年 7 月,越共中央总书记阮文灵在率团正式访问老挝期间,与凯山·丰威汉就政治、外交和经济合作等问题举行会谈,并发表了联合声明,双方同意在互利的基础上继续发展两国的经贸关系,共同开发利用老挝的自然资源。

20世纪90年代以来，老挝与越南的关系继续发展，党、政、军代表团互访频繁，两国的"特殊关系"得到发展和巩固，双方在经贸、科技、文化等领域的合作进一步得到加强。1991年，仅副部长级以上代表团互访就有20多起。同年，老挝人民革命党第五次全国代表大会召开，越南共产党派出了由总书记阮文灵、政治局委员兼国防部部长黎德英等组成的高级代表团赴老挝参加大会。阮文灵在大会上发表讲话，称"五大"是老挝人民政治生活中的一件大事，是老挝革命进程中具有跨时代意义的一次大会，两党先烈们共同创建的久经考验的用鲜血凝成的特殊友谊，已成为纯洁、真诚的国际关系。同年6月召开的越南共产党"七大"放弃了在老挝和柬埔寨履行国际主义义务的提法，提出要在平等及相互尊重独立、主权和正当利益的基础上改革合作方式，讲求合作效果。两国间的"特殊关系"不但未解除，而且在国际形势和时代发展趋势的影响下，被赋予了新的内涵而得以发展。10月，凯山·丰威汉正式访问了越南，双方发表联合公报，再次强调在相互尊重独立、主权和平等互利的原则基础上，继续努力维护"特殊关系"。

1992年2月和8月，越南部长会议主席武文杰、越共总书记杜梅先后访老，双方签订了《1992年老越友好合作协定》和《1992~1996年老越友好合作协定》。1993年4月，老挝人民革命党主席、政府代总理坎代·西潘敦访问越南，双方签署侨民协定并发表了老越联合声明。1997年两国签署了《1997年合作协定》、《1997~1998年文化和新闻合作协定》、《1997~2000年财政合作协定》以及《1998~2000年农业、林业和农村发展合作协议》。

近年来，两国继续保持"特殊关系"，高层互访频繁，两党政治局每年定期举行内部磋商，双方在政治、经济、科技、文化、军事等方面的合作不断加强。1999年1月和6月，老挝国家主席坎代·西潘敦和越南国家主席陈德良实现互访。1999年10月，老挝总理西沙瓦·乔本潘、越南总理潘文凯和柬埔寨首相洪森在万象举行多年来首次政府首脑非正式会晤。

老 挝

2000年两国关系继续保持良好的发展势头,双方在政治、经贸、科技、文化等各领域的合作不断加强。1月17~18日,越南副总理阮晋勇率团出席第22次越老经济、文化、科技合作会议,双方签署了关于修改两国商品过境运输协定的备忘录。5月,越南总理潘文凯访老,双方签署了越方承建老挝公路的原则协议书。12月老挝国会主席沙曼·维亚吉率团访越,越南国会主席农德孟同沙曼举行会谈,国家主席陈德良会见了沙曼。

2002年是《老越友好合作条约》签署25周年及建交40周年,老越两国领导人互致贺电,老挝党中央政治局委员、国家副主席朱马里率老挝党政代表团访越,越共中央政治局委员、书记处常务书记潘演访老,两国举行群众聚会、图片展、展销会、体育比赛等多种形式的庆祝活动。借助这一具有重大意义的纪念活动,2002年老越两国关系继续保持良好发展势头,双方在政治、经贸、科技、文化等领域的合作进一步加强。1月,越共中央政治局委员、越南政府副总理、老越合作委员会主席阮晋勇和老挝党中央政治局委员、政府副总理通伦·西苏里出席在万象举行的老越合作委员会第24次会议,双方签署会议纪要、《2002年度老挝政府与越南政府关于经济文化科技合作协议》、《干部培训协议》及《关于越南政府无偿援助项目资金财务规章及管理协议》。5月,应越共中央总书记农德孟、国家主席陈德良的邀请,老挝党中央主席、国家主席坎代·西潘敦对越南进行正式友好访问,农德孟、陈德良为坎代举行正式欢迎仪式并与其会谈,越共中央、河内市委和市政府为坎代访越举行群众集会。8月,越南副总理兼越老合作委员会主任阮晋勇访老,双方签订关于在人员、运输工具及货物过境方面相互提供便利和推动贸易投资等合作协定。

2016年,两国在边界合作方面取得重大突破,历时8年的老越两国边界勘界和密度立碑工作圆满结束,老越双方共同在边界线上设立了1002个界碑。

2000年以来,两国经济技术合作进一步密切。2016年,越南对老挝投资总额为2.17亿美元,截至2016年底,越南在老挝投资累计达51亿美元,项目258个,越南成为老挝第三大投资来源国。越南在老挝的投资主要涉及能源、服务、基础设施、矿产、金融、农业和林业。2016年,老越双边贸易额为9.51亿美元，老挝向越南出口额为5.38亿美元，从越南进口额为4.13亿美元。老挝向越南出口的商品主要是农产品、橡胶、木材、家具、烟草制品等，老挝从越南进口的商品包括燃油、建筑材料、煤、药品、电网元件、服装、消费品等。

纵观老越关系的发展，自20世纪60年代以来，老挝与越南在共同抗击殖民主义的斗争中培养和建立起来的"特殊关系"是特殊历史条件下的产物，随着国际形势的发展变化，顺应本地区、本国社会经济发展的需要，老挝和越南都对外交政策做出积极的调整，调整发展两国关系的基础，扩大两国间交流与合作的领域，从而赋予这种"特殊关系"以新的内涵，为两国间"特殊关系"的发展注入生机。所以，在21世纪，老挝与越南将继续保持"特殊关系"，不断加强两国间的政治、经济、科技、文化和军事等方面的交流与合作。

二 同泰国的关系

老挝与泰国是一江之隔的邻国，两国人民在语言、文化、风俗习惯、宗教信仰和生活方式等方面有许多共同点。两国自古以来就密切往来，在泰国阿瑜陀耶王朝时期，两国就曾几次联合抗击缅甸的入侵，建立了密切的关系。18世纪以后，澜沧王国分裂后先后建立的万象王国、占巴塞王国和琅勃拉邦王国相继成为泰国（暹罗）的附属国，直到老挝沦为法国殖民地，老挝与泰国之间的附属关系才结束。20世纪60年代，老挝内战时期，泰国曾出兵援助亲美的万象政府。1969年11月，老挝万象政府与泰国政府缔结了《边境防卫条约》，同时达成了《联合保安措施的协议》。

老挝人民民主共和国成立初期，老泰关系一度恶化，老挝政府要求泰国政府关闭其在会晒、沙湾拿吉和巴色的领事馆，并在万象以违反法律罪逮捕了泰国驻老挝大使馆的两名武官。接着，泰国政府也驱逐了两名老挝驻泰国外交官。此后不久，泰国巡逻艇和老挝边防军在廊开府的湄公河水域发生武装冲突和流血事件。为此，泰国政府关闭廊开府一线的泰老边境，宣布对老挝禁运363种战略物资。这一做法对老挝经济产生了消极影响，致使老挝商品奇缺，物价高涨，同时对泰国商界造成一定损失。老挝

老 挝

是内陆国家,没有出海口,进出口物资大部分要通过泰国,因此在经济上对泰国的依赖性极大。

1976年7月,泰国外交部部长披差·拉达军应邀访问老挝,双方就老泰关系问题举行会谈,并发表了联合公报,称"老泰关系应该建立在坚持和平共处原则的基础上,相互尊重独立、主权和领土完整","在平等的基础上遵照联合国宪章,以和平的方式解决争端"。两国的紧张关系有所缓和。为增进两国间的了解,1978年3月,老挝外长奔·西巴色应邀访问泰国,双方就进一步恢复和发展两国关系进行了会谈,并发表了联合公报,重申"双方强调在1976年联合公报的基础上巩固和发展两国人民的兄弟友好和亲密合作关系",声明"泰王国和老挝人民民主共和国在政治经济制度上的差异,将不会成为发展友好合作关系的障碍"。双方还达成了维持边界现状、增开边境口岸等协议。

1979年1月,泰国总理江萨·差玛南应邀率泰国政府代表团访问老挝,两国就和平解决争端、贸易、过境商品运输等事项达成协议。同年4月,凯山·丰威汉率老挝政府代表团访问泰国,就发展双边关系等问题与泰国总理举行会谈并发表了联合公报,肯定了双方对1976年联合公报友好精神的贯彻和广泛合作,双方表示要在相互尊重独立、主权和领土完整的基础上,和平解决争端,把老泰边境和湄公河建成和平的边界。两国还签订了《关于两国边境口岸的协定》和《关于老泰边民往来的协定》。

20世纪70年代后期,老泰两国关系恶化,边境冲突事件屡屡发生,对双边经贸活动产生了不利影响。1980年6月,老挝军队与泰国军队在湄公河上发生摩擦后,泰国下令关闭东北部泰、老边界的大部分口岸。后经双方谈判,关系有所缓和。1984年6月,老泰双方围绕边界三个村庄的归属问题发生军事冲突。从1984年到1988年,双方的边境冲突时有发生,关系时好时坏,极不稳定。1988年2月,老挝和泰国军事代表团在曼谷签署停火协议。

1988年7月,泰国差猜总理上任,在"变印度支那战场为商场"的外交战略指导下,主动缓和并发展同老挝的关系。1988年11月,泰国总理差猜·春哈旺率代表团正式访问老挝,与凯山·丰威汉就发展两国关系举行会谈，双方就以下几个方面达成共识。①泰国将在交通运输、电能、农业、产品出口方面与老挝进行合作，并合作修建湄公河大桥。②在各级政府部门组建老泰合作委员会，根据两国政府的方针和决议协调各项事务。③积极支持组建老泰友协，以便发展老泰两国自古就存在的亲密友好关系。④为加强两国军队之间的相互了解和合作，双方互派军事观察员驻对方首都。⑤在两国有争端的地区，为避免再次发生冲突，决定建立边境联合委员会，寻求解决边境问题的途径，维护边境地区的和平。1989年，泰国方面宣布解除对老挝战略物资的禁运。老泰关系逐渐恢复正常，经贸关系发展迅速，人员交往日渐增多。

1990年3月，泰国诗琳通公主访问老挝，受到老挝各界的热烈欢迎，这是泰国王室成员第一次访问老挝。1990年11月，泰国政府总理差猜一行访问老挝，双方讨论了湄公河开发计划、在泰国的老挝难民以及双方合资修建大型水电站等问题。根据老泰两国领导人达成的协议，老泰双方签署了《促进投资保护协定》。泰国同意增开泰老边境的5个通道，以方便两国人民往来；老泰双方决定增设航班，并新开泰国清迈、孔敬到老挝万象的飞机航线；泰国增加购买老挝的电力，从每年购买额8亿泰铢增加到每年64亿泰铢；泰国向老挝学生、政府公务员提供奖学金、研究基金；泰国帮助培训老挝政府官员。1994年4月，连接万象和廊开的湄公河大桥正式通车，为两国的经贸和人员往来增添了便利。

1997年6月，泰国总理差瓦立·永猜裕访问老挝，双方签署了避免双重征税协定和两国边民出入境协定。两国边界谈判取得较大进展。1999年，老挝总理西沙瓦·乔本潘访问泰国，双方签署引渡条约、陆路运输协定和互免公务签证协定。

老挝与泰国之间的经贸合作在双方的共同努力下，发展迅速。老挝政府力图利用泰国的资金和技术加快经济发展，泰国政府则积极把老挝作为其实现"黄金半岛计划"的突破口。所以，泰国对老挝提供了上亿泰铢的援助。泰国在老挝的投资领域已扩大到农、林、牧、交通、水电、教育等方面。

老 挝

2000年以来，老泰两国领导人互访频繁，老泰关系继续得到改善和发展。2000年5月，泰国总理川·立派访问老挝，出席泰国援建的万象市国宾道建成通车典礼。2002年6月，老泰边境治安合作委员会第11次会议在曼谷举行。2002年9月，老泰合作委员会第11次联席会议及第2次老泰投资协调委员会会议在万象举行。1997年以来老泰两国的陆地勘界工作进展基本顺利。截至2002年底，老泰双方已完成171公里陆地边界勘测立碑工作。

2016年，泰国对老挝直接投资约为1.58亿美元，双边贸易额为35.19亿美元，老挝对泰国出口额为9.77亿美元，进口额为25.42亿美元。老挝对泰国出口主要是电力、矿产品、农产品和林下产品，从泰国进口燃油、电力设备和生活消费品。2016年，老泰两国交通运输合作不断拓展，老泰第五座湄公河友谊大桥勘查设计工作进展顺利，建成后将连接老挝波里坎塞省和泰国汶干府。老泰铁路延长线项目重启，现在横跨老泰友谊大桥，连接两国边境的老泰铁路将延伸至万象市中心。

三　同柬埔寨的关系

老挝与柬埔寨是近邻，两国在民族、文化、宗教和历史沿革等方面有着一定的关系。根据1954年日内瓦会议的决议，老挝、柬埔寨和越南同时从法国的殖民统治下获得独立，为老挝与柬埔寨建立新型的友好关系奠定了基础。1957年8月13日，老柬两国正式建立外交关系。两国关系进入一个新的时期。20世纪60年代，美国卷入老挝战争，两国关系一度冷淡。1970年3月，美国在柬埔寨策动郎诺－施里玛达集团发动了推翻西哈努克的政变，建立伪政权，老挝万象政府立即承认该伪政权，并与其建立外交关系。70年代中期，老挝和柬埔寨相继赢得了抗美救国斗争的胜利并各自建立了新政权，两国关系在新形势下有了进一步的发展。

1975年底至1978年初，两国高层领导互访频繁。1975年10月，民主柬埔寨副总理英萨利率民柬政府代表团到老挝参加老挝独立30周年庆祝活动。1975年12月，老挝人民民主共和国建立不久，老挝外长奔·西巴色率老挝党政代表团访问柬埔寨，双方发表了联合声明。1976年1月，奔·西巴色再度访问柬埔寨，双方就发展两国关系举行会谈，并宣布正式建立大使级外交关系。1977年2月，老柬两国签订了《航空协定》，8月，万象—金边航线通航。同年12月苏发努冯主席率老挝政府代表团正式访问柬埔寨，双方就印度支那形势和两国关系举行了会谈。

1979年1月8日，韩桑林政权建立，老挝政府于1月9日宣布承认该政权，并立即向金边派驻了新任大使。此后，老挝政府与该政权一直保持密切的政治经济交往。1979年3月20~22日，苏发努冯率老挝党政代表团应邀访问柬埔寨。双方发表联合声明，称"双方将加强老柬之间战斗团结和伟大友谊"，两国还签订了为期5年的《经济、文化、科学和技术协定》。同年8月20~22日，韩桑林率柬埔寨人民共和国代表团回访老挝。老挝政府与金边政权的关系不断加强，政府间和民间的相互往来迅速增加，经济合作与交流也不断加强。老、柬、越三国每年都要举行两次外长会议，就世界局势、本地区问题和国家间的关系等进行磋商。

1981年5月25~30日，凯山·丰威汉率老挝人民革命党代表团出席了柬埔寨人民革命党第四次代表大会，凯山在大会上发表了长篇讲话。同年6月，老挝外长奔·西巴色到金边参加了第4次印度支那外长会议。1982年2月16~17日，金边政权的外长到万象参加第5次印支外长会议，会议发表了联合公报，对印支三国的合作表示满意。1983年2月20~21日，金边政权代表出席了在万象举行的印支外长会议和印支三国最高级会议，会后发表了《印支三国首脑会议声明》和《关于越南在柬埔寨驻志愿军的声明》。1984年1月10日，苏发努冯率老挝党政代表团到金边参加柬埔寨人民共和国建国5周年庆祝活动。1988年10月27日，洪森应邀访问老挝，与凯山就两国经济、国防、外交和现行政策问题进行了广泛的会谈。

1990年9月28~29日，老、柬、越三国外长会议在金边举行，对柬埔寨问题进行讨论。三方一致认为，政治解决柬埔寨问题已取得实质性进展，三方决心采取联合行动，在维护柬埔寨主权、独立和自由的基础上，全面解决柬埔寨问题。同年12月1日，柬埔寨人民革命党总书记韩桑林应邀赴万象参加老挝国庆，并授予国防部部长坎代·西潘敦上将等9位老挝党、政、军高级官员以柬埔寨最高荣誉勋章——万坤勋章。1991年3月，韩桑林和洪森率柬埔寨党政代表团赴万象出席老挝人民革命党"五大"。

20世纪90年代以后，随着越南从柬埔寨撤军以及柬埔寨局势的变化，老挝与柬埔寨金边政权的关系发生很大变化。柬埔寨问题在政治上的基本解决使老柬关系步入一个新的阶段。柬埔寨重视发展同老挝的关系，双方政府高层仍保持一定的联系。1995年1月，柬埔寨外交大臣翁霍访问了老挝，双方同意加强教育、边界、旅游及文化等方面的交流与合作。同年12月，西哈努克访问了老挝，推动了老挝与柬埔寨关系的发展。1999年10月19~23日，柬埔寨首相洪森访问老挝，双方签署了引渡条约、陆路运输协定和电力合作协议。1999年12月13~17日，老挝副总理兼外交部部长宋沙瓦·凌沙瓦访问柬埔寨，两国外长举行柬老合作委员会第四次会议。

2000年以来，老柬两国关系继续发展，高层往来增多，双边的政治、经济、文化关系进一步加强，老柬两国的边境勘界与立碑工作进展顺利。2000年4月14~28日，老挝政府总理西沙瓦·乔本潘访问柬埔寨，双方签署了新闻合作协定、教育合作协定及文化合作协定。2001年，双方高层互访频繁，双边的合作领域不断扩大。老挝与柬埔寨、越南共同达成了"三个国家、一个目标"的经济合作计划。2001年8月15~17日，老挝总理本扬·沃拉吉访问柬埔寨，两国总理签署发表了《联合声明》。2001年1月24~26日，柬埔寨外交与国际合作部部长贺南洪出席柬老合作委员会会议。2001年5月8~11日，柬埔寨国防部两部长迪班上将和西索瓦·西里拉亲王访老。2002年5月，柬埔寨人民党主席谢辛、柬埔寨参议院工程、工业、水电、邮电及贸易委员会主任沙布·巴加、柬埔寨文化艺术部副大臣索杰访老，7月，柬埔寨旅游大臣翁·西武里访老，双方签署了《2002~2003年度旅游合作备忘录》。随着老挝与柬埔寨两国各自经济的发展以及区域合作的加强，老柬关系必将日益紧密。

2017年是老柬建交60年，两国领导人以此为契机，密切高层往来，两国总理实现互访，双方就共同推进双边合作、强化边境管理、修建跨境交通基础设施、发展边贸等达成共识。

四 同缅甸的关系

老挝和缅甸于1962年11月建立外交关系，但从20世纪60年代到80年代前期，双方交往很少，两国关系较为冷淡。80年代中期以后，老缅双方开始为两国关系的改善进行密切接触。1988年8月，老挝副外长苏班·帕里西拉访问了缅甸，为发展两国关系进行了磋商。1990年8月，苏班·帕里西拉再度访问缅甸，进一步就发展两国关系和边境合作等问题举行会谈。同年9月，苏班·帕里西拉第3次访问缅甸，就解决英国和法国殖民者遗留下来的两国边界问题和成立老缅边境委员会等问题进行会谈，并签订了会谈备忘录。9月26日，老缅边境委员会经两国政府批准正式成立，并着手对湄公河上段的边界线走向进行勘查。1991年3月，老挝民航局与缅甸交通部门在仰光签订了《万象—仰光通航协议》，并于当年年底举行首航仪式。1997年3月，老挝政府总理坎代·西潘敦访问缅甸，双方签订了《边界管理合作协定》《老缅合作禁毒及走私受控化学制剂的协定》。1999年3月22日，缅甸国家和平与发展委员会秘书长钦纽中将访问老挝，双方签署两国合作文件。近年来，澜沧江-湄公河次区域合作的加强促进了老挝与缅甸关系的发展，双方在经济、科技、禁毒、文化等领域的交流与合作日益增多。

2000年以来，老挝与缅甸的关系进一步发展，政府高层往来频繁，交流与合作加强。2000年1月，老挝国家主席府部长苏班·沙立提腊访问缅甸；3月，老挝副总理兼财政部部长本扬·沃拉吉率团访缅；8月，老挝副总理兼外长宋沙瓦·凌沙瓦率团访问缅甸，双方签署了两国合作委员会第5次会议备忘录；12月，缅甸国家和平与发展委员会副主席貌埃上将访问老挝，与老挝国会主席沙曼举行会谈，双方发表了《联合声明》。2001年8月，老挝政府总理本扬访问缅甸，双方发表了《联合新闻公报》。2002年10月，缅甸总检察长吴达吞访老；11月，缅甸最高法院首席法官吴昂都率团访老。经过双方的努力，老缅的传统睦邻友好关系得以巩固，两国在政治、安全、经贸和社会文化等方面的互利合作已取得明显成就。2015年老挝与缅甸之间的第一座湄公河大桥于5月正式通车，老缅友谊大桥位于老挝琅南塔省孟龙县与缅甸大其力县之间，将老挝17号公路和缅甸4号公路连接起来。老缅友谊大桥的建成通车不仅有助于两国贸易、投资和人员往来，而且惠及越、中、印、孟等周边国家。2016年，老缅两国元首实现互访，缅甸总统吴廷觉与老挝国家主席本扬达成共识，表示两国将在互利共赢的基础上，加强贸易、投资、教育、旅游、交通运输等领域的合作。

第六节　同东盟及其他东盟国家的关系

在新的人民民主政权建立初期，老挝对东盟采取敌视政策，称东盟是"东南亚条约组织的翻版"和"美帝国主义的帮凶"。1976年8月，在第五次不结盟国家会议上，老挝代表提出反对讨论东盟"关于建立东南亚和平、自由和中立区的建议"。但从1978年起，老挝开始与东盟国家交往，逐步发展同东盟国家的关系。老挝外长分别于1978年3月和5月出访泰国和马来西亚等国。1982年9月15日，老挝外长奔·西巴色代表印支三国外长致函东盟各国外长，阐明印支三国对东南亚局势的看法和建议。1989年12月，老挝部长会议副主席兼国家计委主任沙立·冯坎超应邀访问马来西亚，就发展双边经贸关系等问题进行了会谈。至20世纪90年代初，老挝与东盟国家的关系明显改善和进一步发展，其中，泰国和新加坡对老挝的投资日益增加，促进了老挝经济社会的发展。

随着老挝与东盟国家关系的改善，老挝与东盟组织的距离也在逐步缩小。1992年，老挝与越南一起应邀出席了在马尼拉举行的第25届东盟外长会议，同越南一起签署了《东南亚友好合作条约》，并一起被接纳为东盟观察员国。但此时的老挝对加入东盟并不积极，而是顾虑重重。政治上，老挝与东盟各国意识形态不同，社会制度各异，经济上，老挝与东盟国家经济发展差距较大，这些事实让老挝领导人担心加入东盟后被"和平演变"和沦为东盟的附庸。与此同时，东盟与中国在安全问题上存在摩擦，老挝担心卷入纠纷会失去中国这个强大的政治经济支柱。这些顾虑和担心使老挝在面对东盟各国及东盟组织领导人游说其入盟时，始终以"经济发展水平悬殊"为由而婉言拒绝。老挝的这种犹豫态度也正反映出老挝对东盟一定程度的向往。1994年5月，老挝领导人出席了在马尼拉举行的东南亚10国非正式会议并参与签署了《关于建立东南亚10国共同体设想的声明》。

随着老挝革新开放的深入发展和老挝领导人观念的逐步转变，加上泰国和东盟的多方游说和承诺，以及越南于1995年7月正式加入东盟之后所起的示范作用，老挝对加入东盟的态度发生了根本转变，由回避、搪塞转而采取主动态度，积极向东盟靠拢。1996年7月的第29届东盟外长会议正式接受了老挝关于1997年加入东盟的申请。1997年7月底，老挝被东盟吸收入盟。

老挝加入东盟后，积极参与东盟事务，发展与东盟的友好合作关系，通过主办或参加东盟各类会议，老挝与东盟的关系在较短时间内发展迅速，老挝在发展地区政治、经济、文化、科技等方面交流与合作的意识大大增强，老挝在东盟组织中的地位有所提升，同时，老挝也获得了一定的政治与经济实惠。

老挝借助其丰富的水资源，拓展与东盟及东盟国家的合作，2014年老挝成功举办第32届东盟能源部长会议，会议决定将大型水电站列入可再生能源，这对老挝发展水电业，成为东南亚电力输送网的中枢创造了突破性的机遇。老挝加入东盟后分别于2004年和2016年担任轮值主席国，2004年成功主办东盟峰会及东盟与对话国领导人系列会议。2016年，老挝再次担任东盟主席国，主持举办一系列东盟会议，包括第28届、第29届东盟峰会和东亚领导人峰会，第49届东盟外长会议，第48届东盟经济部长会议，出色完成轮值主席国的任务。

在老挝与东盟组织的关系不断发展的同时，除了与相邻东盟成员国的关系大大改善，老挝与新加坡、马来西亚、印度尼西亚、文莱、菲律宾等东盟国家的关系也获得发展，国家高层往来频繁，各领域的交流与合作得到进一步加强。

老挝

第七节 同苏联/俄罗斯的关系

在苏联解体及东欧国家剧变之前，老挝与苏联和东欧国家建立和保持着密切的关系。1960年10月，老挝王国政府与苏联正式建立外交关系。1961年10月，老苏签订了《贸易和经济技术合作协定》。1964年4月，老挝发生军事政变，内战爆发，苏联塔斯社受权就老挝局势发表声明，表示"支持以富马亲王为首的老挝联合政府"。

20世纪60年代中期至70年代中期，苏联一方面保持与万象政府的外交关系，继续履行已签署的各种协定，另一方面与老挝人民党（现老挝人民革命党）和老挝爱国战线（现建国阵线）密切往来，积极推动两党关系的发展。1965~1971年，凯山·丰威汉先后四次赴苏联进行内部访问，并参加了苏共"二十四大"。1973年5月，诺哈·冯沙万代表老挝人民革命党赴苏联，与苏共中央书记苏斯洛夫就发展两党关系举行会谈，苏方表示"将永远站在老挝人民一边"，支持老挝人民的反帝革命斗争。1975年1月，以苏共中央委员亚历山大·巴巴耶夫为首的苏共代表团访问了老挝解放区，双方发表了联合公报。

老挝人民民主共和国成立后，老苏两党两国的关系更加密切。老挝把苏联称为"社会主义阵营的旗手，五大洲运动的坚强后盾"，苏联称老挝为"社会主义的东方前哨阵地"。此后到80年代初期，老苏官方多次互访和磋商，先后签订了经济、军事、贸易、航空、科技、文教和卫生等方面的合作协议和议定书40余项。1975~1990年，凯山·丰威汉先后访问苏联达15次之多。其他党、政、军领导人也频繁访苏或到苏联休假疗养，老挝几乎每年都派出几个甚至几十个各类代表团到苏联访问、参观和学习。

80年代中期以后，随着世界形势的缓和和印支形势的变化，老挝和苏联的对外政策都做了相应调整，两国、两党关系的发展有所变化，两国官方和民间往来逐渐减少，经贸关系从团结互助逐步转向互利合作，苏联对老挝的援助也逐步减少。

1985年8月,凯山·丰威汉到苏联进行工作访问,就在新形势下发展两国的互利合作等问题与苏联领导人举行了会谈,双方达成了合作开发老挝的森林和矿藏资源的意向性协议。1987年3月和10月,凯山·丰威汉分别会见了来访的雷日科夫和苏联外交部部长,就提高两国的合作效率、寻求新的合作途径和将两国的经贸关系从互助形式转为互利形式等问题进行了磋商,并签署了《老苏1988~2000年经济和科技合作协定》。同年11月,凯山·丰威汉率领老挝党政代表团赴苏参加十月革命70周年庆祝活动,并同苏联领导人进行了会晤。12月,凯山·丰威汉接见了正在老挝访问的苏联国家安全委员会主席切布里科夫,就发展双方关系等问题进行了磋商。1989年2月,老苏两国在万象签署了《1991~1995年经济合作备忘录》,规定今后两国将在平等互利的基础上进行经济合作,合作项目包括交通运输、农业和林业开发、矿藏开采和水电建设等。12月,苏联外交部副部长罗高寿访问老挝,并参加了老苏关系问题座谈会,就双方过去的合作、当前的问题和今后的合作规划进行了磋商。在此期间,双方还签署了《1990~1991年老苏外交合作协议》。1990年12月,苏联部长会议副主席古谢夫率团访问了老挝,并参加老苏经济科技合作委员会第12次会议。双方讨论了采取新的合作机制、扩大互利经营等问题。

80年代末90年代初苏联和东欧局势发生剧变,老挝对此反应强烈,老挝与苏联的关系出现微妙的变化。老挝党和政府表面上"热情支持苏联的改革","继续维护与苏联的全面合作关系",但对"新思维"理论感到困惑。老挝人民革命党分别于1989年10月和1990年1月召开"四届八中"和"四届九中"全会,虽未对苏联的变化发表公开评论,但提出要"反对资产阶级的民主和自由,反对多元化和多党制",这实质上是否定了"新思维"。

尽管老挝对苏联局势的发展极其敏感,但直到苏联国内局势骤变之前,双方仍对两国关系的稳定和发展持乐观态度。1991年3月,苏共中央政治局委员波罗·卡维柱率领苏共代表团参加老挝人民革命党"五大",并发表讲话称"无论何时,老挝都将会得到苏联人民长期友好的援助,苏联珍视与老挝党和人民的同志式关系"。但事态的发展却远远超出

老 挝

人们的预料，1991年9月，苏联解体，苏联对老挝的援助也随之全部停止。

1991年12月，老挝政府正式宣布承认苏联12个加盟共和国独立，承认俄罗斯联邦接替苏联外交事务，并愿意在平等互利、和平共处五项原则基础上发展同独联体国家间的友好关系。1992年3月，两国互派大使。此后，老挝与俄罗斯的关系保持平缓的发展态势，两国领导层保持正常往来。1994年，两国签署友好关系原则协定。1999年5月，俄罗斯外交部代表团访问老挝，双方签署《合作打击贩毒协定》和《避免双重征税协定》。1999年6月，老挝人民革命党中央政治局委员、中组部部长通邢·塔马冯率老挝人民革命党代表团访问了俄罗斯。2000年8月23日，老挝国家主席坎代·西潘敦致电俄罗斯总统普京，对"库尔斯克"号潜艇沉没及全体艇员遇难表示哀悼。同年12月25～29日，俄罗斯建委主任、俄老经贸科技合作委员会主任沙姆扎罗夫访问老挝，并出席了第4次俄老经贸科技合作委员会会议，双方同意在能源、矿藏、贸易等领域继续开展投资与合作。2001年两国关系继续发展。2001年3月11～16日，俄共中央主席团成员、俄杜马议员舒尔洽诺夫·瓦连京·谢尔盖耶维奇率团出席老党"七大"，并向大会致辞，老党中央主席坎代·西潘敦会见代表团，双方签署两党合作协议。5月，俄罗斯莫斯科市副市长桑切夫访问万象，双方就加强两市在经贸、旅游、文化等领域的交流合作达成协定。8月，老挝副总理兼外交部部长宋沙瓦·凌沙瓦对俄罗斯进行正式访问。

在老挝与俄罗斯高层互访交流增多，积极开拓两国间经济、科技和文化交流与合作领域的同时，双方还就解决苏联解体前老挝所欠债务问题进行了长期而艰苦的谈判。自1975年老挝人民民主共和国成立之后，苏联曾是老挝的最大援助国，老挝现有长期债务中超过70%是欠苏联及东欧国家的，而其中绝大部分又是俄罗斯，所以，老挝所欠俄罗斯债务的减免问题将直接影响老挝的债务清偿率。随着两国关系进一步发展，双方在经贸、科技和文化领域交流与合作深入，老挝所欠俄罗斯的债务问题将会得到圆满解决。近年来，双方保持各领域友好交流合作。2011年，老挝国家主席朱马里访俄。2013年，老挝国会主席巴妮访问俄罗斯。2014年，俄罗斯联邦委员会主席马特维延科赴老出席第 35 届东盟议会联盟大会。2015 年 10 月，老挝副总理兼外长通伦访俄。2016 年 9 月，俄罗斯总统普京赴老挝出席东亚合作领导人系列会议。

第八节 同法国、日本及其他发达国家的关系

一 同法国的关系

老挝与法国的关系可追溯到法国殖民统治时期，但两国间平等的外交关系建立是基于法国对老挝殖民统治的结束。1951 年，老挝与法国建交，正式建立了平等的外交关系。老法关系在老挝人民民主共和国成立后一度冷淡，其原因是法国政府允许老挝反政府组织在其国内活动。1976 年 10 月，老挝政府要求法国政府关闭其驻老挝使馆武官处，并勒令法新社万象分社停止一切活动。1978 年 2 月，老挝政府决定关闭驻万象市的法国文化中心。同年 6 月 30 日，老挝政府以从事破坏活动为由，将法国驻老使馆的两名参赞驱逐出境。对此，法国政府也驱逐了两名老挝驻法使馆外交官。随后，老挝政府向法国政府提出抗议，并要求法国政府减少驻老挝使馆人员。8 月 22 日，老挝政府宣布关闭老挝驻法国使馆，并要求法国召回其驻老使馆的一切人员。两国外交关系由此中断。

20 世纪 70 年代末，老法两国关系出现新的转机和发展。1979 年 11 月，法国政府致函老挝政府，建议恢复两国外交关系。老挝政府表示将"考虑此项建议"，并"希望法国政府停止支持国外的老挝反政府组织"。1982 年 8 月，老挝与法国恢复外交关系，并互派大使。自 20 世纪 80 年代初老法两国恢复外交关系以来，双方在经济、科技、文化、教育、卫生等领域的合作逐步加强，法国对老挝的援助范围也不断扩大到老挝社会发展的各个方面，包括农业、医疗卫生、水电、自来水、通信、广播电视、金融、技术教育、专业培训、贝叶经研究等方面，法国成为老挝主要援助国之一。此外，在老挝与法国政府发展正常关系的同时，老挝人民革命党与法国共产党也建立了友好关系。1987 年 12 月，老挝党中央委员、运输通

老 挝

信部部长炮·奔那喷率领党代表团参加了法共"二十六大"。1999年6月老挝党中央委员、中组部部长通邢·塔马冯率老党代表团访问法国，与法共进行了会谈。此后两国保持了正常的外交往来。1986年，两国外长实现互访。1988年11月，法国外长应邀访老，双方就发展两国的合作关系等问题进行了磋商。这一年，法国向老挝提供了价值6800万法郎的援助和赠送了价值11万美元的医疗器械和药品。1989年12月，凯山·丰威汉率领老挝政府代表团访问法国，与法国政府签订了鼓励和保护投资协定以及经济、科技和文化教育等5项合作协议。当年，法国向老挝提供了价值480万法郎的电信设备，援建了一所10个床位的医院和赠送了价值34万美元的医疗器械和药品。

20世纪90年代以后，老法关系进一步发展，两国领导保持一定程度的往来，双方在经济、科技、文化教育和卫生方面的合作不断加强，法国继续对老挝提供援助。1990年12月，法国经济财政预算部总监率团访问老挝，双方商讨了多方面合作计划。法国向老挝提供了2500万法郎的无偿援助。法国还决定向老挝派遣专家，在老挝举办银行专业人员培训班，为老挝留法学生提供中、短期奖学金。1991年10月，老挝国家主席凯山·丰威汉赴法国出席了第4届法语国家首脑会议。这是老挝第一次参加该会议。1992年，老法两国签署了双方合作纪要，法国将援助老挝建设一座地面卫星接收站，并在人员培训、出版、广播电视等方面继续为老挝提供援助。1994年2月和4月，老挝外长宋沙瓦·凌沙瓦和副总理坎培分别访问法国。同年3月，法国国务部部长兼城市、卫生和民政部部长西蒙娜·韦伊女士访老。1995年双方互访的政府高层官员主要有法国工商部部长、法国合作部副部长、老挝司法部部长等。1997年4月，坎代总理应邀访问法国，加强了两国的友好合作。1999年，老挝国家计划委员会主任布通·冯罗坎出席在摩纳哥举行的法语国家经济财政部长会议；万象市市长本恒·隆帕率团出席在法国波尔多举行的法语国家组织会议。

法国对老挝的援助主要集中在农村开发、能源和环境、农业和基础设施建设等方面。近年来，法国对老挝的援助力度不断加大，截至2014年，法国政府通过法国开发署对老挝提供1.33亿欧元援助，使老挝50万户家庭受益。

二　同日本的关系

老挝与日本于1952年12月正式建立外交关系。1988年老挝外长西巴色访问日本以后，两国间的交往逐渐增多。1989年老挝部长会议主席凯山·丰威汉和日本首相海部俊树进行了互访，双方就发展两国经贸合作、人才交流和日本对老挝援助等问题进行了广泛会谈和磋商。1990年8月，日本外相中山太郎对老挝进行正式友好访问，与老挝外长就发展两国合作关系的具体事项进行了深入探讨，双方签署了《关于维修老挝南俄河电站大坝及其第4期工程计划》和《关于万象平原农业治理与发展计划》。1995年5月，老挝政府总理坎代·西潘敦访问日本。老日两国的友好与合作关系进一步加强。1999年7月，日本天皇次子礼宫文仁出访老挝，同年9月，老挝副总理兼外长宋沙瓦·凌沙瓦正式访问日本。

2000年以来，老挝与日本的合作与友好关系继续发展。2000年1月，日本首相小渊惠三访问老挝，日本政府向老挝提供4.03亿日元的无偿援助。同年6月，老挝总理西沙瓦·乔本潘对日本进行非正式访问，参加了小渊首相的葬礼，并访问了东京、熊本和福冈等地。2001年3月，老挝副总理兼外长宋沙瓦访日，同年8月，日本天皇次子礼宫再度访老。2002年，本扬·沃拉吉总理访日，与日本首相小泉举行会谈，并与天皇次子礼宫会见。本扬还应邀出席了日本《经济新闻》主办的第8次"亚洲未来国际会议"，会见了日本自民党总干事和大藏相盐川正十郎等。2012年3月，老挝总理通邢访日。2013年11月，日本首相安倍晋三正式访老。

1991~2012年，日本是老挝最大的援助国之一，年平均援助数额超过1亿美元。2016年，日本向老挝提供了1.22亿美元的援助。日本所提供的援助涉及老挝社会经济建设的多个方面，包括赈灾粮款、地下水处理、公路桥梁建设、水电工程、农业开发等项目，为老挝社会经济的发展发挥了巨大的作用。近年来，日本加大对老挝的投资合作，截至2016年，日本在老挝的投资项目为89项，投资金额达到4.38亿美元，位居老挝外国投资第八位。

三 同其他发达国家的关系

老挝与澳大利亚、瑞典、比利时、德国、丹麦、卢森堡等国家也建立了友好的经济合作关系,这些国家都为老挝的社会经济建设和发展提供了大量援助。

澳大利亚与老挝在政治、经济、教育、安全以及人权等领域有着广泛的合作。澳大利亚是最早为老挝提供发展援助的国家之一,也是老挝主要的援助国之一。2015年,澳大利亚向老挝提供8600万澳元无偿教育援助,还为49名赴澳留学生、50名在老挝国立大学的贫困生、20名苏发努冯大学的贫困生提供奖学金,并追加捐款用于扫盲,以帮助老挝早日实现联合国千年目标。

老挝与韩国于1995年正式建立外交关系,20余年来,两国政治关系和经济合作日趋密切。东亚合作领导人会议期间,韩国总统承诺对老提供一揽子的无偿援助项目清单,两国签署涉及工贸、文艺、能矿、劳务、公共卫生和医疗技术等领域的合作备忘录。[①]截至2016年,韩国在老外来投资排名中位居第四,投资项目257个,投资金额总计8亿多美元。2016年7月1日,韩国国防部副部长黄仁武访老,老党中联部部长宋涛应韩新国家党邀请率老党代表团于7月4~8日访韩。

---

① Laos, R. Korea Sign Documents to Enhance Cooperation, http://kpl.gov.la/En/Detail.aspx?id=17016.

大事纪年

1353 年	法昂在川铜（今琅勃拉邦）登基，建立澜沧王国
1356 年	法昂率军攻占万象
1374 年	法昂长子陶温孟登基继承王位，开启桑森泰王朝
1560 年	塞塔提腊将澜沧王国首都由川铜迁至万象
1574 年	缅甸攻陷万象城
1633 年	苏里亚旺萨登基
1641 年	苏里亚旺萨接见荷兰使团
1707 年	澜沧王国分裂为琅勃拉邦王国和万象王国
1713 年	占巴塞王国建立
1778 年	万象王国和占巴塞王国沦为暹罗附属国
1779 年	琅勃拉邦王国被迫接受暹罗的宗主权
1804 年	阿努即位为万象王国国王
1829 年	万象王国被暹罗吞并
1886 年	法国在琅勃拉邦设立副领事馆，奥古斯特·巴维任领事
1893 年	法国与暹罗签订《法暹条约》（又称《曼谷条约》），琅勃拉邦、万象和占巴塞被并入法属印度支那联邦
1901~1903 年	富巴都起义

1911 年	法国殖民当局在老挝废除各地土王，设立行政区划
1911 年	昂克欧－库马丹起义
1917 年	法国与琅勃拉邦王室达成《关于琅勃拉邦王朝法律地位的议定书》
1918～1922 年	巴寨起义
1921 年	老挝第一所官办初级小学在万象成立
1923 年	法国在万象设立"协商会议"
1931 年	法国确认琅勃拉邦的保护国地位
1945 年 3 月 10 日	日本入侵老挝
1945 年 4 月 8 日	日本迫使老挝国王发表"独立宣言"
1945 年 9 月 15 日	佩差拉以琅勃拉邦王国副王和首相的名义，在万象宣布独立
1946 年 2 月 28 日	法军进入老挝，重新占领了老挝
1947 年 5 月	国王西萨旺·冯颁布宪法，确定老挝为君主立宪制国家
1949 年 7 月 19 日	老挝王国政府同法国政府在巴黎签约，正式确定老挝为法兰西联邦内的独立国家
1949 年 1 月 20 日	老挝人民革命武装力量"拉萨翁"游击队诞生
1950 年 8 月 13～15 日	第一次全国人民代表大会在桑怒省（现华潘省）解放区召开
1953 年 10 月 22 日	老挝王国政府和法国政府签订《法老友好条约》
1954 年 7 月 21 日	法国宣布尊重印度支那三国的主权、独立、统一和领土完整，并表示不干涉内政
1955 年 3 月 22 日	现老挝人民革命党的前身——老挝人民党建立
1956 年 1 月 6～14 日	老挝民族统一战线大会在桑怒省召开，宣

	布成立老挝爱国战线
1957年11月19日	第一次联合政府成立
1960年8月	贡勒政变
1960年10月	老挝同苏联建交
1961年4月25日	老挝与中国建立外交关系
1961年5~6月	日内瓦扩大会议举行
1961年6月22日	老挝三亲王发表有关未来临时联合政府政治纲领和当前任务的联合公报
1962年6月23日	老挝临时民族联合政府宣誓就职，并公布了《老挝临时民族联合政府的政治纲领》，第二次联合政府成立
1962年年中	美国飞机开始轰炸老挝北部地区
1962年7月23日	日内瓦扩大会议举行最后一次全体会议，14个参加国共同签署《关于老挝中立的宣言》
1962年9月	老挝与越南建立外交关系
1963年4月1日	第二次联合政府外交大臣贵宁·奔舍那遇刺身亡
1964年4月	老挝爱国战线第二次全国代表大会在桑怒举行，通过十点行动纲领
1964年4月19日	库帕拉西·阿贝发动万象政变，成立"国家军队革命委员会"
1964年5月	梭发那·富马宣布成立新政府，第二次联合政府完全解体
1964年8月	爱国中立力量在康开举行第一次大会
1965年3月1~9日	印度支那人民会议在金边举行
1965年10月1日	老挝爱国战线将寮国战斗部队正式命名为老挝人民解放军
1968年10月25日~11月1日	老挝爱国战线第三次全国代表大会在桑怒

	解放区举行
1969年4月	老挝爱国中立力量在川圹举行全国会议，宣布组成老挝爱国中立力量联盟
1970年3月6日	老挝爱国战线发表有关解决老挝问题的5点政治主张的声明
1972年2月3~6日	老挝人民党召开第二次全国代表大会，大会决定将"老挝人民党"更名为"老挝人民革命党"
1973年2月21日	老挝爱国战线方面和万象方面签署《关于在老挝恢复和平和实现民族和睦的协定》
1973年9月14日	老挝爱国战线和王国政府签订《关于在老挝恢复和平和实现民族和睦的协定的议定书》
1974年4月5日	老挝第三次临时民族联合政府成立
1975年8月23日	万象省、市群众举行夺权大会，宣布推翻旧政权
1975年11月29日	老挝国王西萨旺·瓦达纳宣布退位
1975年12月1~2日	第二次全国人民代表大会在万象召开
1975年12月2日	老挝人民民主共和国成立
1977年6月	老挝和越南签订了为期25年的友好条约
1986年11月	老挝人民革命党第四次全国代表大会在万象召开
1988年7月	老挝政府颁布了《外国在老挝投资法》
1989年10月	凯山·丰威汉率老挝党政代表团访问中国
1991年3月	老挝人民革命党第五次全国代表大会召开，确定"全方位对外开放"政策
1991年8月14日	老挝第二届最高人民议会通过了老挝人民民主共和国的第一部宪法
1991年11月	老挝与美国关系由代办级外交关系升格为

	大使级外交关系
1995 年 6 月	老挝 9 所专科院校和 1 个农业中心合并为老挝国立大学
1996 年 3 月	老挝人民革命党第六次全国代表大会召开
1997 年 7 月	老挝正式加入东盟
2001 年 3 月	老挝人民革命党第七次全国代表大会召开
2002 年 4 月	老挝国会五届一次会议召开
2005 年 1 月	美国国会通过了给予老挝最惠国待遇案
2006 年 3 月	老挝人民革命党第八次全国代表大会召开
2008 年 3 月 30 ~ 31 日	大湄公河次区域经济合作第三次领导人会议在老挝召开
2008 年 9 月	老挝政府颁布重新修订的《投资法》
2011 年 3 月 17 ~ 21 日	老挝人民革命党第九次全国代表大会在万象召开
2012 年 7 月 11 日	美国国务卿克林顿对老挝进行正式访问
2012 年 10 月 18 日	老挝第七届国会特别会议审议通过修建连接中老边境及老挝首都万象铁路项目
2012 年 11 月	第九届亚欧首脑会议在老挝召开
2012 年 10 月 26 日	老挝正式加入世界贸易组织
2014 年 9 月 22 ~ 24 日	第 32 届东盟能源部长会议在万象举行，会议决定将大型水电站列入可再生能源
2015 年 11 月	"老挝一号"通信卫星顺利进入预定轨道
2015 年 12 月	老挝国会通过宪法修正案
2015 年 12 月 2 日	中老铁路在万象举行开工奠基仪式
2016 年	老挝担任东盟轮值主席，主持举办一系列东盟会议
2016 年 1 月 18 ~ 22 日	老挝人民革命党第十次全国代表大会召开
2016 年 11 月	老挝国会通过《促进投资法（修正案）》
2016 年 9 月 5 ~ 7 日	美国总统奥巴马对老挝进行国事访问，实

	现美国总统首次访老
2016 年 12 月 25 日	中国老挝铁路项目全线开工
2017 年 1 月 10 日	老挝-柬埔寨两国间首个国际口岸——农诺肯-达拉边克里尔口岸正式开通
2017 年 5 月 13~17 日	老挝人民革命党中央总书记、国家主席本扬·沃拉吉出席"一带一路"国际合作高峰论坛
2017 年 7 月 18 日	老挝举行老越建交 55 周年暨《老越友好合作条约》签署 40 年庆祝活动
2017 年 11 月 9 日	《习近平谈治国理政》老挝文版在老挝首都万象首发
2017 年 11 月 13~14 日	中国共产党中央总书记、国家主席习近平对老挝进行国事访问
2017 年 12 月 23 日	老挝驻长沙总领事馆开馆
2018 年 1 月 15~16 日	老挝总理通伦·西苏里正式访问缅甸

参考文献

一 中文文献

蔡文枞:《老挝佛教浅谈》,《世界宗教资料》1981 年第 1 期。

蔡文枞:《试谈老挝的教育》,《东南亚研究资料》1984 年第 2 期。

陈定辉:《老挝 2016 年回顾与 2017 年展望》,《东南亚纵横》2017 年第 1 期。

方芸:《2012 年老挝形势及其对大湄公河次区域合作的参与》,刘稚主编《大湄公河次区域合作发展报告(2012~2013)》,社会科学文献出版社,2013。

〔老〕富米·冯维希:《老挝和老挝人民反对美国新殖民主义的胜利斗争》,人民出版社,1974。

〔英〕格兰特·埃文斯:《老挝史》,郭继光等译,东方出版中心,2011。

贺圣达:《东南亚文化发展史》,云南人民出版社,1996。

贺圣达、王文良、何平:《战后东南亚历史发展:1945—1994》,云南大学出版社,1995。

黄兴球:《老挝族群论》,民族出版社,2006。

〔老〕李达(又名通肯、邱桐坚):《老挝的宗教》,《印度支那》1986 年第 3 期。

申旭:《老挝史》,云南大学出版社,1990。

申旭、马树洪编著《当代老挝》,四川人民出版社,1992。

杨全喜、钟智翔主编《东南亚国家军事概览》，军事谊文出版社，2003。

云鹤、云松：《老挝2002年回顾与2003年前瞻》，《东南亚纵横》2003年第3期。

云南省社会科学院东南亚所：《老挝战后大事记》，1984，内部资料。

二 老挝文文献

《人民报》（老挝）。

《老挝人民革命党"四大"文件汇编》，老挝国家出版社，1986。

《老挝人民革命党"五大"文件汇编》，老挝国家出版社，1991。

《老挝人民革命党"六大"文件汇编》，老挝国家出版社，1996。

《老挝人民革命党"七大"文件汇编》，老挝国家出版社，2001。

《老挝人民革命党"八大"文件汇编》，老挝国家出版社，2006。

《老挝人民革命党"九大"文件汇编》，老挝国家出版社，2011。

《老挝人民革命党"十大"文件汇编》，老挝国家出版社，2016。

老挝教育部社科研究所编印《老挝地理》，1989。

三 英文文献

Lao National Front fro Construction, The Ethnics Groups in Lao P. D. R, 2000.

Lao Statistic Bureau, *Results of Population and Housing Census*, 2015.

Lao Statistics Bureau, *Population Census* 2005, Vientiane.

Lao Statistics Bureau, *Statistical Yearbook*, Vientiane Capital, 1975 – 2005, 2006, 2007, 2008, 2009, 2010, 2011, 2012, 2013, 2014, 2015, 2016.

Laurent Chazee, *The Peoples of Laos: Rural and Ethnic Diversities*, White lotus, 2002.

Maha Sila Viravong, *History of Laos*, Paragong Book Reprint Corp, New York, 1964.

Ministry of Planning and Investment, 8th Five – Year National Socio – Economic Development Plan (2016 – 2020), June 2016.

Ministry of Planning and Investment, Report on Five – Year State Budget Implementation (2011 – 2015), No. 795/MOF. CO., 31 March 2016.

四　主要网站

老挝政府网站：

http：//www. investlaos. gov. la。

http：//www. mofa. gov. la/。

http：//www. micat. gov. la。

http：//www. na. gov. la。

http：//www. tourismlao. org。

http：//www. lab. gov. la。

http：//www. bol. gov. la。

官方媒体网站：

http：//www. vientianetimes. org. la。

http：//kpl. gov. la。

http：//pasaxon. org. la。

http：//www. vientianemai. net。

索 引

A

阿卡族 32
阿拉克族 31
阿努王 79，113

B

巴果族 29
巴莱族 29
巴利语 24，33，34，37，38，60，67，260
北山文化 74
本扬·沃拉吉 108，120，134，283，300，301，309，316
波提萨拉腊王 77，112，261
布劳族 29

C

查尔平原 3，63，70，73，75，84，92，93，96，98，161，208，227，234，236，262，263

D

达公 39
达伶族 28
达沃族 28
道明国 75
获族 28
杜姆族 28

E

尔都族 31

F

法昂王 35，60，67，77
《法暹条约》 80，81，311
法暹战争 81
范维斯特·霍夫 78

321

弗朗西斯·安邺　80

富巴都　85，311

富米·冯维希　91，95，96，98，99，120，121，127，128，130，143，280，287，317

富米·诺萨万　92～96，126，129

G

高棉族　26

工业国有化　99，100，145

贵宁·奔舍那　92，93，95，96，114，142，313

H

哈尼族　32，33

和平文化　73，74

贺族　32

J

吉篾人　64

杰·雷利亚神父　78

K

卡代·敦萨索里特　90～92，140

卡伶族　26

凯山·丰威汉　45，69，90，99，101，106，114，115，120～122，127～130，143，154，225，235，259，278，280，282，291～293，296，299，304，305，308，309，314

坎代·西潘敦　90，93，107，108，120，121，122，131，132，282～284，288，293，294，300，301，306，309

克里族　26，322

库马丹　86，312

L

兰坎登王　77

澜沧王国　14，15，17，35，60，62，63，67，72，75～80，111，112，260，261，295，311

琅勃拉邦王国　78，79，83，88，112，113，295，311，312

老龙族系　50～52，57，75

老松族系　40，50～52，54，169

老听族系　39，51～53，74，75，85，86

老挝1号鼓　74

老挝爱国战线　34，44，45，91～99，114，115，128，137，141，142，225，227，249，256，262，268，270，279，286，304，313，314

老挝和平中立党　96，114，142

老挝中立党　96，141，142

佬族　23，24，27～30，35，37，41，50～53，55～58，76，85，111，172

寮国抗战政府　45，88，120，137

《罗摩衍那》　42，43，63，260，264

M

玛贡族　30

《曼谷条约》　81，311

芒芬　14

蒙族　23，33

孟-高棉语族　22，23，25～31，75，138

《摩诃婆罗多》　42，260

莫依族　30

N

南坦杭遗址　74

农业合作化　99，100，145，152

诺哈·冯沙万　99，106，120，121，127，143，278，282，289，304

P

培·萨纳尼空　89，92，140，142，143，227

朋族　29

婆罗门教　34，35，42，43，48，72，260

普诺族　31

普泰族　25，35

Q

蔷族　27

乔瓦尼·马利尼神父　78

R

日内瓦会议　89～91，93～95，128，227，273，279，298

S

塞塔提腊　45，60，62～64，67，77，78，112，226，311

塞塔提腊二世　78，112

三刀族　27

桑森泰　77，111，112，311

沙当族　27

沙玛奇赛　19

石缸文化　75

守夏节　36

苏发努冯　45，88，90～96，98，99，113～115，120，121，127，128，130，137，138，143，226，227，259，279，287，299，310

苏里亚旺萨　78，79，112，261，311

梭发那·富马　90～92，94～96，99，121，140，141，279，313

323

T

塔銮 34，42，45，61，62，67，72，77，112，139，192，224，266
塔玛育 36
泰讷族 24，25，35
泰族 24，25，27，28，35，41，56，58，76，81，172
坦南安遗址 74
特兰 40
阗族 28，29

W

《瓦三敦》 38，39
万象王国 67，79，112，295，311
维苏腊王 77，261
沃依族 31

X

西拉族 31
西萨旺·冯 62，67，82，88，113，117，312
西宋喷·洛万赛 90，130
小乘佛教 17，34，35，42，43，77，111，260
些克族 23，24，35
兴门族 27，28

Y

雅亨族 28
央族 25，35
耶族 30
伊沙拉 44，45，88，113，115，120，125，127，128，137，142，143，226，280
优勉族 23，33
尤乌族 30
越裳 75

Z

占巴塞王国 15，61，68，79，295，311
占姆 39
真腊 75，76

新版《列国志》总书目

亚洲

阿富汗
阿拉伯联合酋长国
阿曼
阿塞拜疆
巴基斯坦
巴勒斯坦
巴林
不丹
朝鲜
东帝汶
菲律宾
格鲁吉亚
哈萨克斯坦
韩国
吉尔吉斯斯坦
柬埔寨
卡塔尔
科威特
老挝
黎巴嫩
马尔代夫

马来西亚
蒙古国
孟加拉国
缅甸
尼泊尔
日本
沙特阿拉伯
斯里兰卡
塔吉克斯坦
泰国
土耳其
土库曼斯坦
文莱
乌兹别克斯坦
新加坡
叙利亚
亚美尼亚
也门
伊拉克
伊朗
以色列
印度
印度尼西亚
约旦
越南

老挝

非洲

阿尔及利亚
埃及
埃塞俄比亚
安哥拉
贝宁
博茨瓦纳
布基纳法索
布隆迪
赤道几内亚
多哥
厄立特里亚
佛得角
冈比亚
刚果
刚果民主共和国
吉布提
几内亚
几内亚比绍
加纳
加蓬
津巴布韦
喀麦隆
科摩罗
科特迪瓦
肯尼亚
莱索托
利比里亚
利比亚
卢旺达

马达加斯加
马拉维
马里
毛里求斯
毛里塔尼亚
摩洛哥
莫桑比克
纳米比亚
南非
南苏丹
尼日尔
尼日利亚
塞拉利昂
塞内加尔
塞舌尔
圣多美和普林西比
斯威士兰
苏丹
索马里
坦桑尼亚
突尼斯
乌干达
赞比亚
乍得
中非

欧洲

阿尔巴尼亚
爱尔兰
爱沙尼亚
安道尔

奥地利
白俄罗斯
保加利亚
北马其顿
比利时
冰岛
波斯尼亚和黑塞哥维那
波兰
丹麦
德国
俄罗斯
法国
梵蒂冈
芬兰
荷兰
黑山
捷克
克罗地亚
拉脱维亚
立陶宛
列支敦士登
卢森堡
罗马尼亚
马耳他
摩尔多瓦
摩纳哥
挪威
葡萄牙
瑞典
瑞士
塞尔维亚
塞浦路斯
圣马力诺

斯洛伐克
斯洛文尼亚
乌克兰
西班牙
希腊
匈牙利
意大利
英国

美洲

阿根廷
安提瓜和巴布达
巴巴多斯
巴哈马
巴拉圭
巴拿马
巴西
玻利维亚
伯利兹
多米尼加
多米尼克
厄瓜多尔
哥伦比亚
哥斯达黎加
格林纳达
古巴
圭亚那
海地
洪都拉斯
加拿大
美国
秘鲁
墨西哥

老挝

尼加拉瓜
萨尔瓦多
圣基茨和尼维斯
圣卢西亚
圣文森特和格林纳丁斯
苏里南
特立尼达和多巴哥
危地马拉
委内瑞拉
乌拉圭
牙买加
智利

大洋洲

澳大利亚

巴布亚新几内亚
斐济
基里巴斯
库克群岛
马绍尔群岛
密克罗尼西亚
瑙鲁
纽埃
帕劳
萨摩亚
所罗门群岛
汤加
图瓦卢
瓦努阿图
新西兰

国别区域与全球治理数据平台

www.crggcn.com

"国别区域与全球治理数据平台"(Countries, Regions and Global Governance Data Platform, CRGG)是社会科学文献出版社重点打造的学术型数字产品,对接新一级交叉学科区域国别学,围绕国别研究、区域研究、国际组织研究、全球智库研究等领域,全方位整合一手数据、基础信息、科研成果,文献量达30余万篇。该产品已建设成为国别区域与全球治理数据资源与研究成果整合发布平台,可提供包括资源获取、科研技术服务、成果发布与传播等在内的多层次、全方位的学术服务。

从国别区域和全球治理研究角度出发,"国别区域与全球治理数据平台"下设国别研究数据库、区域研究数据库、国际组织数据库、全球智库数据库、学术专题数据库、学术资讯数据库和辅助资料数据库7个数据库。在资源类型方面,除专题图书、智库报告和学术论文外,平台还包括数据图表、档案文献和学术资讯。在文献检索方面,平台支持全文检索、高级检索,并可按照相关度和出版时间进行排序。

"国别区域与全球治理数据平台"应用广泛。针对高校及区域国别科研机构,平台可提供专业的知识服务,通过丰富的研究参考资料和学术服务推动区域国别研究的学科建设与发展,提升智库学术科研及政策建言能力;针对政府及外事机构,平台可提供咨政参考,为相关国际事务决策提供理论依据与资讯支持,切实服务国家对外战略。

数据库体验卡服务指南

※100元数据库体验卡,可在"国别区域与全球治理数据平台"充值和使用

充值卡使用说明:
第1步 刮开附赠充值卡的涂层;
第2步 登录国别区域与全球治理数据平台(www.crggcn.com),注册账号;
第3步 登录并进入"会员中心"→"在线充值"→"充值卡充值",充值成功后即可使用。

声明
最终解释权归社会科学文献出版社所有

客服电话:010-59367072
客服邮箱:crgg@ssap.cn

欢迎登录社会科学文献出版社官网(www.ssap.com.cn)和国别区域与全球治理数据平台(www.crggcn.com)了解更多信息

卡号:4729489914652571

图书在版编目（CIP）数据

老挝/方芸，马树洪编著．--2版．--北京：社会科学文献出版社，2018.11（2023.8重印）
（列国志：新版）
ISBN 978-7-5201-3169-8

Ⅰ.①老⋯ Ⅱ.①方⋯ ②马⋯ Ⅲ.①老挝-概况 Ⅳ.①K933.34

中国版本图书馆CIP数据核字（2018）第166457号

·列国志（新版）·
老挝（Laos）

编　　著／方　芸　马树洪

出 版 人／王利民
项目统筹／张晓莉
责任编辑／叶　娟　李海瑞　吴丽平
责任印制／王京美

出　　版／社会科学文献出版社·国别区域分社（010）59367078
　　　　　地址：北京市北三环中路甲29号院华龙大厦　邮编：100029
　　　　　网址：www.ssap.com.cn
发　　行／社会科学文献出版社（010）59367028
印　　装／唐山玺诚印务有限公司
规　　格／开　本：787mm×1092mm　1/16
　　　　　印　张：22.75　插　页：1　字　数：337千字
版　　次／2018年11月第2版　2023年8月第3次印刷
书　　号／ISBN 978-7-5201-3169-8
定　　价／89.00元

读者服务电话：4008918866

版权所有 翻印必究